Mantak Chia
TAO YOGA

Mantak Chia

TAO YOGA

Praktisches Lehrbuch zur
Erweckung der heilenden Urkraft
Chi

Ansata

Aus dem Amerikanischen von
Eva Roos und Ralph Tegtmeier

Titel der Originalausgabe:
Awaken Healing Energy through the Tao
The Taoist Secret of Circulating Internal Power
Erschienen 1983 im Verlag Aurora Press, New York

Der Ansata Verlag ist ein Unternehmen der
Econ Ullstein List Verlag GmbH & Co. KG, München
ISBN 3-7787-7028-4
Achte Auflage 2000

Umschlaggestaltung: Robert Wicki
Druck und Bindung: Kösel, Kempten

Inhalt

3. TEIL

Praktische Ratschläge

Abbildungsverzeichnis

Dankeswort

An dieser Stelle möchte ich meinen zahlreichen Schülern danken, die so viel Zeit und Mühe auf die Praxis des in diesem Buch Geschilderten verwendet haben. Ich danke ihnen auch für ihre Bereitschaft, sich interviewen zu lassen, damit andere aus ihren Erfahrungen lernen können und hören, wie sehr diese Methode schon geholfen hat.

Ferner gebührt mein Dank Dr. Lawrence Young, Assistenzarzt am New York Infirmary-Beekman Downtown Hospital und Privatinternist; Dr. C.Y. Hsu, Leitender Arzt an der Acupuncture and Nerve Block Clinic des Albert Einstein College of Medicine; Stephen Pan, Ph.D., Direktor des East Asian Research Institute; sowie Rechtsanwalt H.R Reid Shaw. Sie alle haben aktiven Anteil daran, meine Arbeit der medizinischen Fachwelt näherzubringen.

Danken möchte ich auch Sam Langberg für seine verständnisvolle und unermüdliche Arbeit bei der Herausgabe der ersten Auflage dieses Werks. Sam Langberg ist ein in New York lebender, freier Schriftsteller und Lehrer des Taoistischen Esoterischen Yoga. Er hat eine mehr als zehnjährige Yoga-Praxis und arbeitet zur Zeit am Taoist Esoteric Yoga Center, für das er Lehrbücher und anderes Material verfaßt.

Großer Dank gebührt auch Michael und Robin Winn, die viele Monate damit verbrachten, die zweite Auflage zu verbessern und zu erweitern. Ich danke Susan MacKay für die Neugestaltung der sitzenden Figur, das Emblem unseres Systems des Esoterischen Tao Yoga. Danken möchte ich ferner meiner Sekretärin Joann für ihre Geduld beim mehrmaligen Abschreiben des Manuskripts.

Schließlich möchte ich meiner Frau, Maneewan Chia, meinen Dank aussprechen für ihre Ermutigung und ihre Anregungen, die mir bei dieser Arbeit – wie auch sonst immer – sehr wertvoll waren.

Mantak Chia

Vorwort

von Gunther Weil, Ph.D.

Im Verlauf der letzten fünfundzwanzig Jahre haben die USA und Westeuropa einen erstaunlichen Zuwachs des allgemeinen Interesses an Systemen zur Persönlichkeitsentfaltung und an holistischen Heilweisen erlebt. Einmal mehr ist der Westen zum «Schmelztiegel» verschiedenster Systeme geworden, doch diesmal enthält dieser Tiegel ein Gemisch der heiligen Traditionen des Ostens und einiger neuentwickelter «innerer Technologien», die sich mit Körper, Geist und Seele befassen. Diese Bewegung ist allgemein als «New Age» bekannt. Ihre Kennzeichen sind nicht nur eine Reihe populärer Zeitschriften und eine stetig wachsende, umfangreiche Literatur, sondern auch eine große Zahl spirituell ausgerichteter Gruppen und ein sich schnell ausweitender Konsumentenmarkt für ganzheitliche Medizin und andere «sinnvolle Technologien». Klar erkennbar ist ebenfalls ein größerer Wandel in der Einstellung zu unserem Innenleben, eine Neubestimmung unserer Werte und ein wachsendes Verantwortungsgefühl gegenüber der Zukunft des Planeten Erde.

Das naturwissenschaftliche Weltbild erlebt, parallel dazu, einen ähnlichen Wandel. Eine wissenschaftliche Betrachtungsweise beginnt sich abzuzeichnen, die deutliche Ähnlichkeit mit der klassischen Sichtweise der großen östlichen Religionen zeigt. Dieses sich jetzt, gegen Ende des 20. Jahrhunderts entwickelnde Weltbild der Naturwissenschaft ist weniger linear, deterministisch und reduktionistisch als früher, vor allem im Bereich jener Disziplinen, die in der «vordersten Linie» stehen, der Physik und der Biologie. Ihre Grundparadigmen gleichen sich immer mehr dem intuitiven, phänomenologischen Prozeß-Interaktions-Modell «vom Mensch im Universum» an, welches die chinesische Philosophie und Naturwissenschaft schon seit Tausenden von Jahren geprägt hat.

Diese beiden Grundtendenzen, das Heranwachsen eines «New Age»-Bewußtseins und der naturwissenschaftliche Paradigmenwechsel, treffen nun langsam in der Praxis aufeinander auf dem Gebiet der holistischen oder ganzheitlichen Medizin. Das wohl beeindruckendste Beispiel dafür ist die therapeutische Anwendung der Akupunktur, einer der wirkungsvollsten Techniken innerhalb des Systems der klassischen chinesischen Medizin. Es ist freilich wenig bekannt, daß die Akupunktur und die gesamte chinesische Medizin dem Esoterischen Tao Yoga sehr viel verdanken. Tatsächlich ist dieser Yoga die Mutter aller chinesischen Medizin wie auch vieler anderer Systeme der Heilung und der Selbst-Entfaltung.

Für die meisten Abendländer ist der Taoismus ein geheimnisvoller, schwer zugänglicher Pfad. Dies zeigt sich wohl am deutlichsten, wenn wir die Orakelmysterien des I Ging und die Weisheitslehren von Lao Tzu (Lao Tse) und Chuang Tsu (Tschuang Tse) betrachten, der Naturphilosophen «Des Pfads». Wer sich für die östlichen Heil- und Kampfkünste interessiert, kann sich in die Disziplinen der Makrobiotik oder des Tai Chi Chuan einarbeiten, doch der Zusammenhang zwischen diesen Richtungen wird kaum klar. Bietet man eine Verbindung zwischen diesen und anderen Praktiken zu einem esoterischen Kern des Taoismus an, schafft man noch mehr Verwirrung. Tatsächlich stellt für New Age-Anhänger das Konzept eines esoterischen oder inneren Kern des Taoismus in sich etwas sehr Neues dar. Welchen Sinn hat es, einem ohnehin schon recht dunklen und besonders in seinen praktischen Verzweigungen schwer verständlichen Überlieferungssystem auch noch eine esoterische Grundlage zu geben?

Dagegen sind wir recht gut mit den wichtigsten Konzepten und Methoden der verschiedenen indischen Meditations- und Yoga-Systeme vertraut, die seit den 20er Jahren dieses Jahrhunderts einen Platz in unserer Gesellschaft gefunden haben. Auch die wirkungsvollen Systeme buddhistischen Denkens und buddhistischer Praxis haben wir schätzengelernt, vor allem den Zen- und den Tibetischen Buddhismus, die seit den 60er Jahren immer bekannter geworden sind. Doch wie verhält es sich im

Vergleich dazu mit dem Taoismus? Was wissen wir wirklich über diese Tradition außer den wenigen Fragmenten der alten Weisheit des I Ging und des Tao Te King und ein paar anderen zusammenhanglosen Bruchstücken praktischen Wissens, wie sie in der chinesischen Medizin und den Kampfkünsten enthalten sind? Wie können wir einen Zugang zu einer zeitgemäßen praktischen Anwendung dieses uralten Systems der Heilung und der spirituellen Entwicklung finden? Auf welche Weise muß dieses Weistum dargestellt und vermittelt werden, damit es in dem gegenwärtigen Stadium der Evolution Eingang in unsere technologiebestimmte Gesellschaft erhält?

Das vorliegende Werk von Meister Mantak Chia widmet sich diesen Fragen und bietet, meines Wissens zum ersten Mal, westlichen Interessenten die Möglichkeit, die wesentlichen und praxisbezogenen Aspekte des Esoterischen Tao Yoga wirklich zu erfassen und umzusetzen. Indem er versucht, diese uralten psychophysischen Methoden in einer Form und einer Reihenfolge darzubieten, wie sie unserem gegenwärtigen naturwissenschaftlichen und technologischen Weltbild entsprechen, hat Meister Chia uns einen unschätzbaren Dienst erwiesen. Dieses Buch, das erste in einer Reihe über die Prinzipien und Arbeitsmethoden des Esoterischen Tao Yoga, beschreibt in klarer, verständlicher Weise Theorie und Praxis des «Kleinen Energiekreislaufs», der Grundlehre des gesamten taoistischen Systems. Durch ihre Meditationserfahrung und ihr reiches Weistum erkannten die alten Meister des Tao, wie wichtig es ist, die Chi-Energie im Körper frei zum Strömen zu bringen. Dies dient nicht nur als therapeutische Grundlage für die Selbstheilung, es hat auch die Funktion eines Sicherheitsventils, mit dessen Hilfe die häufigen Nebenwirkungen des Freisetzens der Kundalini-Energie abgefangen werden können. Meister Chia, ein echter Erbe des alten taoistischen Systems, hat dieses Wissen in eine systematische, didaktisch aufgebaute Form gebracht, so daß es jedermann ohne Schwierigkeiten begreifen und anwenden kann.

Nach meiner Überzeugung leistet dieses Buch einen Beitrag zur Einführung des angewandten Taoismus im Westen, der von historischer Bedeutung ist. Tao Yoga, das System des Erwekkens heilender Energie durch das Tao, wird dem Menschen von heute helfen, die Beziehungen zwischen Körper und Geist besser zu verstehen. Dies gilt ebenso für die Heilungspraxis wie für wissenschaftliche Modelle, die sich mit der Energiestruktur des menschlichen Körpers befassen.

Einleitung:

Was ist die «heilende Energie des Tao»?

von
Michael Winn

Im 6. Jahrhundert vor Christus begann Lao-Tse seinen klassischen Essay, das Tao Te King, mit der Mahnung: «Das Tao, das beschrieben werden kann, ist nicht das Tao.» Übersetzt heißt Tao etwa «der Weg» oder «die Kraft». In frühen chinesischen Texten bedeutet das Tao ein Lebensverständnis, welches den harmonischen Einklang des einzelnen mit den Kräften der Natur betont. Die taoistischen Weisen zogen sich oft als Einsiedler in die Berge zurück und verschmähten die Ämter, die ihnen von bewundernden Kaisern angetragen wurden; sie zogen den «Herrscher der Natur» dem vergänglichen «Herrscher der Gesellschaft» vor.

Tao Yoga, das Erwecken heilender Energie durch das Tao, steht in derselben Tradition und wurzelt in den Vorgängen der Natur, der Natur unseres Körpers. Diese Heilungsenergie wirkt unabhängig von Glaubensauffassungen oder aktuellen wissenschaftlichen Vorstellungen. Sie unterscheidet sich auch von den taoistischen Religionen, die aus der gleichen Ur-Philosophie erwuchsen. Kurz gesagt, handelt es sich um das Erleben einer subtilen, aber erfahrbaren Lebensenergie, des «Chi», die nach einem bestimmten Muster durch den Körper fließt. Diese Energie wurde von praxisorientierten chinesischen Weisen entdeckt. Sie steht jedem Menschen jeder Altersstufe zur Verfügung, der sich die Mühe macht, sich in ihrer Wahrnehmung und Anwendung zu üben. Diese Heilkraft läßt sich mit jedem persönlichen Glauben und mit jedem religiösen System vereinbaren. Das wird am besten verdeutlicht durch die Tatsache, daß der Autor Mantak Chia selbst Christ ist, aber die traditionalen taoistischen Methoden benutzt, um Tausenden von Menschen zu helfen, sich selbst zu heilen und sich weiterzuentwickeln.

Jemand kann Hunderte von Bänden der Taoistischen Enzyklopädie auf Chinesisch lesen wie auch Kommentare zum Tao Te King oder zum I Ging in einem guten Dutzend weiterer Sprachen, ohne jemals zu erfahren, wie die so vielbeschworene Heilkraft des Tao erweckt werden kann. Für solch einen Suchenden wäre es wesentlich nützlicher, statt dessen das Kreisen der heilenden Lebenskraft im «Kleinen Himmelszyklus» oder «Kleinen Energiekreislauf» zu üben, wie es in diesem Buch beschrieben wird.

Mantak Chia selbst hat Hunderte von esoterischen Büchern gelesen. Darüber hinaus hat er die höchsten mündlichen Unterweisungen taoistischer Meister empfangen. Er hält diese mündlichen Lehren für zu wichtig, um nur von wenigen Auserwählten angewandt zu werden. Nach seiner Überzeugung sollte dieses Wissen vor anderen Suchenden nicht hinter vagen Poetisierungen und geheimnisvollen Symbolen versteckt werden, wie es die alten Schriften tun. Meister Chia sieht die Zeit gekommen, da eine breitere Öffentlichkeit dieses Heilwissen nicht nur benötigt, sondern auch einen Anspruch darauf hat, es vermittelt zu bekommen. Das Wissen um diese Heilkraft wurde im alten China mit der gleichen Geheimnistuerei verhüllt, die auch die Alchemie im Europa des Mittelalters umgab. Diese historische Ähnlichkeit ist nicht zufällig. Der «Kleine Energiekreislauf» des Taoismus ist tatsächlich ein Prozeß menschlicher Alchemie, der erste Schritt zur Verwandlung menschlicher Energie in ihre reinste Form. Diese Destillation heilender Energie wurde von Generationen von Weisen vervollkommnet, die ihr ganzes Leben der Verfeinerung ihrer vielfältigen Anwendungsmöglichkeiten widmeten.

Die Anwendbarkeit im Alltagsleben ist tatsächlich sehr groß. Man kann auch ohne Übertreibung sagen, daß das Kreisenlassen der menschlichen Energie, des «Chi», durch den Körper als Schlüsselprinzip hinter so manchem chinesischen Genius steht. Es ist verantwortlich für chinesische Errungenschaften in der Medizin (Akupunktur), in den Kampf- und Meditationskünsten (Kung Fu, Tai Chi Chuan, Pa Kua-Hand, Hsing I Chuan, Innere Alchemie), und es inspirierte auch den riesigen Schatz an chinesischer Philosophie und Dichtung (I Ging, Tao Te King).

Man könnte sogar behaupten, daß die gute Gesundheit und die schöpferische Intelligenz der praktizierenden Taoisten entscheidend halfen, die großartigen frühen Fortschritte Chinas auf dem Gebiet der Technologie und der Regierungskunst zu beeinflussen. Konfuzius war selber mit der taoistischen Philosophie wohlvertraut und bewunderte sie sehr; es ist wahrscheinlich, daß er auch die Kunst des Energiekreislaufs praktizierte.

Seit dem Erscheinen der ersten Ausgabe dieses Buchs wurde Mantak Chia von vielen Schülern verschiedenster chinesischer Künste zum Vorwurf gemacht, daß seine Lehren in jeder Buchhandlung frei erwerblich seien. Sie hingegen hatten, was hier so offen beschrieben wird, erst nach Jahren der Hingabe und der Praxis im Tai Chi, der Meditation oder den Kampfkünsten erfahren. Man hatte ihnen gesagt, das Aktivieren des Kleinen Energiekreislaufs sei das «allerhöchste Geheimnis», mit dessen Hilfe Geist und Körper innere Kraft erlangen, und dieses Geheimwissen dürfe niemals außerhalb ihres «inneren Kreises» enthüllt werden.

Nachdem er viele verschiedene Systeme chinesischer Esoterik beherrschen gelernt hatte, hat Meister Chia eine Perspektive entwickelt, die sich von der der meisten anderen Lehrer gründlich unterscheidet: Für ihn steht das Erwecken der Heilenergie am Anfang der Ausbildung. Es stellt den wichtigsten Baustein seines Systems dar. Hat man das Kreisenlassen der eigenen Energie erst gemeistert, macht man in den anderen Disziplinen viel schnellere Fortschritte. Das Öffnen der Hauptenergiekanäle im Körper (in diesem Buch als «Kleiner Energiekreislauf» bezeichnet) läßt sich mit der Ausbildung eines ABC-Schützen vergleichen, der zunächst das Alphabet erlernt.

Ohne Kenntnisse des Alphabets lassen sich weder Wörter noch Sätze oder gar Absätze schreiben, und auch die einfachen und komplizierteren Gedanken, wie sie von der Grundschule bis zur Universität gelehrt werden, lassen sich nicht ausdrücken. Ebenso verhält es sich mit der heilenden Kraft des Tao. Hat ein Übender den Energiefluß, wie er in diesem Buch gelehrt wird, noch nicht erlebt, wird er es schwer haben, in verwandten Disziplinen schnell voranzukommen. Man kann natürlich auch

Jahre mit weniger direkten Methoden verbringen, um an das gleiche Ziel zu gelangen: zum Beispiel bestimmte Körperbewegungen so lange zu wiederholen, bis sich der Energiefluß eines Tages von selbst einstellt, sich 20 Jahre lang vor eine Wand zu setzen oder ein Leben lang ein Mantra zu wiederholen.

Die nachfolgenden Bände von Meister Chias «Enzyklopädie des Esoterischen Tao Yoga» werden fortgeschrittenere Formen taoistischer Praxis auf den Gebieten der Heilung, der Meditation und der Selbstverteidigung behandeln. Samen-Kung Fu (eine Sexualpraxis für Männer) und Ovar-Kung Fu (eine Sexualpraxis für Frauen) enthüllen die taoistischen Geheimlehren der Transformation grober Sexualenergie in schöpferische Energie. Eisenhemd-Chi Kung stärkt die gesamten Faszien, Organe, Sehnen und Knochen des Körpers und zeigt, wie die Energie des Menschen in der Erde verwurzelt werden kann. Die «Verschmelzung der Fünf Elemente» lehrt, wie Gefühle umgewandelt und geschädigte Organe geheilt werden können und wie der Mensch zu einem größeren inneren Gleichgewicht und zur Selbsterkenntnis gelangt. Tai Chi Kung, Pa Kua Chi Kung, Hsing I Chi Kung, Todesberührungs-Dan Mu und Fünffinger-Kung Fu bauen innere Kraft auf, verbessern die Körperharmonisierung und ermöglichen es, die längeren Varianten des Tai Chi Chuan, Pa Kua und Hsing I Chuan schneller zu meistern.

Das vorliegende Werk ist einerseits wissenschaftlich, da es einige der Prinzipien entmystifiziert, auf denen das Wunder der Selbstheilung und andere Energiemeisterstücke fußen; andererseits ist es zutiefst in der alten Tradition spiritueller Selbstbemeisterung verwurzelt, die den Praktizierenden Schritt für Schritt dahin führt, das Mysterium des Tao in seiner Ganzheit zu erleben.

New York City, 31. März 1983

Michael Winn ist der Gesamtherausgeber der Enzyklopädie über den «Esoterischen Tao Yoga».

Über den Autor: Mantak Chia

Mantak Chia wurde am 4. April 1944 in Thailand geboren. Im Alter von sechs oder sieben Jahren lernte er in den Sommerferien von buddhistischen Mönchen die Technik des «Sitzens und der Geistesstille». Freilich war er alles andere als ein passives und stilles Kind. Auf der Mittelschule in Hongkong trat er mit sportlichen Leistungen hervor. In dieser Zeit erlernte er auch das traditionelle Thai Boxen und begegnete Meister Lu, der ihn in Tai Chi Chuan unterwies. Etwas später machte Meister Lu ihn mit Aikido, Yoga und fortgeschrittenem Tai Chi vertraut. Mit der esoterischen Praxis kam er jedoch erst im Alter von achtzehn Jahren nach seiner Rückkehr nach Thailand in Berührung. Dort unterrichtete ihn ein älterer Klassenkamerad, Cheng Sue Sue, ein Schüler von Yi-Eng, in der esoterischen Praxis des Tao bis zur Stufe der Vereinigung von Mensch und Himmel.

In seinen Zwanzigern studierte Meister Chia unter Meister Meugi in Singapur, wo er Kundalini Yoga und die Buddhistische Boxtechnik lernte. Mit dieser Methode konnte er schon bald Energieblockaden in seinen inneren Organen beseitigen und bei Patienten, die seinen Meister aufsuchten, kalte, feuchte oder kranke Energie entfernen, wodurch sie gesund wurden. Der junge Mantak Chia spürte dagegen beim Kundalini Yoga, daß eine allzu große Hitze entsteht, die gefährlich werden kann. Später verband er diesen Yoga deshalb mit kühlenden Techniken aus der taoistischen Praxis.

Ende Zwanzig begegnete er Meister Pan Yu, der eine Synthese aus taoistischen, buddhistischen und Chan-Lehren entwickelt hatte, und Meister Cheng Yao-Lung, der Thai Boxen und Kung Fu miteinander zu einem neuen System verschmolzen hatte. Von Meister Cheng Yao-Lung lernte er die geheime Shaolin-Methode des Umgangs mit der inneren Kraft wie auch die

Eisenhemd-Technik, die man als «Reinigen des Marks und Erneuerung der Sehne» bezeichnet. Meister Pan Yu unterwies ihn in einer Variante der Kundalini-Praxis und in der Technik des «Stählernen Körpers», die den Körper vor Verfall schützt. Meister Pan Yu praktiziert noch heute in Hongkong. Er überträgt bei der Behandlung seinen Patienten seine eigene Lebensenergie. Um die Wirkungsmechanismen der Heilungsenergie besser zu verstehen, studierte Chia außerdem zwei Jahre lang westliche Medizin und Anatomie.

Bei all diesen Beschäftigungen arbeitete Meister Chia noch als Manager der thailändischen Niederlassung der Firma Gestetner; er war Verkaufsleiter für Offsetmaschinen und kannte sich genauestens in der Funktionsweise der Kopier- und Druckmaschinen seiner Firma aus. Er ist wohl der einzige taoistische Meister auf der Welt, der in seinem Wohnzimmer einen Computer stehen hat. Meister Chia ist verheiratet und hat einen Sohn. Seine Frau Maneewan ist als Medizinaltechnikerin tätig. Kurzum: Er selbst ist der lebende Beweis dafür, daß die Praktiken, die er lehrt, sehr erdverbunden sind, das Alltagsleben zu bereichern vermögen und keineswegs verlangen, daß man sich als Einsiedler aus der Gesellschaft zurückzieht.

Chias Hauptanliegen ist es, die Lehren von jedem Mystizismus zu entkleiden, wie den vermeintlich nur Gurus zueigenen «Kräften» oder der Abhängigkeit von jenseitigen und magischen Einflüssen. Statt dessen strebt er danach, ein berechenbares und zuverlässiges Arbeitsmodell vorzustellen, das man als wissenschaftlichen Umgang mit Energiesystemen bezeichnen könnte. Er hofft, daß dies mit der Zeit technologische Entwicklungen in Gang setzt, die den Fortschritt auf diesem Gebiet erleichtern oder beschleunigen können. Aus diesem Grunde fordert er auch die medizinische Fachwelt auf zu untersuchen, was er anzubieten hat. Schon jetzt gibt es eine Reihe von Medizinern, Rechtsanwälten und Computerfachleuten, die an sich selbst die Vorzüge von Meister Chias Methoden erproben konnten. Ihnen und anderen Mitgliedern der wissenschaftlichen Welt obliegt es nun, sich Meister Chia anzuschließen, um die Kluft zwischen Verstand und Seele, zwischen Geist und Körper, zwischen Wissenschaft und Religion überbrücken zu helfen. Dieser Aufgabe hat er sein Leben verschrieben.

Westliche Medizin und Tao Yoga: Ein Vergleich

von
Lawrence Young, M.D.

Seit dem Erscheinen der ersten Ausgabe dieses Buches haben Hunderte von Amerikanern aller Gesellschaftsschichten im ganzen Land selbst experimentiert, wie die Energie im «Kleinen Energiekreislauf» strömt. Die Schilderungen ihrer Erfahrungen decken sich mit jenen vieler klassischer chinesischer Schriften, die meisten mit taoistischem Hintergrund. Ich selbst habe die jüngsten elektrophysiologischen bzw. bioelektrischen Studien zu den Akupunktur-Meridianen ausgewertet und konnte folgendes feststellen: Chinesische und französische Wissenschaftler haben in voneinander unabhängigen Experimenten nachgewiesen, daß die Meridiane der Akupunktur als elektrophysiologische Erscheinung tatsächlich existieren. Die wissenschaftliche Kartographie der Akupunktur-Meridiane und -Punkte deckt sich zu 80–90% mit der Akupunktur-Tafel, die in China seit Tausenden von Jahren überliefert wurde.

Weitere Ergebnisse: Die Stimulierung entsprechender Akupunktur-Punkte bewirkt neuroendokrine Sekretionen, führt zu meßbaren Veränderungen im Darm- und Herzbereich sowie in anderen inneren Organen und zu ebenfalls meßbaren elektrischen Impulsen, die in der Großhirnrinde empfangen werden. Sowohl in China als auch in Frankreich wurden deutliche Zusammenhänge zwischen den Meridianen und den inneren Organen des Menschen nachgewiesen.

Mir ist inzwischen klargeworden, daß die Erfahrung des Energiestroms beim Esoterischen Tao Yoga die gleiche ist wie die «Chi-Empfindung», von der Patienten berichten, die mit Nadel-Akupunktur, Laser-Akupunktur oder auch mit Akupressur behandelt wurden. Der Kleine Energiekreislauf besteht aus dem Tu Mai und Ren Mai, den zwei bedeutendsten Meridianen der Akupunktur. Betrachtet man die gesamten Erfahrungen von

Mantak Chias Schülern, läßt sich feststellen, daß praktisch alle Akupunktur-Meridiane von ihnen erspürt werden konnten. Ähnliches findet sich auch in zahlreichen klassischen Akupunktur-Texten. Durch das Fehlen an wissenschaftlichen Beweisen für die Wirksamkeit der Akupunktur, der Entspannungsmeditation und des Yoga hat man allerdings die Akupunktur wie auch den Tao Yoga lange Zeit für chinesisches Volksbrauchtum und Aberglauben gehalten.

Die Forschungen von Herbert Benson, M.D., Professor an der Medical School der Harvard Universität und die Ergebnisse mancher anderer Wissenschaftler haben mit dieser Fehleinschätzung weitgehend aufräumen können. In sorgfältigen Experimenten ist ihnen der wissenschaftliche Nachweis gelungen, daß die Entspannungsreaktion des menschlichen Körpers zu deutlichen, wohltuenden physiologischen Veränderungen führt. Entspannungstherapie und Streßsteuerung sind inzwischen in der medizinischen Fachwelt angesehene therapeutische Methoden geworden.

Natürlich ist der Esoterische Tao Yoga in sich selbst einmalig, ein einzigartiger Versuch, höchste Erkenntnis zu erlangen. Doch möchten wir Wissenschaftler stets alles sezieren, was uns in die Hände fällt. Untersuchen wir die Techniken des Tao Yoga, so können wir sagen, daß seine körperlichen Auswirkungen ein Produkt aus dem Zusammenspiel der physiologischen Wirkungen der Entspannungsreaktion und der Akupunktur darstellen. Die Entspannungstechniken beruhigen die elektrische Aktivität der Großhirnrinde und das übrige zentrale Nervensystem so weit, daß die Akupunktur-Energie (Qi, Chi, Prana) wieder frei und ungehindert fließen kann.

Ich konnte die Beobachtung machen, daß exzessive gehirnelektrische Aktivität die Erzeugung und den Fluß der Akupunktur-Energie (Qi, Chi, Prana) hemmt. Aber eine Beruhigung der elektrischen Aktivität der Großhirnrinde bewirkt, daß der Tao Yoga Übende den Chi-Fluß wahrnehmen kann. Er kann dann bewußt mehr Chi erzeugen und ebenso bewußt den Energiestrom lenken, um auf diese Weise Blockaden aufzuheben und Mängel in der Energieverteilung zu den Akupunktur-Meridianen und inneren Organen des Körpers auszugleichen. Dieser Aspekt des Tao Yoga paßt auch in den Rahmen der Biofeedback-Techniken, bei denen man sich die Abläufe im eigenen Körper bewußt macht und sie bewußt zu beeinflussen lernt. So sehe ich im Tao Yoga eine Verbindung von Entspannungsreaktion, Akupunktur und Biofeedback in einem.

Dies wirft die Frage auf, worum es sich im physikalischen Sinne beim Chi (Prana, Akupunktur-Energie) handelt. Auch das Problem der materiellen Struktur der Akupunktur-Meridiane und -Punkte bleibt zu klären. Inzwischen sind weltweit zahlreiche Wissenschaftler damit beschäftigt, eine Antwort auf diese Fragen zu finden, doch ich bezweifle, daß wir vor 10 oder 20 Jahren am Ziel sein werden.

Freilich bedeutet das nicht, daß die Menschheit noch weitere 10 bis 20 Jahre warten muß, um aus dem Tao Yoga zu lernen. Im Gegenteil: Im Laufe der letzten Jahrtausende haben sich zahllose Chinesen mit Tao Yoga selbst geheilt, und in den letzten zehn Jahren ist Chi Kung in vielen Krankenhäusern und medizinischen Instituten Chinas offiziell wieder eingeführt worden. Die Veröffentlichungen der chinesischen Mediziner berichten von guten Erfolgen mit dieser Methode bei der Behandlung von Krebs, Arthritis, Bluthochdruck und anderen Erkrankungen. Das klassische Chi Kung (oder Qi Gong in der offiziellen Pinyin-Umschrift Chinas) ist ein Zweig des Tao Yoga. Allerdings wird zur Zeit in der offiziellen chinesischen Heilkunde der Aspekt der Körper- und Atemübungen (vergleichbar dem indischen Hatha Yoga und Pranayama) zu sehr betont, während die Wichtigkeit der Entspannungstechniken und des Biofeedback übersehen wird, ebenso die Notwendigkeit des bewußten Erzeugens und Lenkens des Chi-Stromes.

Taoistische Verjüngungs- und Atemübungen, wie sie als «Qi Gong» heute in China angewendet werden, stellen zweifellos einen wichtigen Schritt dar, um den Strom der Akupunktur-Energie zu fördern und Energieüberschüsse oder -mängel auszugleichen. Doch alle klassischen taoistischen Texte betonen, übrigens in Übereinstimmung mit allen lebenden Meistern der Tradition des Tao Yoga, wie wichtig es ist, Entspannungs- und

Biofeedbackkomponenten mit zu berücksichtigen und den Strom des Chi bewußt zu erzeugen und zu lenken. Mantak Chia und Dr. Herbert Benson werden in Kürze nach China reisen, um dort über Entspannungstechniken zu referieren und mit den chinesischen Medizinern Informationen über Chi Kung auszutauschen. Ich hoffe sehr, daß als Folge ihres Besuches die Entspannungstechniken und das Biofeedbacksystem nun Eingang in die offiziellen Chi Kung-Programme Chinas finden.

Die Bedeutung der Entspannungstherapie, des Biofeedback, der Körper- und Atemübungen des Hatha Yoga als Grundlage für den Tao Yoga wurde mir im letzten Jahr immer klarer, als ich Mantak Chias Schüler beobachten konnte. Seit dem Erscheinen der ersten Ausgabe dieses Buches sind zahlreiche Anhänger des Yoga, des Tai Chi, der TM und anderer Meditationsrichtungen als Schüler zu Mantak Chia gekommen. Diejenigen, die bereits vier bis fünf Jahre Erfahrungen mit Entspannungstherapie, Hatha Yoga und verwandten Disziplinen gesammelt hatten, spürten das Strömen der Akupunktur-Energie entweder sofort oder binnen weniger Tage; sie legten viele Energiekanäle frei und gelangten zu einer intensiveren Wahrnehmung der Chi-Energie. Schüler ohne Vorerfahrung benötigten einige Wochen oder auch Monate, bevor sie das Chi fließen spürten. Sie nahmen die Akupunktur-Energie weniger intensiv wahr, und auch die Meridiane spürten sie nicht mit derselben Genauigkeit wie die anderen.

Seitdem Entspannungstechniken, Hatha Yoga und Akupunktur im Westen immer bekannter geworden sind, ist die Zeit nun reif für die Lehren des Tao Yoga. Mantak Chia, ein lebender Erbe dieser unschätzbaren Überlieferung, stellt großzügig und selbstlos das vormals kostbar gehütete Geheimwissen des Tao Yoga allen zur Verfügung, die bereit sind, es anzunehmen. Ich möchte hier die Voraussage machen, daß der Tao Yoga schon bald in der medizinischen Fachwelt als Behandlungsmethode bei Krebs, Arthritis und anderen Erkrankungen anerkannt sein wird, die mit dem Immunsystem, den neuroendokrinen und den regenerativen Funktionen des menschlichen Körpers im Zusammenhang stehen.

31. März 1983 — Lawrence Young, M.D.

Lawrence Young, M.D. ist Internist an einem Privathospital und niedergelassener Arzt in New York City. Er war Chefredakteur des Report of the National Clearinghouse for Meditation, Relaxation and Related Therapies. *Er ist Autor eines wissenschaftlichen Aufsatzes mit dem Titel «Der Kleine Energiekreislauf – Ein kaum bekanntes Phänomen und seine therapeutischen Auswirkungen», den er bei der Jahresversammlung der American Holistic Medical Association im Juni 1981 vorstellte. Vor der International Conference on World Medicine, die vom Institute for Advanced Research in Asian Science and Medicine organisiert wurde, hielt er im März 1982 einen wissenschaftlichen Vortrag mit dem Titel «Prana Akupunktur – Zu neuen Horizonten der Grundlagen- und der Klinischen Forschung».*

1. Teil

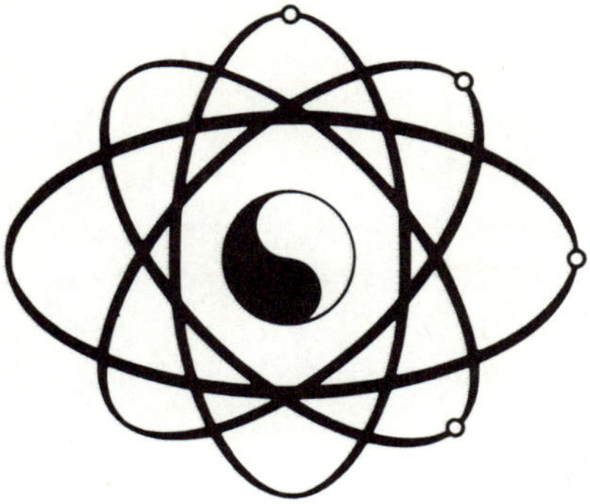

Praktische Schritte zur Erweckung der eigenen Heilungsenergie

1. Kapitel

Die Erweckung der Lebensenergie «Chi»

Meditieren bedeutet in Wahrheit, «den Geist zur Ruhe bringen». Die meisten Meditationstechniken, die heute gelehrt werden, wählen entweder die Zen-Meditation oder das Mantra, um diesen Zustand zu erreichen. Bei der Zen-Meditation der «sitzenden Versenkung» meditiert man so lange vor einer kahlen Wand, bis der Geist leer und der Zustand des reinen Gewahrseins erreicht ist – auch wenn dies erst nach zwanzig Jahren eintritt. Bei der Mantra-Meditation wird der Geist mit Hilfe von Lauten oder geistigen Bildern rhythmisch beruhigt. Nach Tausenden von Wiederholungen beginnt der Körper auf einer höheren Frequenz zu vibrieren, und der Meditierende nimmt jene höheren Energien wahr, die jenseits der alltäglichen Sinnesprozesse wirken.

Die esoterische Meditation des Taoismus ist anders. Sie beruht nicht auf dem völligen Ausschalten des Gedankenflusses, sondern auf dem Kreisenlassen der Energie Chi innerhalb bestimmter Bahnen im Körper. Über diese Bahnen kann das Chi – auch bekannt als Prana, Samen- oder Ovar-Kraft, warmer Energiestrom oder Kundalini-Energie – in die höheren Energiezentren (Chakras) gelenkt werden. Das Geheimnis, wie man dieses Chi im Körper strömen läßt, wurde in China über Jahrtausende weitergegeben und wirkte sich dort auf Leben und Gesundheit außergewöhnlich positiv aus.

Was ist dieses Chi und wo entsteht es? Das Chi ist die ursprüngliche Lebenskraft selbst. Sie beginnt im menschlichen Leben bei der Befruchtung eines Eis durch eine Samenzelle. Aus dieser schöpferischen Verschmelzung entwickelt sich ein enorm komplexes neues menschliches Wesen. Das Chi ist die unaufhörlich fließende Energie, welche die verschiedenen Gewebe, Organe und Hirnfunktionen zu einem Ganzen verbindet – der

Person. Das Chi stellt aber auch die Beziehung zwischen dem Menschen und seiner Umwelt her.

Wie die Energiebahnen im Körper verlaufen, wurde von jenen weisen Männern entdeckt, die über den Fötus im Mutterleib meditierten. Sie erkannten, daß das Kind rund um den Nabelpunkt seiner Mutter aufwächst und durch die Nabelschnur Nahrung aufnimmt und Abfallstoffe abgibt. Der Fötus «atmet» buchstäblich durch die Nabelschnur der Mutter in seinen eigenen Nabel hinab zum Perineum (Damm), hinauf in den Kopf und über die Zunge wieder zurück in den Nabel. Für die Taoisten ist deshalb der Nabel der Ausgangspunkt, von dem aus die ursprüngliche Lebensenergie oder Chi fließt, und beim Erwachsenen der Ort, wo die meiste Energie zirkuliert und gespeichert werden kann.

Das Aktivieren der heilenden Energie durch die taoistische Meditation ist für den Erwachsenen eine Methode, wieder zu jenem Zustand des dynamischen Energiekreislaufs zurückzukehren, wie er innerhalb des Mutterleibes existierte. In diesem Sinn ist die esoterische taoistische Meditation ein Prozeß der Wiedergeburt, eine Rückkehr zum ursprünglichen, ureigenen Selbst.

Wie konnte nach der Geburt dieses ursprüngliche, vollkommene Gleichgewicht, das dem Fötus ein gesundes Wachstum ermöglichte, verlorengehen?

Im Ungeborenen befinden sich die kalte Yin- und die heiße Yang-Energie noch in einem ausgeglichenen Verhältnis, einer Art lauwarmer Mischung. Nach der Geburt zerfällt die Energie im Körper langsam in heiße und kalte Teile. Mit dem Heranwachsen steigt die heiße oder Yang-Energie allmählich in den oberen Teil des Körpers, in dem die lebenswichtigen Organe wie Herz, Leber, Lunge und Hirn liegen, während die kalte oder Yin-Energie eher in die Beine, Geschlechtsorgane, Nieren und das untere Abdomen fließt.

Mit zunehmendem Alter werden die Energiebahnen, die Lebenskraft zu unseren inneren Organen bringen und sie funktionsfähig halten, durch physische und psychische Spannungen und Verhärtungen blockiert. Die Folgen sind allgemeine Schwäche und Müdigkeit, kurz eine schlechte Gesundheit. Ein junger Mensch hat normalerweise genug Energie, um seine Energiebahnen weniger «verstopft» zu halten, so daß die Kraft ungehindert fließen kann. Deshalb funktionieren seine Organe gut, und Krankheiten sind selten. Wenn wir aber nicht gesund leben und nicht darauf achten, die Energiewege frei zu halten, verschlie-

Abbildung 1

Die Energie dringt am Nabelpunkt in den Fötus ein. Sie zirkuliert im Kleinen Energiekreislauf und bringt Yin und Yang ins Gleichgewicht

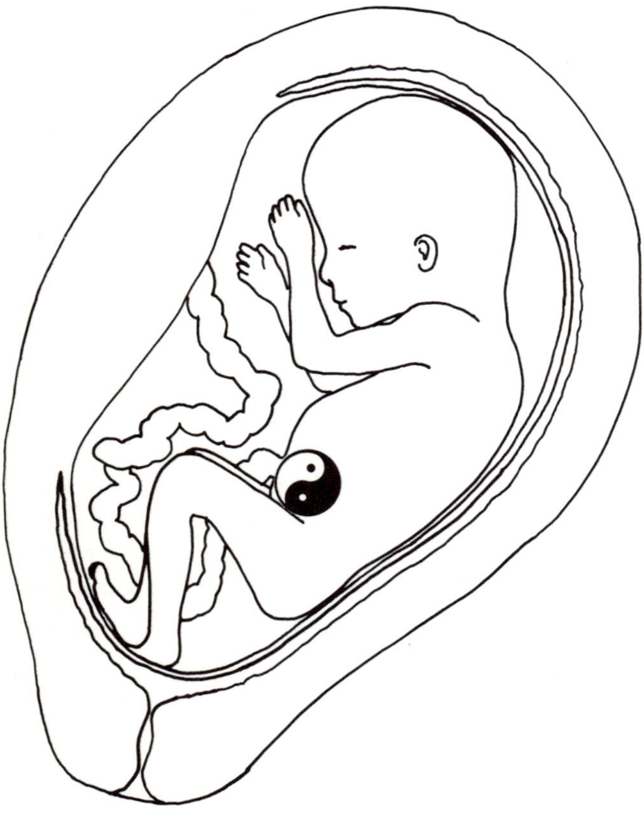

ßen sie sich allmählich und bewirken Störungen unseres emotionalen Gleichgewichts, vorzeitiges Erkranken oder Altern.

Die Energie, die in uns als Säugling auf so harmonische Weise zirkulierte, war noch nicht vom Streß des Alltags geschwächt. Wenn wir nun lernen, den starken Strom dieses «lauwarmen» Chi, das Gleichgewicht von Yin- und Yang-Energie wiederherzustellen, werden unsere lebenswichtigen Organe vor strahlender Gesundheit erglühen. Wenn diese heilende Kraft des Tao – die Lebensenergie in ihrer ursprünglichen, reinen, ungeteilten Form – durch unsere Körper fließt, werden wir wieder die überschäumende Vitalität und das blühende Aussehen erlangen, mit denen wir einst diese Welt betraten. Unsere wahre Aufgabe besteht nur darin, diese ungeteilte, heilende Kraft, die zu Beginn unseres Lebens wirksam war, wiederzuerwecken.

Die primären Energiebahnen

Das Nervensystem des Menschen ist sehr komplex und fähig, Energie dahin zu lenken, wo sie benötigt wird. Die alten Meister des Taoismus entdeckten aber, daß es zwei primäre Bahnen gibt, in denen ein besonders starker Energiestrom fließt.

Die eine Bahn nannten sie das «Diener-Gefäß». Sie beginnt am unteren Ende des Rumpfs, in der Mitte zwischen Hoden und Anus, dem Perineum (Damm). Von diesem Punkt aus verläuft sie durch die vordere Mittellinie des Körpers aufwärts über den Penis, die Magenorgane, das Herz und den Hals. Die zweite Bahn, das «Lenker-Gefäß», beginnt am selben Punkt und führt vom Perineum über das Steißbein die Wirbelsäule hinauf in das Hirn und vorne wieder hinunter bis zum vorderen Gaumen.

Die Zunge fungiert als Schalter, um diese beiden Bahnen oder Kanäle miteinander zu verbinden. Wenn die Zunge den Vordergaumen hinter den oberen Schneidezähnen berührt, fließt die Energie in einem Kreis die Wirbelsäule hinauf und über die Vorderseite des Körpers wieder herunter. Die beiden Kanäle bilden nun ein geschlossenes System, in dem die Energie sich in Kreisen auf- und abbewegt. In den Worten der chinesischen

Meister ausgedrückt: Der Kleine Himmelszyklus oder der Kleine Energiekreislauf ist entstanden.

Wir werden diesen Energiekreis in unserem Buch künftig als «Kleinen Energiekreislauf» bezeichnen. Sein lebenspendender Strom fließt durch das Nervensystem und die wichtigsten Organe des Körpers und bringt den Zellen ihre Kraft für ein gesundes Wachsen und Funktionieren.

Die Verbindung zum ätherischen Körper

Die beiden Hauptenergiebahnen des Körpers können mit der Hauptstromleitung eines Hauses verglichen werden. Stellen Sie sich eine Zuleitung vor, die von außen den Energiestrom zum Schaltkasten des Hauses führt. Dieser Schaltkasten enthält die Sicherungen, die das Stromnetz des Hauses vor Kurzschlüssen und Überlastung schützen, und auch die Schalter, die die Stromverteilung in alle Zimmer regeln. Diese Leitungen innen im Haus können mit den «Sechs Besonderen Energiebahnen» im Körper verglichen werden, die vom Kleinen Energiekreislauf abzweigen und erst auf fortgeschritteneren Stufen der taoistischen Meditation gebraucht werden. Auf noch höheren Stufen verfügt man über weitere «Leitungen» für außergewöhnlich starke Energieladungen, die den Organismus sonst überfluten könnten – so ist zum Beispiel das «Aufsteigende Gefäß» in der Körpermitte eines von ihnen.

Wenn nun alle Leitungen in Ihrem Körper, wie in einem Haus, richtig miteinander verbunden und alle Vorsichtsmaßnahmen getroffen worden sind, dann sind Sie bereit, an die Energie-«Zuleitung» angeschlossen zu werden. Sie können nun die Kraft, die von oben und von unten auf Sie einwirkt, schadlos aufnehmen.

Das Öffnen der Energiebahnen

«Die Bahnen öffnen» bedeutet, alle Hindernisse zu beseitigen, die den Fluß der Chi-Energie durch ihre natürlichen Bahnen erschwert. Die meisten Blockaden äußern sich in Form physischer, psychischer oder emotionaler Verspannungen. Wenn man weiß, daß diese Energieströme des Körpers ihren Ursprung in den höheren, harmonischen Kräften der Natur haben – deren machtvollem Einfluß wir ständig ausgesetzt sind –, wird auch klar, daß diese heilenden Naturkräfte angezapft werden können und der Körper mit ihrer Hilfe die Blockierungen beseitigen und wieder zu seinem natürlichen Energiefluß zurückfinden kann.

Der Energiestrom, der an der vorderen Körperseite nach unten fließt (es ist möglich, daß die Energie aufwärts fließt, bevor der Kleine Energiekreislauf geschlossen ist), das «Diener-Gefäß», hat eine Yin- oder kalte Natur. Der Energiestrom, der über die Rückseite des Körpers nach oben fließt, das «Lenker-Gefäß», ist seinem Wesen nach Yang oder heiß. Die Füße sind die Basis oder «Erdung» und absorbieren die negativ geladene Energie von der Erde. Der oberste Punkt des Kopfes, der Scheitel, ist der «Draht zum Himmel», die positive Leitung, und nimmt von oben die Yang-Energie auf, speziell von der Sonne.

Sind diese beiden Bahnen miteinander verbunden und von allen Verstopfungen befreit, fließt die Energie in einem Kreislauf zwischen diesen beiden Polen, dem positiven und negativen Pol. Alle lebenswichtigen Organe des Körpers sind an den Kleinen Energiekreislauf angeschlossen, der um Rumpf und Kopf herum verläuft. So wird durch einfaches Öffnen der Hauptbahnen jedes Körperorgan mit zusätzlicher warmer Chi-Energie versorgt. Der Prozeß des Mischens von Yin und Yang, heiß und kalt, Himmel und Erde geschieht automatisch, und Ihr physisches, psychisches und emotionales Ich findet zu seinem Gleichgewicht zurück.

Durch sorgfältige Vorbereitung entstehen weniger Nebenwirkungen

Einige Meditationstechniken setzen den Schüler von Anfang an voll der von oben einwirkenden Kraft aus. Aber nur die wenigsten – nur jene, die mit bereits geöffneten Energiebahnen geboren wurden und sie später frei von Blockierungen halten konnten – sind fähig, diese Energie schadlos aufzunehmen. Viele, darunter bekannte Yogis, haben ihre Organe durch die Einwirkung zu heißer Energie geschädigt oder litten in der Folge unter unkontrollierbaren Halluzinationen, weil sie ihren Körper nicht schrittweise darauf vorbereitet hatten, mit hohen Dosen von Ur-Energie umzugehen.

Die taoistische Methode geht schrittweise vor. Der Meditierende bedient sich der höheren Energien, um mit ihrer Hilfe die Bahnen von Blockierungen zu befreien und die Chi-Erzeugung zu steigern. Erst wenn die zwei Hauptbahnen des Kleinen Energiekreislaufs offen sind, werden die sechs zusätzlichen Besonderen Energiebahnen geöffnet, und dann erst weitere. Das erlaubt dem Körper, wie ein Schwamm die ihn umfließenden natürlichen Kräfte ständig aufzunehmen und diese zusätzliche Lebensenergie sofort durch den Körper zirkulieren zu lassen. Wenn alle Bahnen offen sind, wird jedes Organ mit so viel Energie versorgt, wie es benötigt, um richtig zu funktionieren, und es bleibt in Harmonie mit dem übrigen Körpergeschehen.

Der warme Chi-Strom schwemmt Blockierungen fort, massiert die inneren Organe und heilt geschädigte oder überbeanspruchte Gewebe. Schwere Krankheiten werden verhindert und die negativen Folgen von Streß und nervöser Anspannung wirkungsvoll aus dem Organismus entfernt. Die meisten Schüler öffnen alle Energiebahnen innerhalb weniger Monate und lernen, das Ausströmen ihrer Körperenergie so weit zu verhindern, daß ein EEG nur noch wenige bis gar keine Energiewellen mehr aufzeichnet.

Akupunktur und der Kleine Energiekreislauf

Die chinesischen Weisen, die den Energiestrom zunächst nur am Kleinen Energiekreislauf studierten, entdeckten dabei noch andere Energiebahnen, die Meridiane. Entlang der Meridiane fanden sie die Punkte, die man in der Akupunktur verwendet. Aber bevor die Kunst der Akupunktur entwickelt wurde, die mit Hilfe von Nadeln den Energiestrom mindert oder steigert, um ein normales Funktionieren der Organe wiederherzustellen, vertrauten die chinesischen Heiler darauf, daß das Praktizieren des Kleinen Energiekreislaufes ihnen gute Gesundheit und langes Leben sichert. Diese «Meister des langen Lebens» wurden häufig aufgesucht, sogar belagert, um von ihnen das Geheimnis eines langen, harmonischen Lebens zu erlernen.

Nach ihrer Einführung hielt man die Akupunktur lange Zeit für eine untergeordnete Therapieform, die nur bei schweren Krankheiten angewendet wurde. Die besten Ärzte in China waren diejenigen, die ihre Patienten vor dem Krankwerden bewahrten: Die Präventivmedizin galt als höchste Form der Arzneikunst. Heute wird die Akupunktur allmählich als eine glaubwürdige medizinische Technik anerkannt. Wir sollten aber auch die Energie, die ganz natürlich durch unseren Körper fließt, als ein uns angeborenes Potential kennen und nutzen lernen, um Krankheiten vorzubeugen und uns selbst zu heilen.

Zusammenfassung

Im taoistischen System beginnt man damit, die beiden Hauptbahnen, die durch die Wirbelsäule und die Vorderseite verlaufen, zu öffnen und zu erschließen. Sie werden am Gaumen durch die Zunge miteinander verbunden und bilden dann den Kleinen Energiekreislauf. Durch dieses geschlossene System, in das noch kühlende Sicherheitsventile eingebaut sind, soll die Körperenergie zirkulieren.

Während der Meditation tendiert die Energie im Menschen dazu, nach oben zu fließen. Das kann im Hirn einen großen

Hitzestau bewirken, der sich in körperlichen Reaktionen, visuellen oder akustischen Halluzinationen, Gefühlsausbrüchen und den verschiedensten Sinnestäuschungen äußert. Insgesamt werden 32 Energiebahnen erschlossen, von denen die kleineren in diesem Buch nicht erfaßt werden. Damit ist gewährleistet, daß die Energie ungehindert zirkulieren kann und Nebenwirkungen der Überhitzung, die bei konzentrierter Meditation entsteht, weitgehend verhindert werden.

Sind diese Energiebahnen einmal geöffnet, kann man beginnen, die verschiedenartigen Kräfte, die in den einzelnen Energiezentren oder Chakras lokalisiert sind, zu mischen und umzuwandeln, ein Prozeß, den die Taoisten als «innere Alchemie» bezeichnen. Viele Anweisungen sind nötig, um die richtigen Wirkungen hervorzurufen und die unterschiedlichen Energiesysteme des Körpers mit dem der Natur in Einklang zu bringen.

Je mehr Kraft verfügbar wird, desto offensichtlicher wird auch die Bedeutung des Öffnens der Bahnen. Ohne genügend durchgängige, geräumige Kanäle, die den beträchtlichen Energieanstieg transportieren, könnte der Organismus durch eine Überlastung geschädigt werden. Diese Nebenwirkungen können physischer oder psychischer Natur sein und ziemlich störend, sogar schwächend wirken. Sollten je solche Nebenwirkungen auftreten, lesen Sie im Kapitel 9 «Die Sicherheitsmaßnahmen» nach und holen – wenn nötig – sofort Rat bei einem Lehrer der taoistischen Meditation. Tao Yoga ist eine Methode, die über viele Jahrtausende entwickelt worden ist, um dem Praktizierenden den sichersten und geeignetsten Weg zu guter Gesundheit zu bieten. Wenn Sie Schritt für Schritt die Leiter hochsteigen, werden Sie ganz sicher oben ankommen.

2. KAPITEL

Vorbereitungen für die taoistische Meditation

1. Eine entspannte Atmosphäre schaffen: Tiefe Entspannung ist der Schlüssel zur Chi-Meditation; um den warmen Fluß des Chi kreisen zu lassen, muß man innerlich ruhig sein. Sind Sie abgelenkt durch das Fernsehen, vorbeifahrende Autos oder Ihr ungemachtes Bett, wird sich auch Ihr Geist nach außen wenden, und Sie können sich nicht auf Ihre Energie konzentrieren. Achten Sie zu Beginn auf einen ruhigen Raum, und wählen Sie eine bestimmte Zeit für Ihre Meditation. Je angenehmer die Atmosphäre, desto leichter die Konzentration. Mit der Zeit lernen Sie schon, sich durch Ablenkungen nicht mehr stören zu lassen. Sie können dann überall meditieren.

2. Die Kleidung: Tragen Sie während der Meditation bequeme, lockere Kleidung. Lösen Sie den Gürtel, und legen Sie Brille und Uhr ab. Achten Sie vor allem darauf, daß Knie, Nacken und Zehen nicht eingeengt sind. Ziehen Sie sich auch warm genug an, damit Sie nicht frieren und dadurch abgelenkt werden.

3. Der Raum: Das Zimmer muß gut durchlüftet sein, sitzen Sie aber nicht zu dicht am offenen Fenster. Während der Meditation entsteht im Körper enorme Wärme, und bei Zugluft könnten Sie sich leicht erkälten. Vermeiden Sie Licht, das blendet. Ein zu heller Raum wird Ihre Konzentration stören, ein zu dunkler Raum Sie schläfrig machen.

4. Die Ernährung: Nach der taoistischen Lehre sollten Sie aufhören zu essen, wenn Sie zu zwei Dritteln satt sind. Dann hat der Magen noch genügend Raum, das Essen zu verdauen. Sind Sie zu satt, verlieren Sie Ihre Klarheit und Konzentrationskraft.

Warten Sie nach dem Essen mindestens eine Stunde, bevor Sie

mit der Meditation beginnen. Meiden Sie kaltes Essen sowie eiskalte Getränke und Früchte. Sie sind extrem Yin und können Sie aus dem Gleichgewicht bringen. Essen Sie auch nichts direkt aus dem Kühlschrank, sondern lassen Sie die Nahrungsmittel etwas warm werden. Ihr Körper spart Energie, wenn er die kalte Nahrung nicht noch erwärmen muß.

Auch wenn Sie nicht Vegetarier sind, ist es möglich, einen hohen spirituellen Entwicklungsgrad zu erreichen. Ob Vegetarier oder nicht, alle können krank werden und sterben. Essen Sie einfach immer das, womit Sie sich am wohlsten fühlen. Horchen Sie in sich hinein, worauf Ihr Körper Appetit hat, und Sie werden wissen, was Sie essen sollen. Haben Sie Hunger nach etwas Bestimmtem, dann braucht Ihr Körper diese Nahrung. Natürlich gilt dies nur für Menschen, deren Körper relativ gesund ist und die kein extremes Verlangen nach toten Substanzen haben, wie raffiniertem Zucker, Salz oder fetten Speisen. Wenn Ihre Gesundheit schon durch falsche Eßgewohnheiten geschädigt ist, werden Sie durch das Zirkulieren von warmer Chi-Energie durch Ihren Körper allmählich Ihren wirklichen Geschmackssinn zurückgewinnen. Nur Sie selbst wissen, was Sie brauchen, um innere Harmonie zu erlangen. Gemüse allein wird Sie nicht reiner und heiliger machen als Fisch. Aber was Sie essen, sollte frisch sein und möglichst frei von chemischen Zusätzen.

5. Wie man den Energiestrom stimuliert: Bevor Sie mit der Meditation beginnen, reiben Sie zuerst Gesicht, Ohren, Augen, Bauch und Fußsohlen. Lassen Sie Ihren Kopf 12mal in beiden Richtungen kreisen. Falten Sie dann Ihre Hände über dem Kopf, und lassen Sie Ihren Oberkörper 36mal um die eigene Achse kreisen.

Gegen Steifheit, zur Förderung Ihrer Beweglichkeit und um den Energiestrom nach dem morgendlichen Erwachen leichter zum Fließen zu bringen, strecken Sie Ihre Sehnen, beißen die Zähne aufeinander und schlucken Ihren Speichel hinunter. Zur Streckung der Sehnen setzen Sie sich mit ausgestreckten Beinen hin und fassen Zehen oder Fußgelenke. Atmen Sie tief aus, und beugen Sie sich aus den Hüften langsam nach vorn, indem Sie die Hände ohne Anstrengung so weit wie möglich vorstrecken. Machen Sie das neunmal. Schlagen Sie dann neunmal Ihre Zähne aufeinander, und massieren Sie mit der Zunge das Zahnfleisch. Das übt Ihre Zunge und verhindert Zahnfleischerkrankungen. Wir werden bei der Chi-Massage näher darauf eingehen (Taoistische Verjüngung).

Abbildung 2
Reiben Sie die Fußsohlen, um den Energiestrom anzuregen

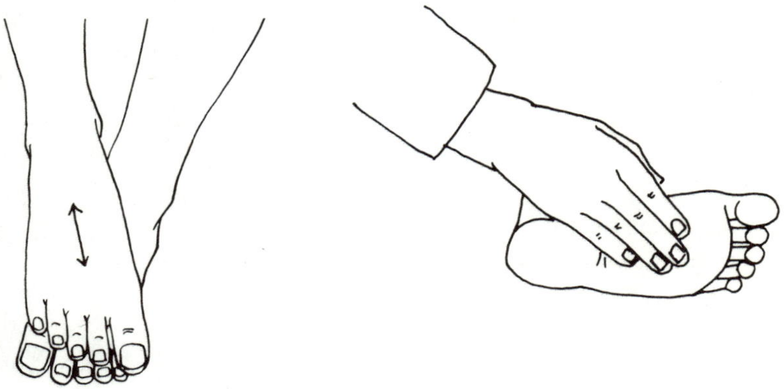

6. Wie man richtig sitzt: Setzen Sie sich auf die Kante eines Stuhls und suchen Sie auf Ihren Gesäßknochen jene Stelle, die Ihnen hilft, das Gleichgewicht zu halten und mühelos geradezusitzen. Bei Männern sollten die Hoden frei in der Luft hängen; auf diese Weise ist es leichter, Energie aufzunehmen und den «schlafenden Riesen» im Innern zu erwecken. Die Sitzposition für Frauen ist die gleiche. Frauen sollten aber, wenn sie nackt oder nur spärlich bekleidet meditieren, die Genitalien bedecken, um Energieverluste zu vermeiden. Der Rücken wird bequem geradegehalten, der Kopf ganz leicht vorgebeugt, und die Füße stehen fest auf dem Boden. Sie bilden die Verbindung zur Erde. Je zehn

Energiekanäle laufen von den Füßen in die Beine. Damit die Energie auch in jedes Bein fließen kann, müssen Ihre Füße die Erde berühren.

Abbildung 3

Falsche Sitzhaltung **Richtige Sitzhaltung**

Die bequemste Art der Meditation ist, auf einem Stuhl zu sitzen. Die Füße sind die Wurzeln Ihres Körpers, achten Sie dort besonders auf einen kontinuierlichen Energiefluß. Die Hände werden im Schoß ineinandergelegt, die rechte Hand umfaßt die linke (Handfläche nach oben). So wird der Kreislauf durch die Hände geschlossen, und die Energie kann nicht aus den Handflächen strömen. Der Rücken ist aufrecht, nur Schultern und Nacken sind leicht gebeugt. Diese leichte Rundung des oberen Rückens entspannt den Brustkorb, und die Energie kann leichter abwärts fließen. Bei militärischer Haltung mit zurückgeworfenen Schultern und hochgerecktem Kopf bleibt die Energie im Brustkorb und kann nicht in die unteren Zentren kommen.

Abbildung 4

Beide, Männer und Frauen, legen die rechte Handfläche (Yang) über die linke Handfläche (Yin), um während der Meditation den Energiestromkreis zu schließen

Abbildung 4A

Der Rücken ist gerade

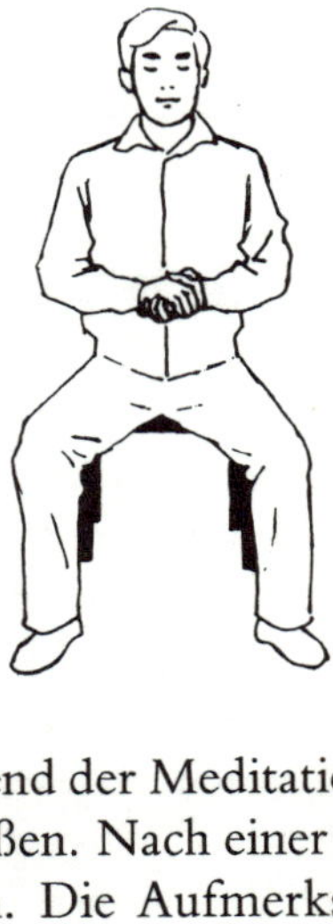

7. *Richtig atmen:* Während der Meditation sollte der Atem ruhig, langsam und leicht fließen. Nach einer Weile brauchen Sie nicht mehr darauf zu achten. Die Aufmerksamkeit auf die Atmung

zerstreut nur den Geist, der sich darauf konzentrieren soll, die Energie an die gewünschten Punkte zu lenken. Es gibt Tausende esoterische Atemtechniken. Sie könnten Ihr ganzes Leben damit verbringen, sie zu vervollkommnen, und würden trotzdem keine bleibende Lebensenergie gewinnen.

Abbildung 5

Um sich zu entspannen, führen Sie die Bauchatmung durch, keine Brustatmung, und machen langsame, tiefe Atemzüge

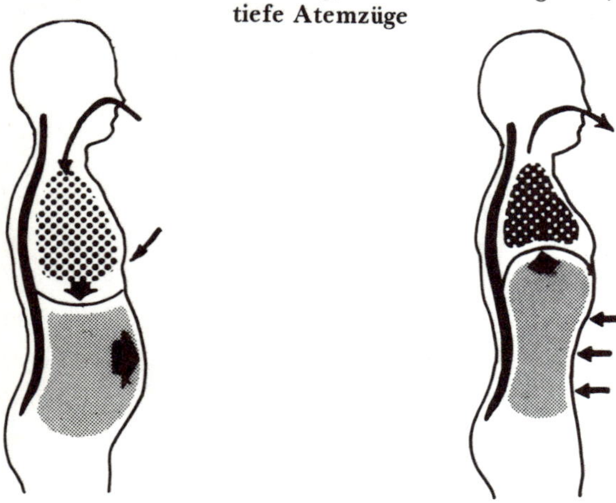

Wenn das Chi einmal aktiviert ist und die Energiebahnen frei sind, werden Sie viele verschiedene Arten der Atmung erleben: schnelles Atmen, flaches Atmen, tiefes Atmen, Zurückhalten des Atems, Rückenmarkatmen, inneres Atmen, Scheitelatmen, Fußsohlenatmen usw. Versuchen Sie nicht, Ihren Atem zu regulieren, da sich die entsprechenden Atemmuster ganz von selbst nach den Bedürfnissen des Körpers einstellen werden.

Atmen Sie geräuschlos durch die Nase. Machen Sie Ihren Atem ruhig und sanft. Jedes Geräusch, das Ihr Atem verursacht, wird Ihre Konzentration stören, und wenn Sie schnell und ungleichmäßig atmen, werden Sie keinen vollständigen Ruhezustand erreichen. Aber wenn Sie den Atem unterbrechen, wird auch der Energiefluß anhalten.

Wenn Sie zu Beginn Schwierigkeiten haben, sich zu konzentrieren, zählen Sie fünfmal von eins bis zehn und von zehn bis eins. Sie können auch 36mal langsam und tief in den Bauch atmen. Das läßt die in Brustkorb, Schultern, Armen und Kopf gestaute Energie abfließen und hilft Ihnen, innerlich ruhig zu werden. Wenn Sie einmal konzentriert sind und den Energiestrom spüren, können Sie sich vorstellen, wie die Energie beim Einatmen in jede Pore eindringt und beim Ausatmen wieder aus jeder Pore austritt. Auf diese Weise werden Sie erleben, wie die gesamte Körperoberfläche atmet.

8. Geistige Haltung: Versuchen Sie nicht zu meditieren, wenn Sie müde sind. Gehen Sie zuerst spazieren, nehmen Sie ein erholsames Bad, schlummern Sie ein wenig oder trinken Sie etwas Warmes. Beginnen Sie mit der Meditation, wenn Sie sich wieder frisch fühlen.

Nehmen Sie eine gelassene, versöhnliche Haltung ein. Seien Sie heiter und dem Leben gegenüber offen. Vergeuden Sie keine Zeit an Wünsche oder Sorgen. Ihre wahre Aufgabe besteht darin, Ihr Bewußtsein und Ihre Liebesfähigkeit zu entwickeln. Kümmern Sie sich nicht um das, was morgen sein wird, das Morgen sorgt für sich selbst. Ein glücklicher und ruhiger Gemütszustand ist ein Zeichen der geistigen Entwicklung.

Erzwingen Sie nichts. Versuchen Sie nicht, Gedanken gewaltsam aus Ihrem Kopf zu verscheuchen. Lassen Sie Ihre Gedanken einfach los, und beobachten Sie, wie sie von allein verschwinden. Stellen Sie sich vor, die Gedanken wären Wolken, die der Wind mit sich fortträgt: Sind sie vorübergezogen, scheint die Sonne wieder hell. Lösen Sie sich von allem, beobachten Sie den Denkprozeß, aber nehmen Sie nicht daran teil. So werden Sie allmählich lernen, sich zu sammeln, und die heilende Lebensenergie des Tao lenken können.

9. Die Stellung der Zunge: Die Zunge ist die Brücke zwischen Diener- und Lenker-Gefäß. Es gibt drei Stellen am Gaumen, an die die Zunge gelegt werden kann. Die korrekte Stelle heißt «Himmlischer Teich». Als Anfänger plazieren Sie aber die Zunge so, wie es für Sie am bequemsten ist. Empfinden Sie es

als unangenehm, die Zunge an den Gaumen zu legen, legen Sie sie dicht hinter die oberen Schneidezähne.
Erste Stellung: Die Zunge wird am Gaumen nahe an den oberen Schneidezähnen angelegt. An dieser Stelle entsteht Luft (Wind). Die «Wind-Stellung» läßt Sie leicht einschlafen.
Zweite Stellung: Der höchste Punkt des Vordergaumens (bevor das Gaumensegel beginnt) wird «Sitz des Feuers» genannt. Läßt

Abbildung 6

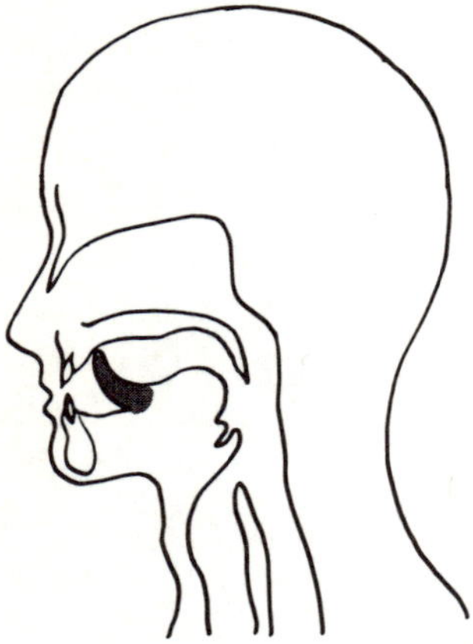

A. Wind-Stellung

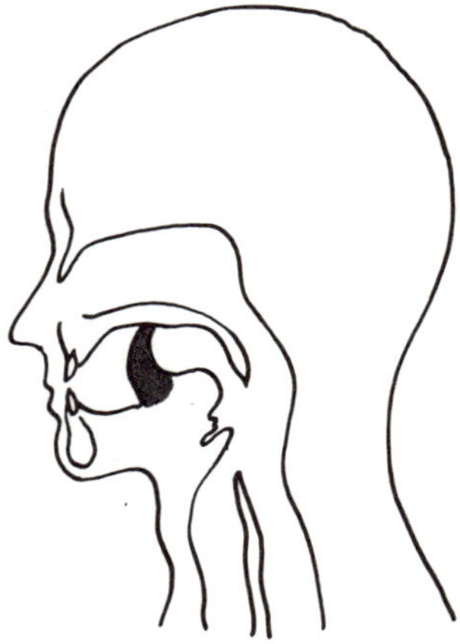

B. Feuer-Stellung

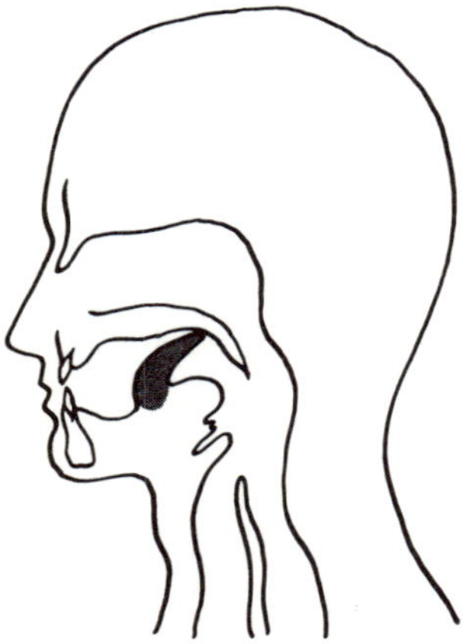

C. Wasser-Stellung, "Himmlischer Teich"

man die Zunge zu lange an diesem Punkt, werden Mund und Zunge trocken. («Feuer-Stellung»)

Dritte Stellung: Der «Himmlische Teich» liegt etwa 4 cm hinter den Schneidezähnen. Wenn man die Zunge hier anlegt, wird die Speicheldrüse auf der Unterseite der Zunge stimuliert. («Wasser-Stellung»)

Der «Himmlische Teich» hat zwei Becken, die nach dem taoistischen System mit dem «Samenpalast» am Damm und der «Sprudelnden Quelle» des Nierenmeridians an der Fußsohle in Verbindung stehen. Über diese beiden Stellen werden die Samen- und Nierenenergie angeregt, nach oben zu fließen, vorbei am Herzen in das Kleinhirn und die Hypophyse, die sie dann in Gehirnenergie umwandelt. Später wird sie zu Nektar und stärkt die Herzenergie.

3. KAPITEL

Das Geheimnis des inneren Lächelns

Nachdem Sie in Ihrem Raum eine friedliche, ruhige Atmosphäre geschaffen haben, müssen Sie dieselbe Ruhe und Stille in sich selbst herstellen. Es genügt nicht, daß der Meditationsraum den Ansprüchen gerecht wird. Solange Ihre Kiefer zusammengepreßt, Ihr Nacken und Rücken steif, Ihre Schultern verspannt sind oder Ihr Magen in Aufruhr ist, wird es Ihnen nicht gelingen, die Chi-Energie fließen zu lassen und den Kleinen Energiekreislauf herzustellen.

Eine gelassene geistige Einstellung und die 36 tiefen Atemzüge in den Bauch werden Ihren Geist beruhigen und Ihren Körper entspannen. Aber vollkommene Stille erlangen wir nicht, indem wir einfach verspannte Muskeln lösen und zittrige Nerven besänftigen. Um einen tiefen und bleibenden Entspannungszustand zu erreichen, müssen wir bis in unsere innersten Körperteile hinein ein Gefühl des Friedens erschaffen. Nur wenn unsere lebenswichtigen Organe wie Herz, Lunge, Leber, Niere und Magen, Nerven- und Kreislaufsystem sich entspannt fühlen, ist auch unsere Seele heiter. Die alten taoistischen Meister entdeckten ein einfaches Geheimnis, um diese Organe anzusprechen, das «innere Lächeln».

Die heilende Kraft eines Lächelns

Sicher sind auch Sie schon eine Straße mürrisch entlanggegangen, weil Sie sich über unerledigte Dinge, Ihre Beziehungen, Ihren Beruf oder einfach über das ganze Leben ärgerten. Sie blicken flüchtig hoch, jemand lächelt Ihnen zu, und ehe Sie sich's versehen, lächeln Sie zurück. In einem Bruchteil einer Sekunde haben Sie Ihren Kummer abgelegt, Sie stehen ein wenig aufrechter da und gehen weiter mit dem Bewußtsein, daß sich alles zum Guten wenden wird. Ein echtes Lächeln birgt ungeheure Kraft.

Ein Mensch, den man anlächelt, fühlt sich wohl und akzeptiert. Auch Pflanzen, denen man zulächelt, fühlen die liebende Zuwendung und gedeihen gut. Wenn Sie nach Hause kommen, Ihrem Hund den Kopf tätscheln und ihm zulächeln, wird er mit dem Schwanz wedeln, um Ihnen zu zeigen, daß er glücklich ist. Kommen Sie aber nach Hause und schreien ihn an oder geben ihm gar einen Fußtritt, wird er sich ducken, knurren oder beißen. Und wenn Sie die Menschen, die Sie lieben, anschreien, fühlen sich diese zurückgestoßen und ungeliebt.

Ein echtes Lächeln ist ein Zeichen der Liebe, ein Übermittler von Energie. Es wirkt wärmend und heilend wie Musik. Ein Mensch, der nicht lächeln kann, ist wie eine Gitarre, auf der nicht gespielt wird: Die Gitarre steht in einer Ecke, das Holz verzieht sich, und die Saiten werden locker. Nach und nach bekommt sie Sprünge und zerbricht. Genauso verliert ein Mensch, der nicht lächelt, seine Fähigkeit, Liebe zu geben und Liebe zu empfangen. Sein finsteres Gesicht und seine freudlose Haltung dem Leben gegenüber gehen oft mit Magengeschwü-

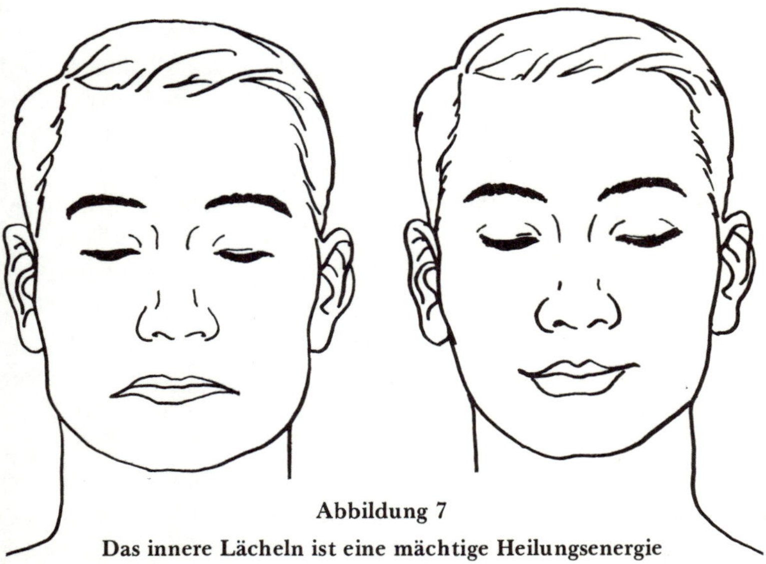

Abbildung 7
Das innere Lächeln ist eine mächtige Heilungsenergie

ren und anderen Erkrankungen einher, und an dem Mangel an Zuneigung und Liebe geht er zugrunde.

Bei einer Gitarre aber, die gepflegt und gespielt wird, werden die Saiten regelmäßig gestimmt, und sie wird sorgsam aufbewahrt. Solch eine geliebte und zärtlich behandelte Gitarre bringt dem Musiker Leben und Licht, und oft überdauert sie ihren Besitzer. Genauso bringt ein Mensch, der lächelt, Freude in das Dasein anderer, und er selbst führt ein glückliches, gesundes Leben, das noch lange nach seinem physischen Tod weiterklingt.

Obwohl wir alle den Unterschied zwischen heiteren und mürrischen Menschen kennen und Glücklichsein mit Gesundheit und Traurigkeit mit Krankheit verbinden, wissen wir leider immer noch nicht um die Bedeutung und Kraft des Lächelns. Kurz gesagt: Die Möglichkeit des Lächelns in unsere Organe und unser Nervensystem nehmen wir nicht ernst.

Wenn Lächeln und Gesundheit doch eng zusammengehören, warum gibt es dann zum Beispiel keine Ärzte, die sich im Lächeln spezialisieren? Wenn der Herausgeber der *Saturday Review*, Norman Cousins, sich alte Marx Brothers-Filme anschaute, um seine Bindegewebserkrankung «wegzulachen», warum nutzen dann nicht Ärzte und Krankenschwestern die Energie des Lächelns, um ihren Patienten zu helfen, gesund zu werden? Vielleicht sollten unsere Krankenhäuser Clowns und Spaßmacher einstellen, um die Patienten zum Lachen zu bringen. Vor allem aber, warum wurde das Lächeln nie als vorbeugendes Mittel eingesetzt? Wenn wir doch unseren Freunden, unserer Familie, den Menschen, die wir lieben, zulächeln, warum dann nicht auch uns selbst?

Im alten China lehrten die Taoisten, daß ein andauerndes inneres Lächeln, ein Lächeln zu sich selbst, Gesundheit, Glück und ein langes Leben sichert. Warum? Sich selbst zulächeln ist wie ein Baden in Liebe: Du wirst Dein eigener bester Freund. Wer mit einem inneren Lächeln lebt, lebt in Harmonie mit sich selbst.

Ein Blick auf unsere westliche Gesellschaft zeigt, daß wir das Geheimnis des Lächelns nicht kennen. Der Mangel an innerer Harmonie ist auf tragische Weise offenkundig: Wir sind geplagt von einem Ansteigen physischer und psychischer Erkrankungen, die von Krebs bis zur Anorexia nervosa (Magersucht) reichen. Unsere Liebe ist ständig überschattet von einer Welt voller Gewalt und Selbstzerstörung. Der einzelne wie auch die Gesellschaft sind bedroht von überhandnehmendem Arzneimittelmißbrauch und von nuklearer Zerstörung. Irgendwie, irgendwo haben wir das Wesentliche, das Tao, aus den Augen verloren. Wir haben den natürlichen Lebensfluß unterbrochen und mit ihm die Kraft, uns selber zu heilen.

Lächle Deinen lebenswichtigen Organen Liebe zu

Die vielen Weltprobleme sind so erdrückend geworden, daß die meisten Menschen den Versuch aufgegeben haben, das Gesamtbild ihres Lebens zu verstehen. Uns schwindelt von dem Überangebot an Information, das von Fernsehen, Radio, Zeitung und Computern ausgespuckt wird. Es bleibt uns überlassen, diese ganze Information in eine für uns «verdaubare» Form zu bringen, und weil dieser Prozeß in einem solchen Ausmaß schwierig geworden ist, haben wir unseren Geist vom Körper getrennt.

Ein gesunder Körper ist dem Streß des modernen Lebens gewachsen und kann ihn sogar als kreative Herausforderung annehmen. Aber viele Menschen beachten nicht die natürlichen Gleichgewichtsprozesse zwischen Körper und Geist. Sie versuchen, die Welt mit ihren Köpfen zu verdauen, indem sie Konzepte, Gedanken und Wünsche zu riesigen Bergen geistigen Ballasts anhäufen.

Sie ignorieren die Tatsache, daß ihr Körper diesen zusätzlichen Kopfballast 24 Stunden am Tag herumschleppen muß und unter diesem Extragewicht ermüdet. Erschöpft kapituliert er eines Tages vorzeitig mit Herzversagen, Schlaganfall, Arthritis oder gestörter Leberfunktion. Der Zusammenbruch wird dem physisch schwachen Körper zugeschrieben, dabei ist der überbeanspruchte Geist der wahre Schuldige.

Wie fremd uns die Zusammenhänge zwischen Körper und Geist sind, zeigt sich in der Tatsache, daß die meisten von uns nicht einmal wissen, wo sich ihre Körperorgane befinden, und

Vortrag

noch weniger, welche Größe, Form oder Funktion sie haben. Auch wenn wir es vielleicht wissen, erfahren wir unsere Organe doch nicht auf fühlbare Weise, weil wir ihre beständigen subtilen Mitteilungen überhören. So glauben wir zum Beispiel, daß wir zufrieden sind, weil unsere Wünsche befriedigt wurden. Währenddessen rebellieren vielleicht unsere Eingeweide, weil wir zuviel gegessen haben, unsere Lungen sind belastet durch den Rauch und unsere Nieren durch den Kaffee – trotzdem sind wir davon überzeugt, ein ausgezeichnetes Mahl genossen, eine gute Zigarette geraucht und eine Tasse wunderbaren Kaffee getrunken zu haben. Wir sind gegenüber den Empfindungen unserer Organe abgestumpft und verschließen uns so der tiefsten Erfahrung, was wirklich Gesundheit ist.

Wir gleichen dem verantwortungslosen Autobesitzer, der damit beschäftigt ist, sein Auto zu wachsen und zu polieren, nur um nachher über holprige, staubige Straßen zu fahren. Er denkt nicht an neue Zündkerzen oder an Ölwechsel und fährt bleihaltiges Benzin statt bleifreies. Wenn das Auto eine Panne hat, beklagt er sich, daß er nicht Automechaniker ist, und macht den Autohersteller dafür verantwortlich, wenn sein Wagen einer Generalüberholung unterzogen werden muß.

Wir verhalten uns nicht anders. Unsere gesamte Energie (und unser Geld) verwenden wir darauf, unser Äußeres zu präsentieren, mißhandeln aber unser Inneres, indem wir uns unausgewogen ernähren, trinken, rauchen und – was das Schlimmste ist – uns selbst nicht lieben. Und dann sind wir schockiert, wenn aus heiterem Himmel unsere Lunge kollabiert, unsere Nieren versagen oder uns gesagt wird, daß wir Krebs haben.

Einige Menschen haben eine erstaunliche Fähigkeit, sich einzureden, daß ihre Gesundheit nicht von ihrem Verhalten abhängt, und die Schuld auf schlechte Gene, ihr Alter oder das Schicksal zu schieben. Aber die meisten sind sich einfach nicht bewußt, daß ihre Krankheiten eine direkte Folge der vielen Jahre sind, in denen sie ihren Körper, vor allem die lebenswichtigen Organe, Streß ausgesetzt haben; demgegenüber fallen körperliche Abnutzungserscheinungen weniger ins Gewicht. Alles, was in unserem Geist geschieht, wirkt sich auf die Organe aus.

Unser Körper ist der Filter für alle unsere Wahrnehmungen, Empfindungen und unser Denken; er ist aber auch der Speicher unseres Gedächtnisses.

Die meisten Menschen wissen nicht, daß unsere Organe auch dann weiterarbeiten, wenn unser Geist zeitweise aufhört sich zu betätigen, das heißt, wenn wir nicht denken oder fühlen. In dem Moment aber, da unsere Organe aufhören zu arbeiten, die Milz versagt, das Herz aussetzt oder die Leber schlecht funktioniert, ist unser Leben ernstlich in Gefahr.

Das Hirn erteilt die Befehle, aber die Organe führen die Arbeit aus. Stellen Sie sich folgendes vor: Ihre Organe sind die Fabrikarbeiter, Ihr Geist der Arbeitgeber. Wenn der Vorgesetzte nie da ist oder sich nicht um die Beschwerden der Arbeiter kümmert (er ist mit seinen eigenen Angelegenheiten so sehr beschäftigt, daß er nicht sieht, wie die Arbeiter unter schlechten Arbeitsbedingungen leiden, daß sie überarbeitet sind oder unterbezahlt), dann fühlen sich die Arbeiter möglicherweise so entmutigt und enttäuscht, daß sie entweder streiken oder allesamt kündigen. Die Fabrik wird stillgelegt, es werden keine Produkte mehr hergestellt, und zurück bleibt der Arbeitgeber, der mit den Arbeitern zu verhandeln versucht. Aber seine Macht ist gebrochen, wenn die Arbeiter die Fabrik bereits stillgelegt haben. Möglicherweise nehmen sie ihre Arbeit nie mehr auf, und er verliert in der Folge seinen Lebensunterhalt. (Denken Sie daran, das Problem tauchte nicht über Nacht auf!)

Wie wir das innere Lächeln in unseren Körper ausstrahlen

Wir beginnen mit den Augen, um das innere Lächeln zu üben. Schließen Sie die Augen, und erfüllen Sie sie mit einem strahlenden Lächeln. Entspannen Sie sich, und fühlen Sie, wie dieses tiefe Lächeln durch Ihre Augen scheint. Indem Sie Ihre Augen entspannen, beruhigen Sie Ihr gesamtes Nervensystem.

Ihre Augen sind mit dem vegetativen Nervensystem verbunden, das in das sympathische und das parasympathische Nervensystem unterteilt ist. Der Sympathikus steuert die Bereitschaft zu Flucht oder Kampf. Über den Parasympathikus wird dem Körper Ruhe und Sicherheit vermittelt. Er erzeugt Gefühle der Liebe und des Friedens und wird wiederum aktiviert, wenn wir uns von andern geliebt und angenommen fühlen.

Diese beiden Systeme sind mit jedem Organ und jeder Drüse des Körpers verbunden, und diese erhalten vom Nervensystem die Befehle, die Aktivität des Körpers je nach Bedarf zu steigern oder zu drosseln. Die Verbindung zwischen Augen und Nervensystem kontrolliert das gesamte Spektrum an Emotionen und direkten physischen Reaktionen. Indem Sie Ihre Augen mit Hilfe des inneren Lächelns entspannen, lösen Sie Ihren Geist aus der Verspannung, die den ganzen Körper durchzieht. Er ist entlastet und bereit, seine gesamte verfügbare kreative Energie für die anstehende Aufgabe zu sammeln und einzusetzen, wie zum Beispiel mit seiner Umgebung in Einklang zu leben. Es ist eine wesentliche taoistische Einsicht, daß visuelle Entspannung und die Fähigkeit, sich zu konzentrieren, einander bedingen.

Wenn Sie spüren, wie Ihre Augen von diesem großen, inneren Lächeln prickeln, lenken Sie diese Energie des Lächelns durch Ihren Körper hinunter und erfüllen Ihre Organe mit Liebe. Mit folgendem Überblick können Sie sich die Reihenfolge des «Hinunterlächelns» leicht einprägen:

1. *Die vordere Körperlinie:* Lächeln Sie von Ihren Augen hinunter in Gesicht, Hals, Herz und Blutkreislauf, Lungen, Bauchspeicheldrüse, Milz, Leber, Nieren und Nebennieren.

2. *Die mittlere Körperlinie:* Lächeln Sie von Ihren Augen hinunter in den Mund, Magen, Dünndarm, Dickdarm, Mastdarm, und schlucken Sie gleichzeitig Speichel hinunter.

3. *Die hintere Körperlinie:* Lächeln Sie durch Ihre Wirbelsäule hinunter, von einem Wirbel zum andern.

1. Die vordere Körperlinie: Das Hinunterlächeln der Chi-Energie von den Augen durch die Organe der vorderen Körperseite ist eine wichtige Vorübung für das spätere Kreisenlassen im Kleinen Energiekreislauf. Ihr Lächeln sollte mühelos wie ein Wasserfall von Ihren Augen durch Ihre Organe in Richtung der Geschlechtsorgane fließen. Mit mehr Übung strömt Ihr Chi automatisch durch die Organe und unterstützt deren Arbeit.

2. Der Kiefer: Lächeln Sie durch Ihr Gesicht hinunter in Ihren Kiefer. Hier finden sich die meisten Verspannungen. Sobald die Energie, die durch das innere Lächeln entsteht, frei durch Ihren Kiefer fließt, spüren Sie, wie Ihr Körper locker wird und die Verspannungen sich lösen. Dies kann von Kribbelgefühlen oder Geräuschen begleitet sein, lassen Sie sich nicht dadurch beunruhigen, wenn dies geschieht.

Abbildung 8

Das Lächeln durch die vordere Körperlinie

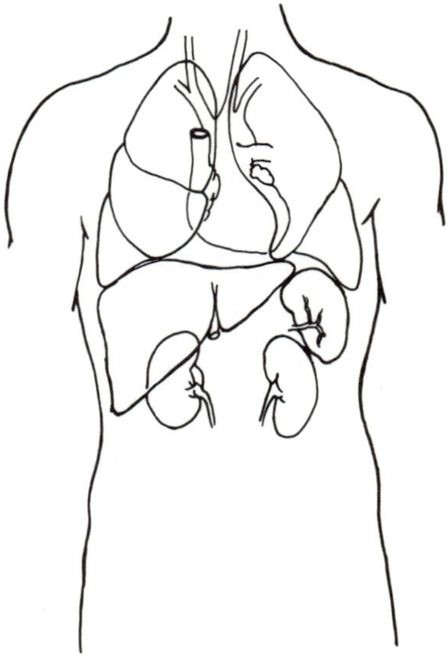

3. Die Zunge am Gaumen: Die Zunge ist die verbindende Brücke von Rücken-(Yang) und vorderseitigem (Yin) Kanal. Legen Sie Ihre Zunge an den Vordergaumen dicht hinter die oberen Schneidezähne. Bei korrekter Zungenstellung wird das Gaumensegel im hinteren Teil des Mundes berührt, aber es ist zu Beginn einfacher, die Zunge vorne anzulegen. Wenn die Chi-Energie fließt, kann dies neue Geschmacksempfindungen und ein warmes Prickeln in der Zunge hervorrufen.

Abbildung 9

Das Lächeln durch die mittlere Körperlinie

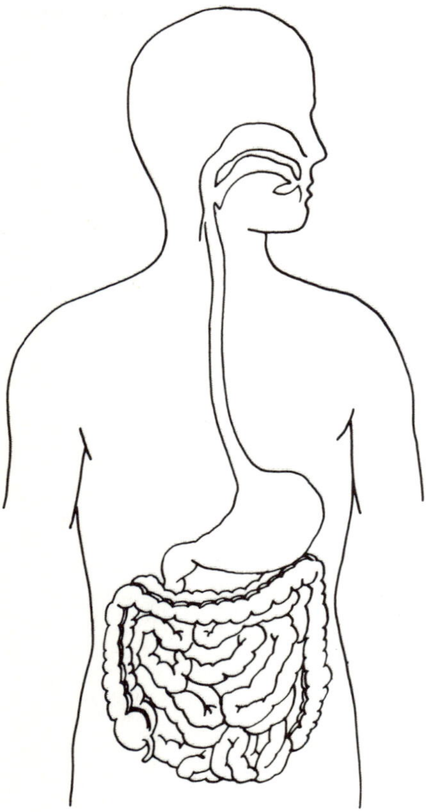

Abbildung 10

Das Lächeln durch die hintere Körperlinie

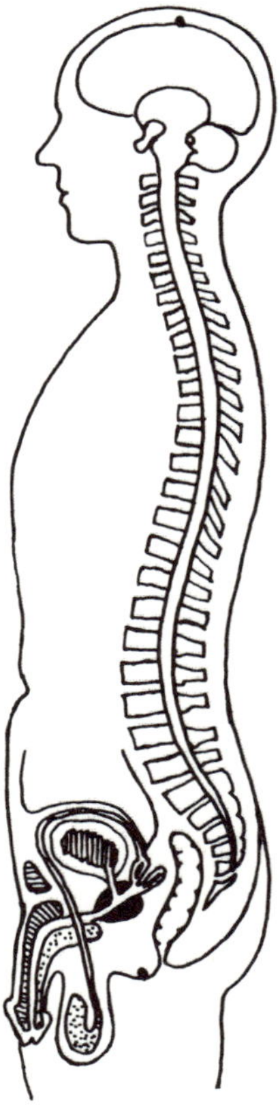

4. Nacken und Hals: Im Nacken bilden sich auch häufig Verspannungen. Viele wichtige Nerven und Blutgefäße, die für Ihr Wohlbefinden ausschlaggebend sind, durchziehen diesen Bereich. Der Nacken ist die Brücke zwischen Hirn und Körper, aber wenn Ihr Nacken einem Verkehrsstau gleicht, blockiert durch Verspannungen und Angst, sind die Meldungen zwischen Hirn und Körper verworren und nervös. Sie können den Kleinen Energiekreislauf nicht herstellen, wenn Sie Ihren Nacken nicht entspannen können. Spannen Sie Ihre Nackenmuskeln an, und lassen Sie sie dann langsam wieder los. Lassen Sie Ihren Kopf auf den Brustkorb sinken, und ziehen Sie Ihr Kinn ein. (Die alten Meister des Taoismus kopierten diese Technik vom Verhalten der Schildkröte.) Entspannen Sie Ihre Nackenmuskeln. Geben Sie sich der Illusion hin, daß diese nicht länger benötigt werden, um den Kopf aufrechtzuhalten. Lächeln Sie in Ihren Nacken und Hals, und fühlen Sie, wie die Verspannungen dahinschmelzen.

5. Das liebende Herz: Das Herz pumpt Blut und Chi-Energie durch Ihre Venen und Arterien. Im taoistischen Yoga sind Herz und Nieren außerdem Hauptumwandler der Chi-Energie, das heißt, das Herz ist fähig, sowohl die Menge des verfügbaren Chi zu steigern wie auch dessen Qualität zu verbessern und verfeinern.

Die Arterien werden der Yang-Energie zugeschrieben, die Venen der Yin-Energie. Die Arterien sind demzufolge positiv, die Venen negativ geladen. Wenn Sie lächeln und Ihr Herz mit Liebe füllen, steigern Sie den Umfang der Blutzirkulation und damit den Austausch von Yin- und Yang-Chi im Blut. Lächeln Sie also in Ihr Herz, und fühlen Sie, wie die Liebesenergie des Lächelns in Ihren gesamten Blutkreislauf eingeschleust wird.

Wenn das Chi mit Hilfe des Lächelns und des Kleinen Energiekreislaufs zum Fließen kommt, muß das Herz weniger Arbeit leisten; das Blut kann voll und frei fließen, während sich das Herz entspannt. Kommen noch richtige Ernährung und Übungen dazu, sinkt die Wahrscheinlichkeit einer Herzerkrankung auf ein Minimum.

Fühlen Sie, wie der entspannende Strom hinunterfließt und sich von Ihrem Gesicht und Nacken in Ihr Herz ausbreitet. Sie werden Ihr Herz als kühl und ruhig empfinden und gleichzeitig seine physische Substanz spüren. Menschen, die nervös sind oder sich schnell ärgern, erleben oft Schmerz- und Spannungszustände im Herzbereich. Indem sich das Lächeln bis ins Herz ausweitet, werden dort gespeicherte Spannungen abgebaut. Es kann nun auf neue Weise funktionieren. Erfüllen Sie Ihr Herz mit Liebe, machen Sie es zu Ihrem/Ihrer «Herzallerliebsten».

6. *Die Lungen:* Strahlen Sie die Liebe von Ihrem Herzen in die Lungen aus. Fühlen Sie, wie Ihre Lungen weich werden und mit neuer Leichtigkeit atmen. Nehmen Sie wahr, wie die Luft das Innere hell erleuchtet, wenn sie in die Lungen eintritt und sie wieder verläßt. Beim Entspannen fühlen Sie die Feuchte und Schwammigkeit der Lungengewebe und füllen sie mit neuer Energie.

7. *Abdomen:* Lächeln Sie nun in die Leber, die auf der rechten Seite direkt unter dem Rippenbogen liegt. Ist Ihre Leber hart oder ist es schwer, sie zu fühlen, machen Sie sie weich mit Ihrem Lächeln. Lächeln Sie sie ins Leben zurück, verjüngen Sie sie mit Ihrer Liebe.

Lenken Sie nun das Lächeln in Ihre beiden Nieren, die sich am Rücken befinden, unterhalb der Rippen, rechts und links von der Wirbelsäule. Die Nebennieren sitzen genau oberhalb der Nieren. Lächeln Sie Ihren Nebennieren zu, vielleicht antworten sie Ihnen mit einem Adrenalinstoß. Die Niere ist ein den Venen und Arterien untergeordneter Energieumwandler. Lächeln Sie Ihren Nieren zu, und füllen Sie sie mit Liebe. Wie beim Herzen wird auch hier der Chi-Strom, der durch Ihren Organismus kreist, auf diese Weise angeregt.

Lassen Sie Ihr Lächeln frei durch Bauchspeicheldrüse und Milz bis zum Nabel fließen. Dort verweilen Sie.

Man kann allen Organen zulächeln. Wenn Sie entspannt und glücklich sind und in sich hineinlächeln, produzieren Ihre Organe ein honigähnliches Sekret. Haben Sie Angst, sind Sie nervös oder gereizt, werden statt dessen toxische Substanzen erzeugt. Das innere Lächeln erleichtert Ihren Organen die Arbeit und hilft ihnen, wirksamer zu funktionieren. Denn vergessen Sie nicht: Ihre Organe leisten harte Arbeit. Täglich müssen Hunderte von Litern Blut durchgepumpt und gereinigt werden, unverarbeitete Nahrung in verdaubare Energie umgewandelt, toxische Substanzen ausgeschwemmt und emotionale Spannungen aufgefangen werden. Durch Ihr Lächeln stimmen Sie Ihre Organe froh.

8. Die mittlere Körperlinie: Lächeln Sie wieder in Ihre Augen und dann in den Mund. Bewegen Sie Ihre Zunge hin und her und rundherum, um Speichel zu sammeln. Sobald Ihr Mund voller Speichel ist, legen Sie die Zunge an den Gaumen, spannen die Nackenmuskeln an und schlucken den Speichel rasch mit einem Schluckgeräusch hinunter. Folgen Sie mit Ihrem Lächeln dem Speichel die Speiseröhre hinunter durch den Magen in den Nabel. Ihr Speichel ist ein nektargleiches Schmiermittel, das Lebensenergie enthält, und diese wird vom Nabelzentrum aus im Körper verteilt. Lächeln Sie die Nervosität Ihres Magens hinweg, und Sie werden gesündere Nahrung essen und sie leichter verdauen. Dehnen Sie die Energie des Lächelns in Ihren Dünndarm, Dickdarm und Mastdarm aus.

9. Die hintere Körperlinie: Lächeln Sie zuerst wieder in Ihre Augen, in Ihre Zunge, dann innerhalb Ihrer Wirbelsäule hinunter. Vergewissern Sie sich, daß Sie gerade sitzen, mit leicht nach vorn gebeugten Schultern. Gleiten Sie Wirbel für Wirbel hinunter, sieben Hals-, zwölf Brust-, fünf Lendenwirbel sowie Kreuzbein und Steißbein. Lächeln Sie in jeden Wirbel, bis Sie das Steißbein erreicht haben. Die Wirbelsäule schützt Ihr zentrales Nervensystem und ist entscheidend für die Steigerung der Chi-Zirkulation.

Sie sollten in jedem Wirbel ein wunderbares Wohlgefühl, Ruhe und Erquickung empfinden. Sind Lenden-, Steißbein- und Schamgegend entspannt, wird Energie freigesetzt, die dann leichter den Rücken hinauffließen kann.

10. Sammeln Sie am Schluß die Energie im Nabel: Bei einiger Übung braucht man für diese Meditation des inneren Lächelns nur wenige Minuten; am Anfang brauchen Sie allerdings länger, bis Sie das Lächeln überall spüren. Am Ende der Meditation soll die Energie nicht in den höheren Zentren wie Kopf oder Herz zirkulieren, da die meisten krankmachenden Nebenwirkungen beim Meditieren durch eine Ansammlung von zuviel Energie im Kopf ausgelöst werden, was aber leicht vermieden werden kann. (Lesen Sie dazu das Kapitel 9: Sicherheitsmaßnahmen.) Der beste Ort, die Energie im Körper zu speichern, ist der Nabelbereich, da diese Stelle die zusätzliche Körperhitze verkraften kann.

Um die Energie im Nabel zu sammeln, konzentrieren Sie sich auf diese Stelle, und stellen Sie sich vor, wie sich Ihre Energie langsam in einer spiralförmigen Bewegung etwa 4 cm tief in Ihren Nabel einrollt und in 24 Umdrehungen zurück zum Nabel rotiert. Männer drehen zuerst spiralförmig im Uhrzeigersinn, Frauen zuerst im Gegenuhrzeigersinn. (Legen Sie sich eine Uhr auf den Nabel, um die Richtung zu bestimmen.) Danach lassen Sie die Energie in der Gegenrichtung kreisen (Männer im Gegenuhrzeigersinn, Frauen im Uhrzeigersinn).

Wichtig: Wenn Sie nach der Meditation des inneren Lächelns anschließend das Chi im Kleinen Energiekreislauf zirkulieren lassen wollen, wie im folgenden Kapitel beschrieben, sammeln Sie die Energie *nicht* im Nabelzentrum, sondern erst zum Schluß der Übung.

11. Praktizieren Sie das innere Lächeln im täglichen Leben: Obwohl das innere Lächeln Ihnen in erster Linie helfen soll, sich zu entspannen, damit Sie für die Übung des Kleinen Energiekreislaufs gut vorbereitet sind, ist es in sich eine kraftvolle Meditation. Im täglichen Leben angewendet, bewirkt allein das schon ungeheuer viel. Wenn Sie sich immer Ihres inneren Lächelns bewußt sind, wird sich Ihr Leben verändern.

Eine Schülerin wollte ihren Vorgesetzten um die ihr versprochene Gehaltserhöhung bitten. Sie wußte, daß ihr Chef knauserig war und sie darum kämpfen mußte. Also ging sie auf ihren mürrischen, mißgelaunten Vorgesetzten mit dem inneren und einem äußeren Lächeln zu. Diese positive Haltung verringerte den Widerstand des Vorgesetzten, und es endete in gutem, beiderseitigem Einvernehmen.

Das Selbstwertgefühl eines anderen Schülers änderte sich grundlegend durch das innere Lächeln. Vorher fühlte er sich klein, und er kämpfte ständig gegen sich selbst, indem er sich einredete, er sei nichts wert. Nachdem er das innere Lächeln häufig praktiziert hatte, schloß er Freundschaft mit sich selbst und begann sein Potential zu entdecken, das zuvor hinter seiner eigenen Geringschätzung verborgen gewesen war.

Wenn Sie das innere Lächeln beherrschen, fühlen Sie sich vermutlich wie die Schildkröte, die in die unbekannte See steigt, aber darum weiß, daß ein schützender Panzer sie wunderbar umhüllt. Genauso werden auch Sie die Kraft bekommen, eine entspannte meditative Umgebung zu schaffen, die jeder äußeren Situation standhält. Alles Negative wird an Ihrem Lächeln abprallen, und Sie werden sich überall wohlfühlen.

Zusammenfassung

Das innere Lächeln gibt Ihnen Liebe, wo Sie sie am nötigsten brauchen: zu Hause. Ihr Körper ist Ihr Zuhause, denn in Ihrem Körper leben Sie, egal wo Sie sich aufhalten. Lernen Sie, Ihren Körper als eine Gemeinschaft vieler hart arbeitender, hingebungsvoller Mitglieder zu sehen, die unerkannt bleiben und oft überbeansprucht werden. Lernen Sie, mit ihnen umzugehen, als wären es Ihre eigenen Kinder, die Respekt und Zuneigung brauchen.

Lassen Sie keinen aus, und in kürzester Zeit werden Sie wissen, was es heißt, geliebt zu sein, und was Liebesenergie bedeutet. Machen Sie das unausgesetzt, und Ihre Welt wird aufblühen. Die Bewohner Ihrer Innenwelt, Ihre lebenswichtigen Organe, Knochen, Blut, Hirn usw. werden Ihnen einen neuen Körper schenken. Sie werden imstande sein, mit jedem Menschen und jedem Ding auf ruhige, liebende Weise eine neue Beziehung einzugehen. Lächeln Sie sich selbst zu, wo immer Sie gehen, lächeln Sie allem zu, dem Sie begegnen.

2. Teil

Lassen Sie die heilende Energie im Kleinen Energiekreislauf strömen

4. Kapitel

Beginn des Kleinen Energiekreislaufs: Öffnen der vorderen Energiebahn – das Diener-Gefäß

Das Diener-Gefäß verläuft auf der vorderen Körperseite nach unten und ist Yin, weiblich und kalt; das Lenkergefäß auf der Rückseite des Körpers ist Yang, männlich und heiß. Vereint bilden diese beiden den Kleinen Energiekreislauf, an den alle lebenswichtigen Körperorgane angeschlossen sind. Ist der Kreislauf hergestellt und alle Bahnen geöffnet, mischen sich Yin und Yang harmonisch, und Sie können Ihren Energiestrom steigern und Energie, Hormone und Lebenskraft durch den ganzen Körper schicken. Auf diese Weise kann die Energie überall dort gesammelt, umgewandelt und aufgenommen werden, wo sie benötigt wird.

Um den Energiestrom entlang der Meridiane zu stimulieren, konzentrierten sich einige Taoisten auf leicht zugängliche Energiezentren, die den Akupunkturpunkten entsprechen. Sie machten dabei die Erfahrung, daß nicht nur Chi freigesetzt wird, so daß man einen warmen Energiestrom spürt, sondern auch, daß die Energiezentren selbst aktiviert werden, was eine ganze Reihe physischer und psychischer Reaktionen bewirkt. Die Konzentration auf den Nabel beispielsweise beeinflußt das gesamte gastrointestinale System. Die Zunahme an Chi-Energie unterstützt die Verdauung und bringt das Nahrungsbedürfnis ins Gleichgewicht.

Der Kleine Energiekreislauf beginnt und endet beim Nabelzentrum. Das Diener-Gefäß erstreckt sich vom Gaumen bis ins Perineum. Um diese Energiebahn zu öffnen, beginnen wir zuerst beim Nabel und arbeiten uns hinunter bis zum Perineum. Erst nachdem wir den rückseitigen Kanal geöffnet haben, erschließen wir den restlichen Teil des Diener-Gefäßes.

Abbildung 11

Die Energiezentren

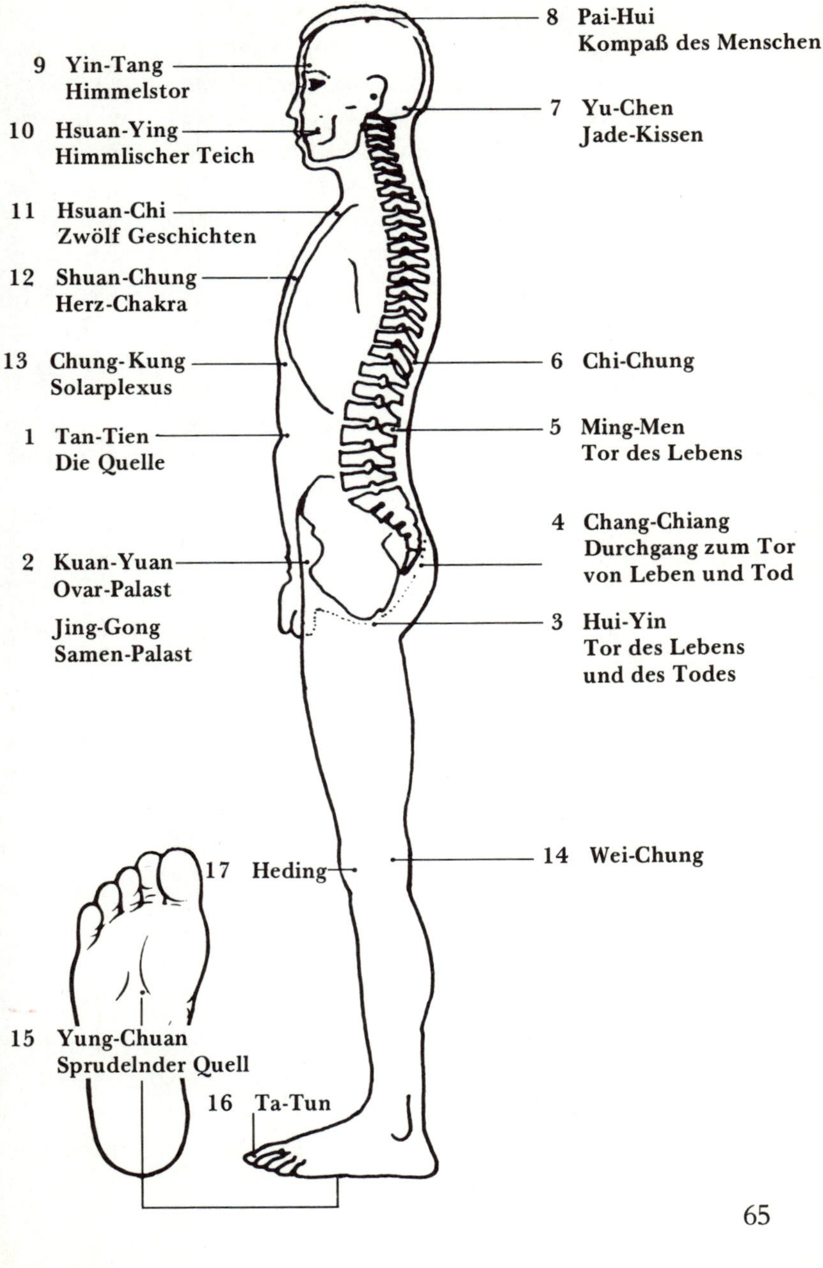

Das Aktivieren der einzelnen Heilungszentren

Um die Energie in den einzelnen Zentren zu wecken, benötigen Sie den inneren Blick. Richten Sie Ihren Blick in Ihren Körper hinein, und konzentrieren Sie sich auf jenes Zentrum, das Sie aktivieren wollen. Erschaffen Sie in Ihrem Geist kein visuelles Bild von dem Zentrum, sondern verlagern Sie Ihr Bewußtsein vom Kopf beispielsweise in Ihren Nabel.

Der Energie- resp. Chi-Strom, der vielleicht daraus entsteht, wird von den Menschen je nach ihren physischen, psychischen und emotionalen Voraussetzungen verschieden erfahren. Aber auch die genetische Struktur, die Vergangenheit, Ernährung, der gegenwärtige physische und psychische Streß – sie alle bedingen, daß einige Menschen den warmen Energiestrom schon nach wenigen Minuten oder Wochen spüren, während andere wiederum Monate dafür brauchen. Die Energie kann heiß oder kalt erfahren werden, einige berichten von prickelnden Empfindungen, und andere sehen Farben.

Viele Menschen verspüren bei diesen Übungen Sensibilität oder Schmerz im Körper, ein Zeichen dafür, daß sie vorher empfindungslose Körperteile wieder fühlen – so wie wir Schmerz verspüren, wenn ein eingeschlafenes Bein zu kribbeln beginnt. Eines ist sicher: Die Energie wird Ihnen guttun. Beachten Sie die Mitteilungen und Empfindungen Ihres Körpers; horchen Sie aufmerksam, und Sie werden Ihren Körper intensiver spüren. Diese wertvollen Mitteilungen signalisieren, daß Sie dabei sind, mit Ihrem ätherischen Energiekörper, der den physischen Körper mit dem Geist verbindet, in Einklang zu kommen.

Das erste Energiezentrum: der Nabel

Als erstes Energiezentrum wählen wir normalerweise den Nabel. Aber es variiert, wenn sie irgendwelche Beschwerden haben wie zu hohen oder tiefen Blutdruck, wenn Sie alt sind oder ein Brustleiden haben.

Der Nabel ist der Stromerzeuger, der alle anderen Punkte mit

Energie versorgt. Die Taoisten betrachteten den Nabel als die Erde oder die Quelle des Körpers. Hier entsteht die Energie: Aus dem befruchteten Ei entwickelt sich der Fötus, der über die Nabelschnur mit dem Leben verbunden ist. Nach der Geburt fließt die uns umgebende Energie weiterhin durch diesen Punkt in unseren Körper.

Der Nabel ist auch der Ort, wo der Atem entspringt. Wenn das Blut und Chi zu diesem Punkt gelenkt werden – denn das Blut folgt dem Energiestrom –, entsteht ein tiefer rhythmischer Atem. Der gesamte mittlere Bereich des Körpers wird zu einer riesigen Pumpe, die Blut und Chi kraftvoll durch den Organismus schleust. Die Lebenssubstanzen werden verteilt und das Herz von seiner schweren Arbeit entlastet.

Indem diese Lebenskraft im ganzen Körper verteilt wird, kann sich die Energie nicht an einem einzigen Punkt ansammeln, wo sie die in der Nähe liegenden Vitalorgane überhitzen oder schädigen könnte. Ist jemand aber verletzt oder krank, kann man die Energie auch an eine bestimmte Stelle lenken, um alle heilenden Kräfte dort zu sammeln, wo sie am meisten benötigt werden. Sobald der warme Energiestrom die Verunreinigungen ausgeschwemmt hat, folgt das Blut nach und beendet den Gesundungsprozeß.

Benutzen Sie einen Finger als Konzentrationshilfe

Konzentrieren Sie sich am Nabel auf einen Punkt ca. 4 cm unter der Hautoberfläche. Drücken Sie mit Ihrem Zeigefinger eine bis fünf Minuten lang auf diesen Punkt, dann legen Sie Ihre Hände im Schoß ineinander, die rechte Handfläche in die linke. Konzentrieren Sie sich auf die Empfindung, die durch den Druck auf das Nabelzentrum ausgelöst wurde. Wenn Sie den Punkt nur noch undeutlich spüren, drücken Sie nochmals.

Um es noch einmal zu betonen: Konzentrieren Sie sich nicht auf Ihren Atem. Entspannen Sie nur Ihre Augen, Zunge und Hals, und Ihr Geist wird ruhig werden und die Kraft sich sammeln.

Am Anfang ist es nicht leicht, die Kraft zu den Energiezentren zu lenken, denn Ihre vitalen regenerativen Fähigkeiten sind während vieler Jahre mißbraucht worden. Ihre Gesundheit kann nicht über Nacht wiederhergestellt werden. Je öfter Sie aber diese Übungen machen, desto stärker werden Sie, und desto besser ertragen Sie auch die Hitze, die von der höheren Spannung des Chi erzeugt wird.

Wenn Sie sich lange auf den Nabel konzentriert haben und trotzdem keine Energie verspüren, konzentrieren Sie sich auf den Ming-Men, den Punkt an der Wirbelsäule genau gegenüber dem Nabel. Dadurch kann die Energie leichter zum Kopf hochsteigen und durch die Vorderseite des Körpers zu den Füßen abfließen. Auch wenn Sie nichts im Nabel spüren, aber klare Anzeichen eines gesteigerten Wohlbefindens haben, sind Sie auf dem richtigen Weg. Denken Sie daran, daß jeder das Chi anders erlebt. Einige verspüren Wärme oder ein Prickeln, andere haben das Gefühl, als würde sich ihre Nabelgegend ausdehnen, und wieder andere steigern ihre Chi-Zirkulation, ohne besondere Empfindungen zu verspüren. Ganz gleich wie Ihre Erfahrung ist, versuchen Sie Ihren Körper so feinfühlig und bewußt zu erleben wie nur möglich. Unternehmen Sie das Abenteuer, Ihren Körper zu erforschen. Er ist ein weites Land voller Schätze!

Herz- und Brustbeschwerden

Bei einigen Menschen – wenn sie sich zu lange auf den Nabel konzentrieren – strömt die Energie aufwärts in die Brust und wirkt auf Herz und Lunge ein. Wenn dies geschieht, sollte der Übende entweder einen Lehrer aufsuchen oder einen Punkt wählen, der weiter unten im Körper liegt, damit die Energie der problematischen Gegend entzogen wird.

Wenn bei der Konzentration auf den Nabel Ihr Puls stark ansteigt, konzentrieren Sie sich statt dessen auf den Ming-Men an der Rückseite des Körpers. Wenn dies auch nicht hilft und Sie übermäßig schwitzen, richten Sie Ihre Aufmerksamkeit auf den Punkt zwischen den Augenbrauen. Erzeugt dies wiederum zuviel Druck auf dem Herzen, lenken Sie die Aufmerksamkeit zurück auf den Ming-Men.

Nervöse Spannungszustände, hohes Alter, physische Schwäche

Bei nervösen Spannungszuständen konzentrieren Sie sich abwechselnd auf den Nabel und den Ming-Men. Im Alter oder bei physischer Schwäche konzentrieren Sie sich auf den Yin-Tang (Punkt zwischen den Augenbrauen).

Hoher Blutdruck

Bei hohem Blutdruck konzentrieren Sie sich zuerst auf den Nabel und anschließend auf die Füße. Damit Ihnen die Konzentration auf die Yung-Chuan-Punkte (Sprudelnder Quell) zwischen den Fußballen zu Beginn leichter gelingt, können Sie zwei Nüsse oder etwas anderes Spitzes daraufkleben, das einen Druck auf diese Punkte ausübt. Indem Sie Ihre Aufmerksamkeit in Ihre Füße lenken, werden der Energiestrom und das Blut in diese Punkte gezogen und Ihr Blutdruck gesenkt. Konzentrieren Sie sich bei hohem Blutdruck nie auf den Yin-Tang (Punkt zwischen den Augenbrauen) oder den Pai-Hui (Scheitelpunkt), weil dies einen großen Blut- und Chi-Andrang im Kopf bewirkt und den Blutdruck noch erhöht.

Ein 55jähriger Mann hatte einen Blutdruck von 150/100 mmHg, obwohl er morgens und abends Medikamente einnahm. Nachdem er den Kleinen Energiekreislauf geöffnet und während fünf Monaten geübt hatte, senkte sich der Blutdruck auf 135/90 mmHg (er fuhr fort, Medikamente einzunehmen). Danach konnte er 10 Tage lang nicht mehr schlafen. Er besprach die Situation mit seinem Arzt, der daraufhin die Medikation auf die Hälfte reduzierte, weil der Blutdruck unter Kontrolle schien. Die Schlafstörungen waren in der Folge behoben, und der Blutdruck blieb bei 135/85 mmHg.

Abbildung 12

Um erhöhten Blutdruck zu senken, konzentrieren Sie sich auf Yung-Chuan in der Mitte der Fußsohle

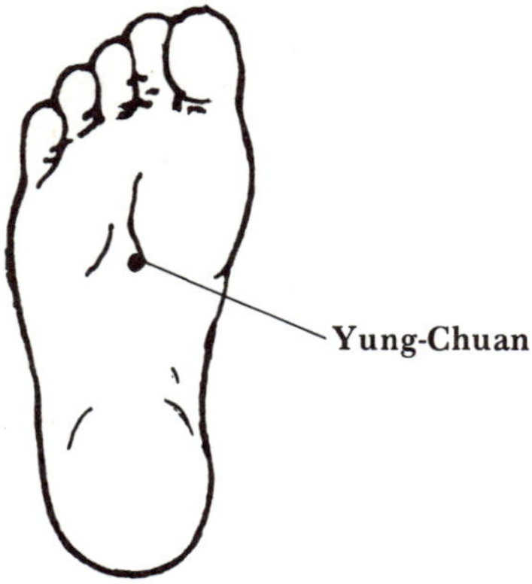

Suchen Sie sich bei zu hohem Blutdruck einen Arzt, der bereit ist, die taoistische Meditation als Hilfsmittel, den Blutdruck unter Kontrolle zu bringen, einzusetzen. Er sollte Ihren Blutdruck regelmäßig überwachen, um zu sehen, ob die Chi-Zirkulation in Ihrem Fall wirksam ist.

Niedriger Blutdruck

Wenn Sie sich auf den Punkt zwischen den Augenbrauen konzentrieren, fließen der Chi-Strom und das Blut in Ihren Kopf und erhöhen so den Blutdruck. Lassen auch Sie regelmäßig Ihren Blutdruck kontrollieren. Sobald er normale Werte erreicht hat, konzentrieren Sie sich zuerst 15 Minuten auf den Nabel und anschließend 15 Minuten auf den Yin-Tang, damit die Energie in den Kopf fließt.

Der Nabel ist für die meisten gesunden Menschen ein guter Ausgangspunkt und für alle jene, die unter hohem Blutdruck oder Magen- und Darmbeschwerden leiden. Nur bei niedrigem Blutdruck sollte man sich nicht auf diesen Punkt konzentrieren.

Abbildung 13

A. Bei niedrigem Blutdruck konzentrieren Sie sich zu Beginn auf den Punkt zwischen den Augenbrauen

B. Bei sehr niedrigem Blutdruck konzentrieren Sie sich zu Beginn auf den Scheitelpunkt

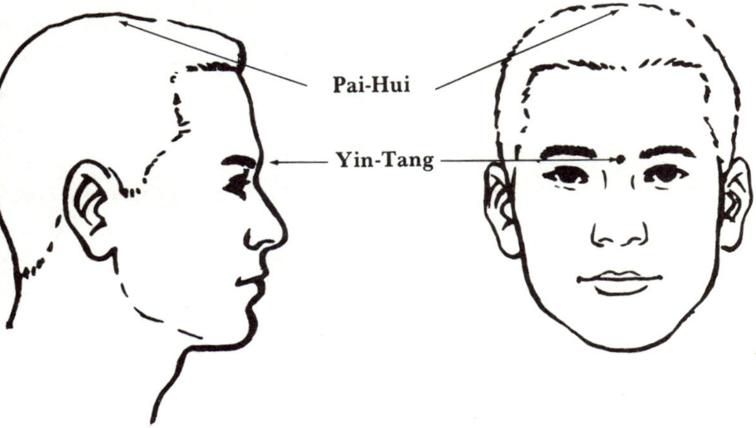

Magen- und Darmbeschwerden

Wer unter Magen- und Darmbeschwerden leidet, hat größere Schwierigkeiten, die Bahnen zu öffnen, weil die Verdauungsorgane mit ihnen verbunden sind. Jedes dieser Organe muß zuerst gereinigt und gestärkt werden, bevor der Kleine Energiekreislauf hergestellt werden kann. Verdauung und Ausscheidung werden jedoch viel besser während Ihrer Arbeit am Diener-Gefäß.

Denken Sie daran, sobald Sie den Kleinen Energiekreislauf hergestellt haben, können Sie mehr Kraft sammeln und sich selbst heilen. Sie werden dann fähig sein, Ihre Lebenskraft in die erkrankten Körperteile zu lenken.

Es ist auch wichtig, daß Sie sich nicht für krank oder schwach halten. Sie können sich von Ihrem Leiden befreien, ganz gleich wie lange es schon existiert haben mag. Ihre Haltung ist entscheidend. Der psychosomatische Ursprung des Krankwerdens ist wohlbekannt. Wenn Sie Vertrauen in die hier aufgezeigte Methode haben, werden Ihre psychosomatischen Beschwerden gebannt. Sie besiegen Ihren versteckten Wunsch nach Krankheit, der Sie eigentlich leidend machte. Durch die gesteigerte Chi-Zirkulation zwischen Geist und Körper werden diese versteckten negativen Wünsche an die Oberfläche und zum Verschwinden gebracht.

Vielleicht fällt es Ihnen anfänglich schwer zu beurteilen, ob Sie die aktivierte Chi-Energie wirklich spüren oder es sich nur einbilden. Aber schon bald werden Sie von der Realität des Energiestromes absolut überzeugt sein. Sie spüren ihn entweder im Bauch, in den Händen, in den Füßen oder in den großen Zehen. Er wird als warmes, sprudelndes Gefühl oder wellenartige Empfindung im Bauch beschrieben. Wer viel läuft, Tai Chi oder Kung Fu praktiziert, fühlt den Chi-Strom meistens zuerst in den Füßen, und wer viel mit den Händen arbeitet, verspürt

Abbildung 14

**Das erste Energiezentrum.
Die Konzentration auf das Nabelzentrum stärkt den Magen und die Verdauungsorgane**

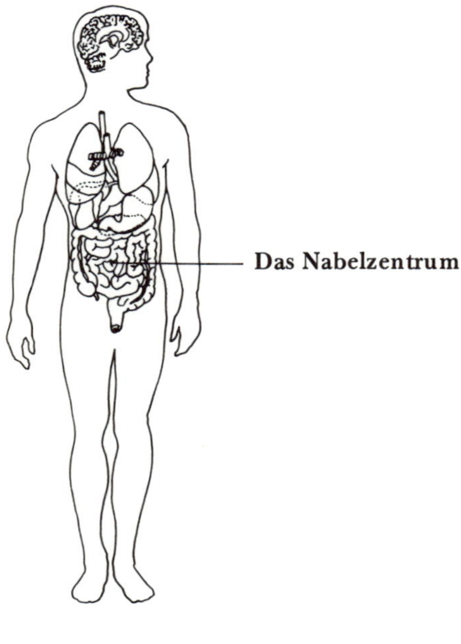

ihn oft dort zuerst. Obschon jeder ganz individuell reagiert, können diese Empfindungen nicht nur Einbildung sein. Sie sind vielmehr neuartig und gleichen in nichts den bisher gemachten Erfahrungen.

Das zweite Energiezentrum: Kuan-Yuan (Ovar-Palast) bei Frauen

Das zweite Energiezentrum ist der Kuan-Yuan in der Mitte zwischen den Ovarien. Um diesen Punkt aufzuspüren, legen Sie Ihre Hand flach auf den Bauch, den Daumen an Ihren Nabel. Genau unterhalb Ihres kleinen Fingers in einer geraden Linie vom Nabel aus, liegt dieser Punkt ca. 4 cm unterhalb der Hautoberfläche. Er wird in der späteren Praxis eine wichtige Energiequelle darstellen.

Abbildung 15
Das zweite Energiezentrum.

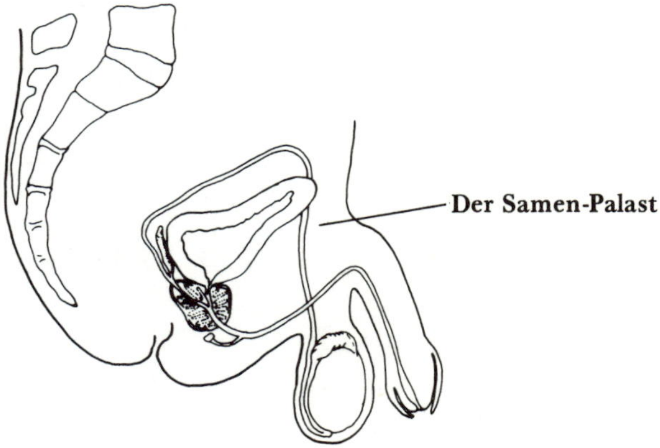

Das zweite Energiezentrum: Jing-Gong (Samen-Palast) bei Männern

Bei Männern ist das zweite Energiezentrum der Samen-Palast, der Bereich von Vorsteherdrüse und Samenblase genau oberhalb der Peniswurzel.

Bevor Sie sich auf diesen Punkt konzentrieren, können Sie mit Ihrem Zeigefinger während einer Minute Druck auf diese Stelle ausüben. Legen Sie anschließend wieder Ihre Hände zusammen, und lauschen Sie auf die Empfindungen, die dadurch ausgelöst wurden. Sobald diese schwächer werden, drücken Sie nochmals auf diesen Punkt.

Hinweise für unverheiratete und junge Männer

Es ist möglich, daß Sie durch die Stimulation des Samen-Palastes sexuell erregt werden. Bringen Sie in diesem Fall die Kraft vom Samenpalast zurück zum Ming-Men (dem Nabel genau gegenüberliegender Punkt auf der Rückseite des Körpers). Die sexuelle Energie kann später genutzt werden, um die Kraft Ihres Chi noch mehr zu steigern, aber vorerst müssen Sie lernen, das Chi im Kleinen Energiekreislauf ohne sexuelle Ablenkung zirkulieren zu lassen.

Hinweise für ältere Männer

Männer zwischen 40 und 60 Jahren und andere mit herabgesetzter Libido können sich so lange auf den Samen-Palast konzentrieren, bis sie dort Wärme oder ein Gefühl der Leichtigkeit spüren. Sobald sich aber nächtliche Samenergüsse einstellen, müssen auch Sie Ihre Aufmerksamkeit auf den Ming-Men lenken. Wenn irgendein ungewöhnliches Gefühl auftaucht, das Sie nicht in die während der Meditation üblicherweise auftretenden Empfindungen einordnen können, verlagern Sie Ihre Konzentration weiter nach unten zum Hui-Yin (Perineum), der genau in der Mitte zwischen Anus und Penis bzw. Vagina liegt.

Das dritte Energiezentrum: Hui-Yin (Perineum)

Der Hui-Yin oder das Tor zu Leben und Tod befindet sich in der Mitte zwischen Anus und Penis bzw. Vagina, inmitten vieler Blutgefäße und Nervenenden. Weil der Punkt weit unten liegt, neigt er dazu, Energie zu verlieren. Sie können ihn stimulieren, indem Sie ihn reiben, bis er sich warm anfühlt, aber nicht zu stark reiben, da diese Gegend sehr empfindlich ist – denken Sie daran.

Bei der Konzentration auf den Hui-Yin braucht jeder Mensch – gemäß den unterschiedlichen genetischen Gegebenheiten – mehr oder weniger Zeit, die Kraft zu wecken und zu sammeln. Als Durchschnittswerte gelten 2–4 Wochen, wenn Sie zweimal täglich je 15–30 Minuten für Ihre Übungen aufbringen. Spüren Sie nach vier Wochen immer noch nichts, dann gehen Sie über zum nächsten Energiezentrum, sonst kann es zu Blutandrang im Brustkorb und/oder zu Herzschmerzen kommen. Es bedeutet in diesem Fall, daß Sie zuviel Energie entwickelt und hier angesammelt haben; statt daß die Energie ans untere Ende des Rückgrats hinabströmte, stieg sie hoch in den Brustkorb. Indem

Abbildung 16

**Das dritte Energiezentrum.
Bei Männern wie Frauen liegt Hui-Yin (Perineum) in der Mitte zwischen Anus und Genitalien**

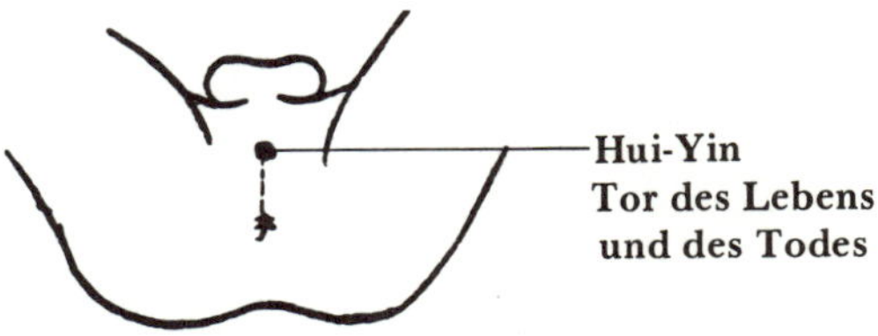

Sie Ihre Konzentration auf den Ming-Men lenken, lösen Sie dieses Problem und sind innerhalb weniger Tage beschwerdefrei.

Die Konzentration auf den Hui-Yin führt manchmal zu Vibrationen oder auch zu starker sexueller Erregung, oder man hat das Gefühl, als hüpfe etwas im Innern. Mit Hilfe der Bauchatmung ist es möglich, einer Erektion Einhalt zu gebieten, so daß die Konzentration nicht unterbrochen wird. Zu lange Konzentration auf diesen Punkt kann die «Aufsteigende Bahn» oder die Kundalini öffnen, was zu verschiedenen Nebenwirkungen führt. Es entstehen aber nur wenige bis gar keine Nebenwirkungen, wenn die Bahnen frei sind und die Energie sehr rasch nach oben durch das Hals-Chakra zum Scheitel fließen kann, um sich dort wie das Wasser eines Rasensprengers auszubreiten und über den Übenden zu ergießen. Wenn Sie in der Tat einmal so weit sind, daß alle Kanäle geöffnet sind, wird Ihr gesamter Organismus auf diese Weise genährt werden.

Bei allen Meditationen ist der Faktor Zeit wesentlich. Wenn Sie nicht bereit sind, viel zu üben, können Sie auch keine Resultate erwarten. Denken Sie daran, daß Ihr Nabel der Generator ist und daß Sie jedes Mal bei Ihrer Meditation von diesem Punkt ausgehen müssen. Erst wenn Sie dort spüren, daß sich die Energie entwickelt (Wärme, ein Ziehen, ein Gefühl der Ausdehnung usw.), lenken Sie diese Kraft hinab zum zweiten und anschließend zum dritten Energiezentrum.

5. KAPITEL

Öffnen der hinteren Energiebahn – das Lenker-Gefäß

Die Energie fließt im Lenker-Gefäß vom Hui-Yin zum Chang-Chiang (Steißbein) und steigt den Rücken hinauf zum Scheitel und zum Punkt zwischen den Augenbrauen. Der Rückenkanal ist von großer Bedeutung, da er zwei Pumpen enthält, die eine beim Steißbein (der große Knochen am unteren Ende der Wirbelsäule), die andere beim Yu-Chen im Nacken (nahe dem oberen Wirbelsäulenende). Die erste pumpt das Chi und die Rückenmarksflüssigkeit zum Nacken hoch, dort werden sie von der zweiten Pumpe in das Gehirn weitergeleitet.

Wenn wir den Rückenkanal öffnen, ist es, als ob wir in einen stickigen, vollgestopften Raum frische Luft brächten: Wirbelsäule und Kopf werden belebt, die Nerven angeregt, und Sie fühlen sich wacher und lebendiger, da mehr Sauerstoff und Blut ins Gehirn strömen.

Das vierte Energiezentrum: Chang-Chiang (Steißbein)

Das vierte Energiezentrum ist der Chang-Chiang beim Steißbein. Dieser Punkt ist sehr wichtig, weil hier die Kraft entweder in den Körper zurückgeführt wird oder verlorengeht. Wenn wir den Fluß der Zeugungskraft (Samenkraft) umkehren, strömt sie durch diesen Kanal in das Rückenmark und dann zum Gehirn. Man nannte dieses Zentrum den Durchgang zum Tor zu Leben und Tod, weil an dieser Stelle der «warme Strom» in das zentrale Nervensystem eintrete.

Wenn Sie sich einige Zeit auf diesen Punkt konzentriert haben – er läßt sich viel leichter öffnen, wenn Sie vor der Übung das Steißbein mit einem weichen Tuch reiben, bis Sie an der Stelle

Abbildung 17

Der Energiestrom fließt durch die wichtigsten Zentren im Rückenkanal aufwärts (Lenker-Gefäß)

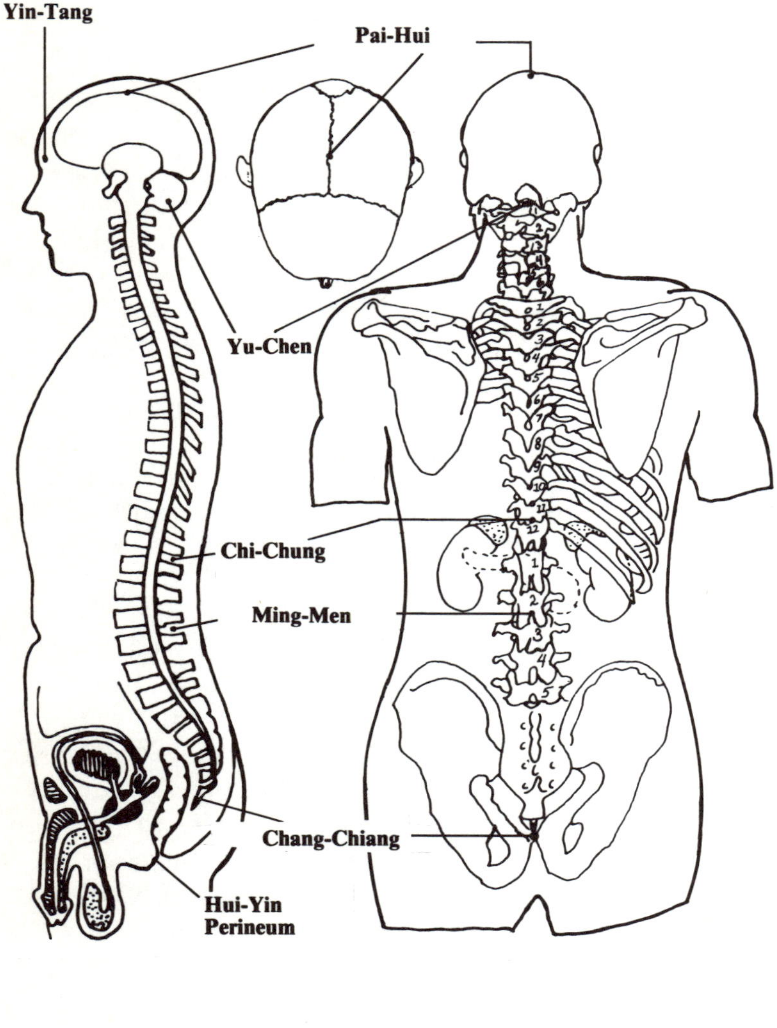

Abbildung 18

Beim vierten Energiezentrum, Chang-Chian (Steißbein) tritt die Sexualenergie in das zentrale Nervensystem der Wirbelsäule ein

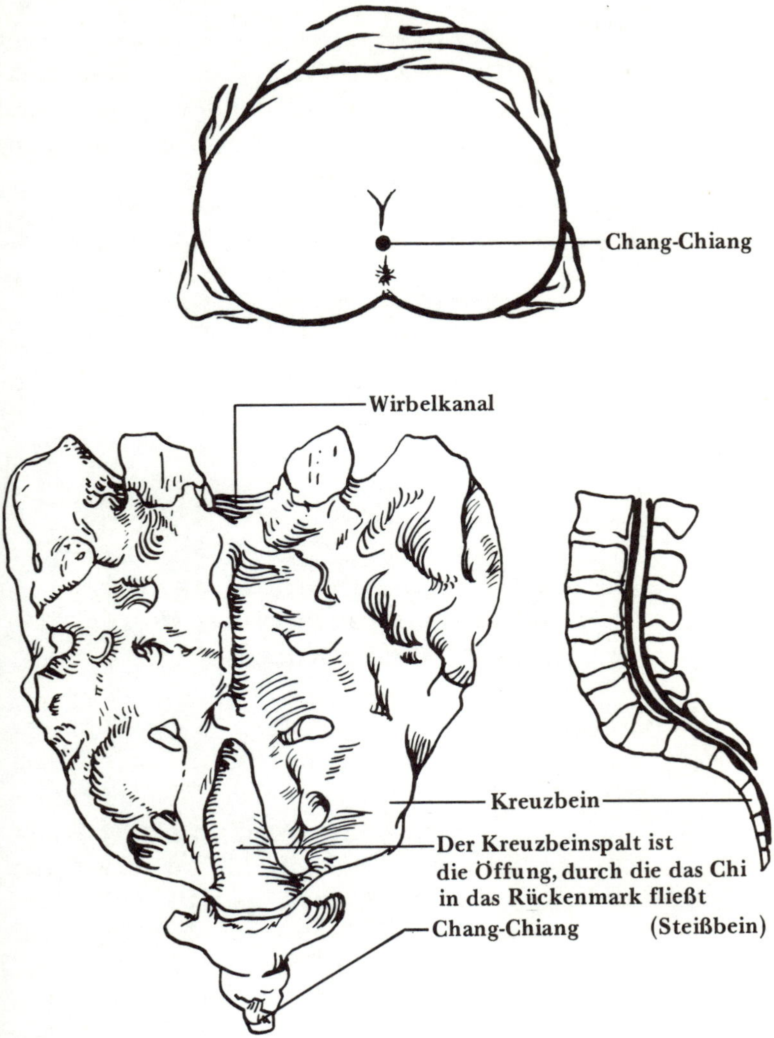

ein Wärmegefühl verspüren –, werden diese Empfindungen von Wärme und einem gewissen Druck durch die vielen Nervenenden und die acht Öffnungen (im esoterischen System die «Öffnungen der Seele» genannt) ins Steißbein hochsteigen.

Die Energie, die hier durchfließt, ist die eigentliche Samen- oder Ovarkraft, die Lebensenergie, die im Körper und in den Zellen erzeugt wird. Die erste Stufe beim Öffnen des Kleinen Energiekreislaufs kann als Vorbereitung des Weges bezeichnet werden. Auf der zweiten Stufe wird das Chi geschult, sich innerhalb der 34 zusätzlichen Bahnen zu bewegen, wobei die Organe gereinigt werden. Auf der dritten Stufe wird die Samen- oder Ovar-Kraft aktiviert und in eine höhere Chi-Kraft transformiert.

Wenn sich die Energie ihren Weg nach oben durch das Steißbein bahnt, erfahren dies einige als ziehenden oder stechenden Schmerz, andere berichten von einem Engegefühl oder von etwas, das sich im Innern durchkämpfe. Mit fortgesetzter Übung drängt die «Energie» oder der «warme Strom» immer höher.

Das fünfte Energiezentrum: Ming-Men (dem Nabel gegenüber liegender Punkt an der Wirbelsäule)

Der Ming-Men, das Tor des Lebens, liegt in der Mitte der beiden Nieren, zwischen dem zweiten und dritten Lendenwirbel an der Wirbelsäule. Er ist der Sammelpunkt der Nierenkraft; die linke Niere ist Yin, die rechte Niere Yang, in der Mitte der Ausgleich zwischen den beiden. Der Ming-Men (der wichtigste Energiepunkt des Körpers) ist der Punkt der Harmonie. Wenn Sie sich auf den Ming-Men konzentrieren, fließt die Kraft entweder den Rücken hoch oder hinunter zu den Füßen; diese Tatsache kann genutzt werden, um nachteilige Nebenwirkungen zu vermeiden, die sich durch ein plötzliches Hochschießen der Energie in den Kopf ergeben. Alle, ob sie stehen, sitzen oder gehen, können den Ming-Men zu ihrem Konzentrationspunkt wählen. Viele spüren die Kraft am Ming-Men auch viel leichter als am Nabel.

Abbildung 19

Das fünfte Energiezentrum Ming-Men ist ein Sicherheitsventil, in dem überhitzte Yang-Energie aus dem Kopf abgekühlt wird

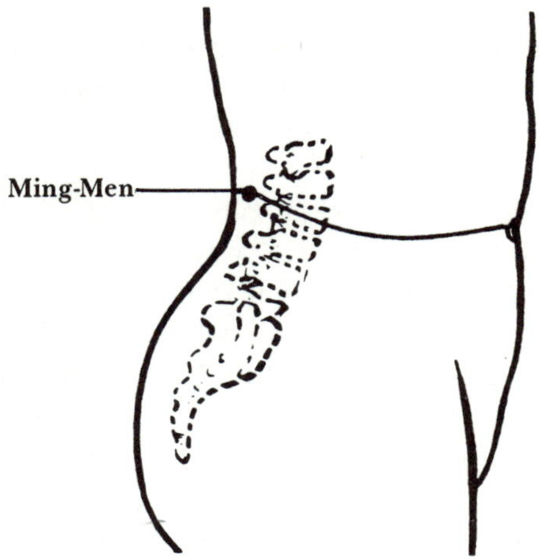

Rückenschmerzen während der Konzentration

Es kann vorkommen, daß sich schon bestehende Rückenschmerzen bei der Konzentration auf den Ming-Men noch verstärken. Lassen Sie sich deswegen nicht abhalten, sondern reiben Sie Ihre Hände warm, und legen Sie sie auf die schmerzende Stelle, bevor Sie mit der Konzentration beginnen. Wenn Sie das erste Mal zum Ming-Men gehen, können Sie als Hilfe etwas Stachliges über dem Punkt befestigen oder ihn vorher etwa eine Minute drücken. Mit der Zeit werden Sie für die Konzentration und das Sammeln der Energie nur noch wenige Minuten brauchen.

Wichtig: Denken Sie während der Konzentration immer

daran, die Kraft (den warmen Strom) fließen zu lassen; versuchen Sie nicht, die Energie zu lenken. Wenn Sie mit dem Nabel beginnen und dort Wärme verspüren, verschieben Sie Ihre Konzentration auf einen Punkt weiter unten. Die Kraft folgt dieser Verschiebung der Aufmerksamkeit automatisch. Es ist also nicht so, daß Sie die Kraft nach unten bewegt haben; die Kraft in Ihrem Körper weiß von allein, wohin sie zu gehen hat.

Das sechste Energiezentrum: Chi-Chung (dem Solarplexus gegenüber liegender Punkt an der Wirbelsäule)

Das sechste Energiezentrum liegt zwischen den Nebennieren, dem Solarplexus gegenüber an der Wirbelsäule.

Die Nebennieren stimulieren den inneren Teil des Rückenmarks im Gehirn, der dem Organismus das Angriffs- oder Fluchtsignal gibt. Der äußere Teil, die Nebennierenrinde, steuert den Natrium- und Blutzuckerhaushalt. Wenn Sie an Diabetes leiden, können Sie eventuell durch die Konzentration auf diesen Punkt den Blutzuckerspiegel senken. Auch Allergieleidende erleben dabei oft eine Besserung ihres Zustandes.

Wenn Sie geschwächt oder krank sind, können Sie sich so oft Sie wollen auf diesen Punkt konzentrieren. Es wirkt stark anregend. Junge, kräftige Menschen sollten sich abends nicht auf den Chi-Chung konzentrieren, da sie sonst nicht mehr einschlafen können.

Stimulation der Bauchspeicheldrüse

Bei der Konzentration auf den Chi-Chung (die Nebennieren) stimulieren Sie gleichzeitig die Bauchspeicheldrüse, die wie die Nebennieren eine wichtige Funktion im Blutzuckerhaushalt hat. Die Konzentration auf den Chi-Chung kann sich auf die Blutzuckerwerte normalisierend auswirken; ob damit Diabetes-Leidenden sicher geholfen werden kann, müßte aber durch ausgedehnte Versuche unter kontrollierten Bedingungen ermittelt werden. Außer Zweifel steht, daß damit eine Besserung des Zustandes erreicht werden kann.

Durch fortgesetzte Konzentration auf diesen Punkt sammelt sich Kraft an und bahnt sich langsam ihren Weg in den Kopf. Die Energie dieses Punktes ist eine Mischung aus der Energie des Nabels, des Steißbeins und der harmonischen Nierenkraft.

Das siebte Energiezentrum: Yu-Chen (der Nacken)

Der Yu-Chen entspricht dem Kleinhirn. Es kontrolliert den Atem, den Herzschlag und verschiedene Funktionen, die mit dem autonomen Nervensystem zusammenhängen. Wenn also das Chi den Rücken hochsteigt und den Yu-Chen erreicht, treten die unterschiedlichsten Veränderungen ein. Es stehen Ihnen dann verschiedene Arten der Atmung zur Verfügung, die je nach Bedarf auf natürliche Weise aktiviert werden.

Schmerzen in den Schultern und dem oberen Rücken

Wer unter Schmerzen in den Schultern und/oder dem oberen Rücken leidet, macht vielleicht die Erfahrung, daß die Energie durch diesen Bereich nicht oder nur verlangsamt fließt und es viel länger dauert, bis sie den Kopf erreicht. Bei vielen brachte fortgesetztes Üben eine Linderung oder sogar Heilung ihrer Rückenbeschwerden, da sich die Kraft stetig ihren Weg nach oben gebahnt hatte.

Ist die Kraft im Gehirn angekommen und sammelt sie sich dort an, ist das für Sie vielleicht mit Schmerzen, Übelkeit, Sinnestäuschungen, Reizbarkeit, Schlaflosigkeit, Stimmungsschwankungen und Schläfrigkeit verbunden. Deshalb vergewissern Sie sich, daß Sie die Energie am Ende Ihrer Übungen hinunter zum Nabel lenken.

Das achte Energiezentrum: Pai-Hui (Scheitel)

Der Pai-Hui, der Scheitelpunkt des Kopfes, ist das Energiezentrum der Zirbeldrüse und liegt über dem Mittelhirn. Nach taoistischer Auffassung sind Empfindungsfähigkeit und sexueller Zyklus von ihm abhängig. Man sagt, er regiere das Hinterhirn, das Hören, die Koordination der Körperbewegungen, das Gleichgewicht, die Wahrnehmung des Lichts durch die Augen und die Haut und er sei das überlegene Gegengewicht zu Gehirn und Rückenmark. Auf chinesisch heißt er auch der Hundert-Punkte-Knoten oder der Kompaß des Menschen, weil er auf dem obersten Punkt des Scheitels liegt.

Sobald die Kraft durch das Mittelhirn und die Gegend der Zirbeldrüse fließt, kann dies von Engegefühlen, Schläfrigkeit oder der Empfindung, daß etwas vor- und rückwärts stößt, begleitet sein. Durchströmt die Energie diesen Punkt ungehindert, sind solche Einbildungen viel seltener. Sie werden dann fähig sein, sich besser zu konzentrieren, und Ihr Kopf wird frei sein. Durch den gesteigerten Blutandrang im Kopf kann es zu einer Rötung der Augen kommen; ist sie zwei bis drei Stunden nach Beendung des Übens noch nicht verschwunden, sollten Sie zum Arzt gehen.

Wenn sich im Scheitelzentrum noch mehr Kraft ansammelt, sehen einige Menschen Licht, Regenbogen von Farben, die Sonne, den Mond oder einen funkelnden Stern vor ihren Augen. Wieder andere glauben, die Zukunft voraussagen zu können – dies ist aber eine Täuschung, weil eine okkulte Schau in diesem Stadium noch lange nicht erreicht worden ist. Durch die Herstellung des Kleinen Energiekreislaufs wird Ihnen noch kein außergewöhnlicher Sinn eröffnet, obwohl das Chi, das im Hirn vibriert und durch das Nervensystem hin- und herströmt, zu verschiedenen Sinnestäuschungen führen kann. Sie sehen und hören vielleicht viele ungewöhnliche Dinge, aber es sind alles Sinnestäuschungen, nichts anderes. Versuchen Sie also, sie zu ignorieren, und finden Sie Wege, Ihren Geist zu beruhigen.

Einige Schüler berichten, daß sie bei dieser Übung von Licht umgeben waren. Die alten chinesischen Meister erklärten eine solche Erfahrung mit gewissen physischen Beschwerden, die sich zum Teil nach außen als Licht widerspiegeln: Menschen mit schlecht funktionierenden Nieren oder einem schwachen Sexualtrieb reflektieren ein schwarzes Licht, eine Lebererkrankung zeigt sich als grünes Licht, eine Herzerkrankung als rotes Licht, eine Lungenerkrankung als weißes Licht, Milz- und Magenerkrankung wird als gelbes und Gallenblasenkrankheit als schwarzes Licht reflektiert.

Gefühle von Druck oder der Ausdehnung in der Kopfmitte bei der Konzentration auf den Pai-Hui zeigen Ihnen an, daß die Kraft fließt. Gehen Sie in diesem Fall weiter zum nächsten Punkt. Denken Sie daran, für jedes einzelne Energiezentrum nicht mehr als einen Monat aufzuwenden.

Das neunte Energiezentrum: Yin-Tang (Punkt zwischen den Augenbrauen)

Der Yin-Tang ist das Energiezentrum der Hypophyse. Es wird von den Taoisten auch Tsu Chiao oder die Ur-Höhle des Geistes genannt. Die taoistische Enzyklopädie kennt noch viele weitere Namen dafür: Yu Ting, Himmelstor, Lebenspalast, Jadegefäß usw. Er liegt zwischen den Augenbrauen über der Nasenwurzel. Die Hypophyse oder Hirnanhangdrüse ist die wichtigste endokrine Kontrolldrüse, die Wachstum, Funktion der Geschlechtsdrüsen, Nebennieren und Schilddrüse reguliert.

Die taoistische Lehre sagt vom Yin-Tang, daß er das Endhirn lenke, die Wahrnehmung, und das dritte Auge, aber auch der Sitz der Liebe sei, des Mitgefühls, der Weisheit, der Integrationskraft, der Persönlichkeit, der Menschlichkeit und Zuneigung. Weiter heißt es, er sei der Sitz der Intelligenz, des Gedächtnisses (lesen, denken, lernen), des Bewußtseins für die lineare Zeitabfolge, des abstrakten und konzeptionellen Denkens, der Triebhaftigkeit, des Rassismus, Sexismus und der Paranoia.

Hypophyse und Zirbeldrüse sind für den Kleinen Energiekreislauf extrem wichtig, da mit Hilfe dieser zwei Zentren kontrolliert werden kann, ob die Energie tatsächlich in Fluß ist; die andern Punkte sind oft zu wenig empfindsam. Wenn Sie sich auf den Nabel konzentrieren und dort Energie speichern, steigt diese plötzlich hoch und passiert die Zirbeldrüse, den ersten Kontrollpunkt. Nächster Kontrollpunkt ist dann der Yin-Tang, die Hypophyse. Damit der Kreislauf vollständig ist, muß die Kraft anschließend hinunterfließen vom Gaumensegel durch die Zunge in den Hals und durch die Kehle (Hsuan-Chi), weiter über den Shuan-Chung (Herzchakra) und den Chung-Kung (Solarplexus) zurück zum Nabel.

Sobald die Energie vom Mittelhirn zum Endhirn durch die Hypophyse und die Mamilarkörper geströmt ist, spüren viele einen Druck auf der rechten und linken Seite ihrer Stirn. Der Fluß stockt, da sich die Bahn bei der Nase verengt. Es ist möglich, daß Schleim abgesondert wird oder Sinusbeschwerden auftauchen, falls die Neigung dazu besteht.

Nach einiger Zeit werden Sie vielleicht einen Wohlgeruch bemerken. Man schreibt das den Hormondrüsen zu, die die inneren Organe reinigen. Diese Gerüche variieren von Mensch zu Mensch und hängen von der Entwicklung jedes einzelnen ab. Es ist unmöglich, alle zu beschreiben, die genannt wurden, aber unter anderem Düfte von Blumen, Parfums, Weinbouquet und Kokosnußmilch. Zusammen mit den Wohlgerüchen tauchen vielleicht auch stechende Empfindungen auf oder das Gefühl, als ob etwas auf die Stirn presse oder in der Mitte des Kopfes hämmere. Das läßt sich wiederum damit erklären, daß ein Widerstand den Energiefluß hemmt. Je weniger Sie diese Gefühle beachten, desto schneller wird sich Ihr Zustand bessern.

Durch die Konzentrierung auf den Yin-Tang wird auch die mit Erschütterungen verbundene, unangenehme Wirkung von plötzlichen, lauten Geräuschen gemildert (bei Schülern, die sich auf den Nabel konzentrieren, besteht diese Möglichkeit nicht).

Sie haben jetzt, da Sie den Punkt zwischen den Augenbrauen erreicht haben, einen gewissen Grad an Stabilität gewonnen. Die Neigung zu Angstzuständen wird immer geringer und verschwindet mit der Zeit ganz. Es wird mehr Speichel freigesetzt, eine Tatsache, die den in der Hypophyse aktivierten Hormonen zugeschrieben wird. Bei fortgesetzter Übung wird Ihr Speichel süßer und köstlicher, und man bezeichnet ihn nun als Nektar.

Dieser Nektar regt den Appetit an und aktiviert Ihren gesamten Organismus. Ein gesunder Appetit verbessert die Verdauung und Umwandlung der Stoffe; Sie fühlen sich zufrieden und gestärkt. Und vor allen Dingen, nun fühlen Sie sich auch sehr ruhig. Schüler auf dieser Stufe berichten, daß sie innere Geräusche hören, die vom Herzklopfen, verstärktem Atemgeräusch, dem Rauschen des Blutes, das durch die Blutgefäße fließt, bis hin zum Hören, wie die inneren Organe arbeiten, reichen. Sie beschreiben sogar Geräusche, die von indischen Yogis während Jahrhunderten als göttlich bezeichnet wurden. Fast alle diese Gerüche und Geräusche waren schon immer da, wir haben sie aber nie bemerkt, weil wir unsere Aufmerksamkeit anderen Dingen zuwandten. Nun, da Sie ruhiger und weniger abgelenkt sind, werden diese immer gegenwärtigen Geräusche deutlich hörbar. Eine Ausnahme bilden die Nadis, die göttlichen Klänge, die sich charakteristisch verändern, je mehr man sich spirituell entwickelt.

Wenn Sie den Punkt zwischen den Augenbrauen erreicht haben, sind Sie schon halbwegs am Ziel. Das bezieht sich nicht nur auf das Öffnen des Kleinen Energiekreislaufs und anderer Bahnen, sondern auch auf das, was nachfolgt: das Befördern lebenswichtiger Stoffe, der Hormone und des Chi durch den ganzen Organismus und die praktische Anwendung dieser neuerworbenen Fähigkeiten im täglichen Leben. Dazu gehören das Reinigen der Organe und das Anregen und Steigern des Energiestromes zum Heilen von Krankheiten. Wer geschwächt war, wird kräftig und vital. Man erlebt die Verjüngung seines Körpers und kann ein hohes Alter erreichen.

Dies verlangt ein dauerndes sorgfältiges Ausgleichen der Kräfte und der Anwendungsmethoden, um nicht in die vielen Fallen der Nebenwirkungen zu stolpern. Die Gefahr ist sehr real. Ohne das richtige Wissen, wie man vorzugehen hat, können sich direkt physische und psychische Schäden einstellen. Um einige Nebenwirkungen nochmals zu erwähnen: Gefühle von Enge und Schwere im Kopf, Schläfrigkeit, Nervosität,

Ohrengeräusche, Zahnschmerzen, Sinusbeschwerden, Reizbarkeit; sie alle stammen daher, daß sich zuviel Energie im Kopf angesammelt hat. Die entsprechende Vorsichtsmaßnahme besteht darin, sicherzustellen, daß die Kraft den gleichen Weg, den sie in den Kopf hochgestiegen ist, wieder hinuntergelenkt wird, und jede Sitzung damit abzuschließen, die Energie im Nabel zu sammeln: Lassen Sie in der vorgeschriebenen Art das Chi um den Nabel kreisen, 36mal im Uhrzeigersinn und anschließend 24mal gegen den Uhrzeigersinn (wenn sie männlichen Geschlechts sind). Zuletzt drücken Sie auf den Nabel. (Sind Sie weiblichen Geschlechts, kehren Sie die Richtungen um.)

Krankmachenden Nebenwirkungen sind Sie vor allem dann ausgesetzt, wenn Sie sich ausschließlich auf die Stirn konzentrieren oder dies lange tun, ohne die Bahnen richtig geöffnet zu haben. Von den Hunderten von Schülern, die ich unterrichtet habe, erreichten die meisten die höheren Stufen ohne oder mit nur geringen Problemen. Wir möchten Sie hier mit den Nebenwirkungen, die auftauchen können, vertraut machen und Ihnen zeigen, wie sie umgangen werden können. Sie müssen wachsam werden für das, was während der Übungen geschehen kann, damit auch Ihre Bemühungen erfolgreicher werden. Jüngere Menschen, deren Kraft stärker ist, müssen vorsichtiger arbeiten und sollten ganz besonders darauf achten, am Ende jeder Sitzung die Energie in den Nabel zurückzubringen.

6. Kapitel

Wir verbinden Diener- und Lenkergefäß zum Kleinen Energiekreislauf

Sobald die Energie den Bereich der Augenbrauen erreicht hat, drängt sie entweder über den Scheitel hinaus oder strömt aus Augen und Ohren aus, oder sie fließt durch die Vorderseite des Körpers zum Nabel zurück. Um sie durch den Scheitel hinauszustoßen, muß eine Lücke in die Knochen getrieben werden, was ungeheuer viel Kraft braucht. Es ist viel leichter, die Energie über den Gaumen nach unten zu drängen und den Kreislauf zu schließen.

Für Anfänger: Kehren Sie den Chi-Fluß um

Allen Anfängern, denen es nicht gelingt, die Energie durch den Gaumen zu schicken, wird empfohlen, sie auf demselben Wege, den sie gekommen ist, zum Nabel zurückzuführen. Kehren Sie den Chi-Fluß um, und bringen Sie ihn durch die Wirbelsäule zurück und hinunter zu Ihren Füßen, anschließend durch die vordere Körperseite hoch zum Nabel, Hals und Gaumen.

Üben Sie die folgende Sequenz, damit die überschüssige, im Kopf angesammelte Energie zum Tor des Lebens (Ming-Men) und den Fußsohlen abfließen kann.

1. Lenken Sie den warmen Energiestrom von den Augenbrauen hinunter zur Nase (ungefähr 10 Minuten) und lassen Sie ihn dann weiter nach unten gehen. Je mehr Sie üben, desto besser entwickeln Sie die Fähigkeit, die Energie dorthin fließen zu lassen, wo Sie sie haben wollen.

2. Lenken Sie die Kraft zurück zum Pai-Hui (Scheitel). Warten Sie ein wenig, und lassen Sie zu, daß die Energie vom Bereich zwischen den Augenbrauen nach hinten in den Yu-Chen (Nacken) strömt.

3. Verweilen Sie beim Yu-Chen etwas, richten Sie dann Ihre Aufmerksamkeit nach unten zwischen die Schulterblätter, weiter zum Chi-Chung und dann zum Ming-Men. Halten Sie hier an, konzentrieren Sie sich so lange, bis Sie in Ihrer Stirn ein Spannungsgefühl verspüren.

Abbildung 20
Der Kleine Himmelszyklus (der Kleine Energiekreislauf)

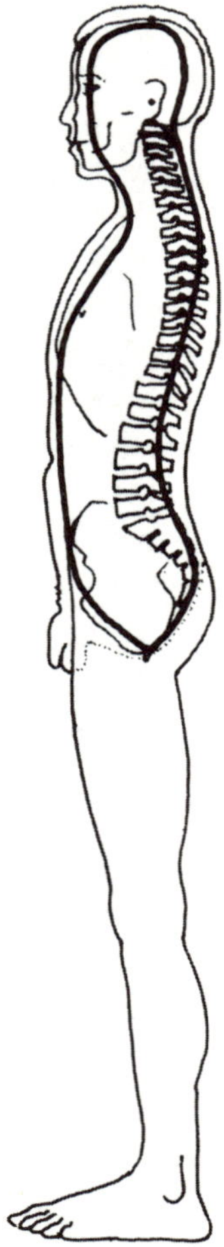

4. Lenken Sie Ihre Konzentration nun auf den Chang-Chiang (Steißbein) und dann zum Hui-Yin (Perineum).

5. Hier teilt sich der Weg. In jedem Bein führt entlang der Innenseite eine Bahn nach unten zur Innenseite der Knöchel (die Innenseite ist Yin) und endet in den Fußsohlen am Yung-Chuan. Konzentrieren Sie sich auf den Yung-Chuan, bis sie spüren, daß sich dort Wärme entwickelt. Am Anfang können Sie auch etwas Spitzes auf Ihre Fußsohlen kleben, damit beim Gehen das Energiezentrum aktiviert wird. Nach einiger Zeit strahlt die Energie als warmes, prickelndes Gefühl in Füße und Beine aus.

6. Führen Sie die Energie nun zur großen Zehe, verweilen Sie hier wieder, und lenken Sie sie anschließend an der Vorderseite des Beins hinauf über das Knie zum Perineum.

7. Lassen Sie den Energiestrom weiter zum Nabel hochfließen, halten Sie inne, damit sich noch mehr Chi ansammeln kann.

8. Nun lenken Sie das Chi nach oben zum Herzen, zur Kehle und in die Zunge, die an den Gaumen gepreßt wird. Es ist möglich, daß sich das Chi dabei von selbst mit dem darüberliegenden Yin-Tang verbindet und so den Kleinen Energiekreislauf vervollständigt.

Abbildung 21

Benutzen Sie die Zunge, um den Energiestrom zwischen vorderer und hinterer Bahn am Gaumen zusammenzuschließen

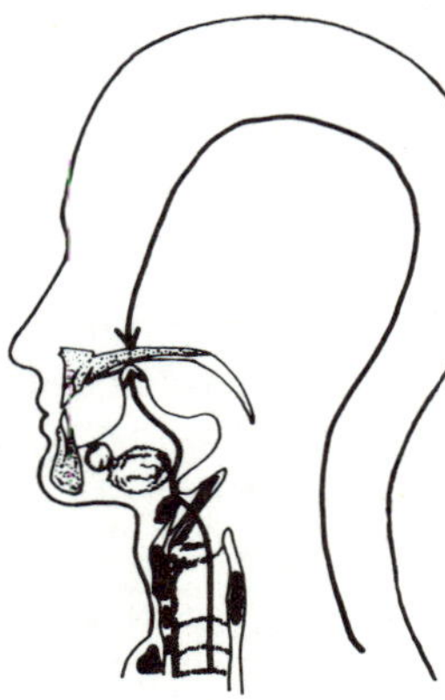

Das zehnte Energiezentrum: Hsuan-Ying (die Zunge am Gaumen)

All jene, die von Anfang an das Chi mühelos und ohne nachteilige Nebenwirkungen in Fluß bringen, können direkt dazu übergehen, die vordere und hintere Bahn miteinander zu verbinden, das heißt, die Energie vom Yin-Tang (dem Punkt zwischen den Augenbrauen) zum Gaumen zu lenken. Alle andern sollten abwarten, bis es ihnen leicht gelingt, den Energiestrom umzukehren, wie dies im vorangehenden Kapitel beschrieben worden ist.

Obwohl der Gaumen aus weichen Knochen besteht, müssen die meisten doch recht viel Zeit dafür aufwenden, ihn zu durchdringen. Die Kraft, die sich bei dieser Übung bildet, verursacht oft unangenehme Nebenwirkungen wie Kopfschmerzen, Sinnestäuschungen, Stimmungsschwankungen, Schlaflosigkeit, Reizbarkeit und andere vegetative Störungen. Falls diese nicht nach kurzer Zeit nachlassen, kehren Sie den Energiestrom um, und orientieren Sie sich zusätzlich im Kapitel 9: Die Sicherheitsmaßnahmen.

Legen Sie zu Beginn Ihre Zungenspitze direkt hinter die oberen Schneidezähne an den Gaumen; sobald Sie Ihre Zunge bequem in der Mitte des Gaumensegels oder gar noch weiter hinten im Gaumen anlegen können, werden Sie noch mehr Energie durch Ihren Körper senden können.

Man kann bei Säuglingen oft beobachten, daß sie im Schlaf ihre Zunge an den Gaumen legen: Sie wissen instinktiv, wie sie die Chi-Kraft im Kleinen Energiekreislauf kreisen lassen können, da Yin und Yang noch in einem harmonischen Gleichgewicht stehen. Auch Daumenlutschen kann als Versuch betrachtet werden, die beiden Bahnen zu verbinden.

Der Gaumen verbindet die vordere und rückseitige Bahn; die Zunge am Gaumen ist der Schalter, über den die Energie in einem vollständigen Kreis strömen kann. Verspüren Sie dabei ein leichtes Vibrieren oder daß sich Ihre Zunge unwillkürlich vor- und rückwärts bewegt, bedeutet das, daß Sie mit großer Wahrscheinlichkeit den Kleinen Energiekreislauf hergestellt

Abbildung 22

Die Kraft fließt während des Kleinen Energiekreislaufs durch den Gaumen

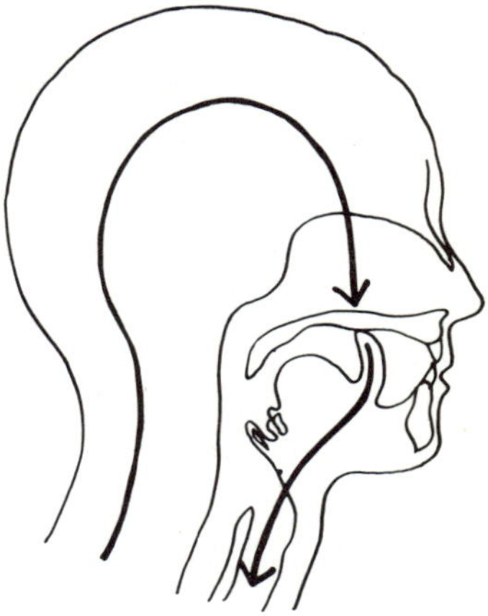

haben. Aber auch wenn Sie nichts Ungewöhnliches spüren, sich aber unbekümmerter, gesünder und kraftvoller fühlen, haben Sie vermutlich den Energiekreislauf geschlossen.

Das elfte Energiezentrum: Hsuan-Chi (Hals)

Der Hsuan-Chi ist das Energiezentrum von Schilddrüse und Nebenschilddrüse. Die Konzentration auf diesen Punkt verursacht oft Husten oder Atembeschwerden. Ebenso ist bekannt, daß manche dunklen, zähen Schleim erbrechen, wenn die Energie sich ihren Weg durch den Hals hinauf in den Mund bahnt. Dies sind charakteristische Anzeichen dafür, daß das Energiezentrum gereinigt wird, bis die Energie ungehindert vom Rachenraum zur Zunge fließen kann. Sobald die Energie vom Nabel in den Hals und die Zunge aufsteigen kann, fühlen sich die meisten ruhiger, frei von Engegefühlen in der Brust und von Angstzuständen. Durch das Öffnen der Bahnen sind sie von der Anspannung befreit worden. Das bedeutet nicht, daß sie nie mehr von Ängsten oder Sorgen heimgesucht werden, aber sie

Abbildung 23

Halszentrum, Herzzentrum, Solarplexus

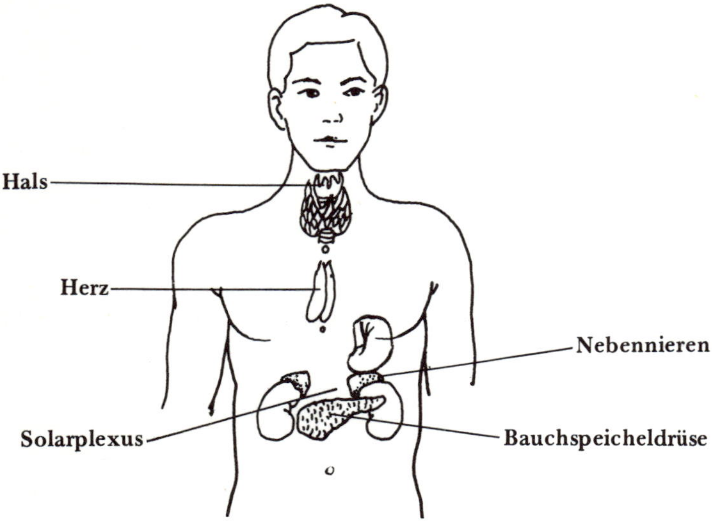

fühlen sich ruhiger und können sich nun besser konzentrieren und meditieren.

Auf dieser Stufe verbinden wir alle Energiezentren miteinander; aber wir öffnen oder entwickeln nicht das Zentrum (Chakra) des Kleinen Energiekreislaufs.

Das zwölfte Energiezentrum: Shuan-Chung (Herz)

Das Herz-Zentrum – das Zentrum der Erneuerung, Liebe und Freude – liegt zwischen den beiden Brustwarzen bei der Thymusdrüse. Es ist ein außerordentlich vitaler Punkt, auf den sich die meisten mühelos konzentrieren können. Wir werden ihn auf der fünften Stufe der taoistischen Meditation eingehend besprechen. Bei der Konzentration auf diesen Punkt sammelt sich sehr schnell viel Energie an, was viele dazu bewegt, lange auf ihm zu verweilen. Seien Sie damit vorsichtig! Hat sich hier durch zu lange Konzentration zuviel Hitze angesammelt, wird diese Energie vom Herzbeutel (eine bindegewebige Hülle, die das Herz umgibt und mit seröser Flüssigkeit gefüllt ist) resorbiert, was die Herztätigkeit steigert. Atembeschwerden, Schmerzen in der oberen linken Hälfte des Brustkorbs und im Brustbein können die Folge sein.

Konzentrieren Sie sich auf diesen Punkt nur so lange, bis Sie Wärme verspüren oder das Gefühl haben, daß sich Ihr Brustkorb ausdehnt.

Das dreizehnte Energiezentrum: Chung-Kung (Solarplexus)

Auf halbem Wege zwischen Brustbein und Nabel liegt der Solarplexus. Er ist der vordere Teil vieler Energiezentren (Milz, Nebennieren, Bauchspeicheldrüse und Magen). Wer unter Magen- und Verdauungsbeschwerden leidet, wird bei der Konzentration auf diesen Punkt häufig aufstoßen oder Wind lassen müssen. Dies ist kein Grund zur Besorgnis, sondern zeigt an, daß ein heilender Reinigungsprozeß im Gange ist. Aufstoßen, Wind lassen und Gähnen steigern den Speichelfluß, und sobald sich Ihr Verdauungssystem erholt hat, wird Ihr Speichel süß und köstlich werden.

Sammeln Sie die Energie zum Abschluß im Nabel

Ganz gleich wo Sie Ihre Übung beenden, ob Sie sich nur auf den Nabel konzentrieren oder bis zum Ming-Men kommen oder die Bahnen verbinden, zum Schluß müssen Sie die Energie immer zum Nabel zurückbringen und sie dort sammeln. Der Überschuß an Chi im Körper wird eingefangen und im Nabel gespeichert. Das schützt ihre Körperorgane davor, daß sich zuviel Energie in ihnen ansammelt und sie schädigt.

Konzentrieren Sie sich auf Ihren Nabel, legen Sie Ihre rechte

Faust darauf. Kreisen Sie nun mit der Faust 36mal im Uhrzeigersinn, und lassen Sie dabei den Kreis immer größer werden, bis er ungefähr 15 cm im Durchmesser beträgt (kreisen Sie aber nicht höher als bis zum Herzen und nicht tiefer als bis zum Schambein). Kreisen Sie anschließend 24mal im Gegenuhrzeigersinn, und lassen Sie dabei den Kreis wieder kleiner werden, bis Sie wieder am Nabel sind. Sind Sie eine Frau, kreisen Sie zuerst 36mal im Gegenuhrzeigersinn, anschließend 24mal im Uhrzeigersinn; lassen Sie auch den Kreis zuerst größer werden und anschließend wieder schrumpfen. Stellen Sie sich auf Ihrem Nabel eine Uhr vor, damit Sie die Richtungen leichter bestimmen können.

Mit der Zeit werden Sie lernen, mit Hilfe Ihres Geistes das Chi kreisen zu lassen, und brauchen Ihre Hand nicht mehr. Wenn Sie keine Zeit haben, können Sie nur drei oder neun Kreisbewegungen machen, um das Chi zu sammeln. Anschließend kreisen Sie ebensooft in der Gegenrichtung.

Abbildung 24

A. Männer beenden ihre Übung, indem sie die Energie am Nabel 36 mal im Uhrzeigersinn und 24 mal im Gegenuhrzeigersinn kreisen lassen

B. Frauen beenden ihre Übung, indem sie die Energie 36 mal im Gegenuhrzeigersinn und 24 mal im Uhrzeigersinn kreisen lassen

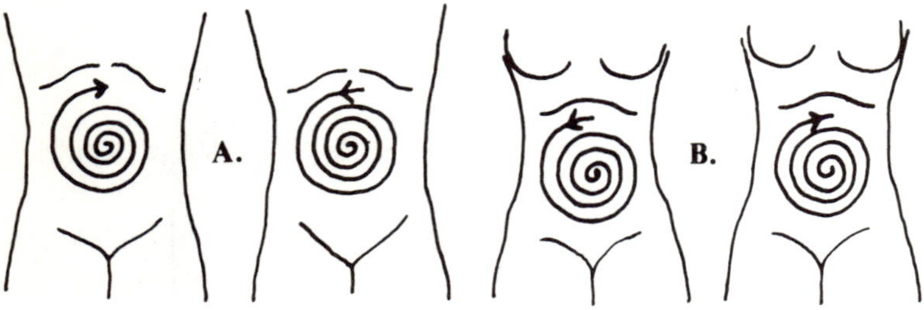

Das Gesicht reiben: Während der Meditation werden die Hände vom Energiestrom, der sie durchfließt, sehr warm. Reiben Sie sofort nach Beendigung Ihrer Übung die Hände kurz aneinander, und massieren Sie dann ein bis zwei Minuten leicht und rasch Ihr Gesicht. Das wirkt wie eine verjüngende Kosmetik. Massieren Sie sanft Ihre Augen, und lassen Sie sie kreisen. Reiben Sie Ihre Ohren. Schlagen Sie Ihre Zähne 36mal leicht aufeinander, und reiben Sie zuletzt Ihre Körpermitte, die Beine und Fußsohlen. Im Buch über Tao Chi-Massage werden wir uns ausführlich damit befassen.

Abbildung 25

Verjüngen Sie Ihre Haut, indem Sie nach der Meditation Ihr Gesicht mit den Händen reiben, die Chi enthalten

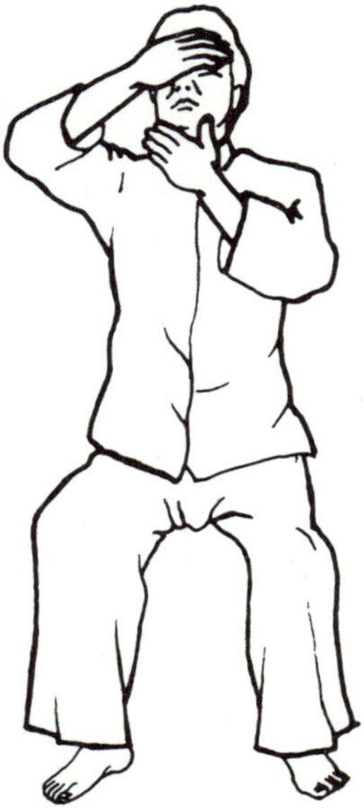

7. Kapitel

Der Große Himmelszyklus: Öffnen der Energiebahnen in Armen und Beinen

Sobald Sie den Kleinen Energiekreislauf hergestellt haben und sich fähig fühlen, die Energie in ihm zirkulieren zu lassen, können Sie dazu übergehen, diese Kraft noch zusätzlich in Arme und Beine zu lenken.

1. Beginnen Sie mit dem Kleinen Energiekreislauf, konzentrieren Sie sich auf den Nabel, bis Sie dort Wärme oder Energie verspüren, lenken Sie das Chi dann hinunter zum Hui-Yin (Perineum), durch die Wirbelsäule hinauf zum Pai-Hui (Scheitel) und über Zunge und Gaumen zurück zum Nabel. Bleiben Sie hier, um weitere Energie zu sammeln, und bringen Sie diese erneut zum Hui-Yin (Perineum).

2. Teilen Sie beim Hui-Yin den Energiestrom in zwei Bahnen, und lenken Sie das Chi über die äußere hintere Seite des rechten und linken Oberschenkels zum 14. Energiezentrum, dem Wei-Chung (Kniekehle).

3. Leiten Sie die Energie durch die Außenseite der Waden hinunter zum 15. Energiezentrum, dem Yung-Chuan in den Fußsohlen. Er ist der erste Punkt des Nierenmeridians; Konzentration darauf stärkt die Nieren, senkt den Blutdruck und baut Müdigkeit ab.

Der Yung-Chuan wird vielfach «Sprudelnder Quell» genannt; er ist der Punkt, durch den die Yin-Energie, die aus der Erde quillt, in die Fußsohlen strömt. Bei der Konzentration auf den Nabel spüren viele die Wärme statt dessen in den Füßen, weil die Energie, die sich im Nabel sammelt, ihren Ursprung im Yung-Chuan hat.

Konzentrieren Sie sich auf den Yung-Chuan in den Fußsohlen, bis Sie dort Energie spüren; lenken Sie dann das Chi zum 16. Energiezentrum, dem Ta-Tun in den großen Zehen. Leber-

und Milzmeridian verlaufen durch diesen Punkt, und Konzentration darauf stärkt diese Organe.

4. Wenn Sie ein taubes Gefühl oder Schmerzen wie Ameisenstiche spüren, lassen Sie die Energie durch die Schienbeine weiterströmen zum 17. Zentrum, dem Heding, auf der Vorderseite der Knie. Magen- und Milzmeridian führen durch dieses Zentrum, und indem wir es öffnen, werden sowohl diese Organe wie auch die Knie gestärkt. Achten Sie darauf, die Energie aus der Erde durch die Fußsohlen zu den Knien hochzuziehen.

5. Sobald Sie Wärme oder ein Prickeln verspüren, konzentrieren Sie sich wieder auf den Hui-Yin (Perineum), und lassen Sie das Chi durch die Innenseite der Oberschenkel hochfließen.

6. Schicken Sie die Energie nun in den Rückenkanal zum Chang-Chiang (Steißbein), Ming-Men (gegenüber dem Nabel) und Chi-Chung (gegenüber dem Solarplexus) bis hinauf zum zentralen Punkt zwischen den Schulterblättern.

7. Hier teilt sich der Energiestrom wieder in zwei Bahnen auf, die entlang der Innenseite von rechtem und linkem Arm hinunter zum Lao-Kun, dem Zentrum der Handinnenfläche, fließen. Konzentrieren Sie sich eine Weile auf diesen Punkt, und fühlen Sie dann, wie die Energie in den Mittelfinger weiterfließt. Lenken Sie die Energie anschließend durch die Außenseite von Unter- und Oberarm hoch zur Schulter. Die beiden Energieströme fließen an der Wirbelsäule, im Punkt zwischen den beiden Schulterblättern, wieder zusammen.

8. Lassen Sie die Energie weiterfließen in den Nacken und den Scheitel, dann in die Zunge und zurück zum Nabel. So ist der Energiekreislauf vervollständigt.

Der Große Himmelszyklus ist Teil der *Verbindung der fünf Elemente*. Die Verbindung der fünf Elemente, die zweite Stufe des esoterischen Yoga des Taoismus, öffnet die sechs psychischen Bahnen, womit – zusammen mit den beiden Bahnen des Kleinen Energiekreislaufs – 8 Bahnen mit Energie durchströmt werden.

Abbildung 26

Die Bahnen der Beine.
Der Energiestrom fließt hinunter zu den Fußsohlen
und zurück zum Hui-Yin (Perineum)

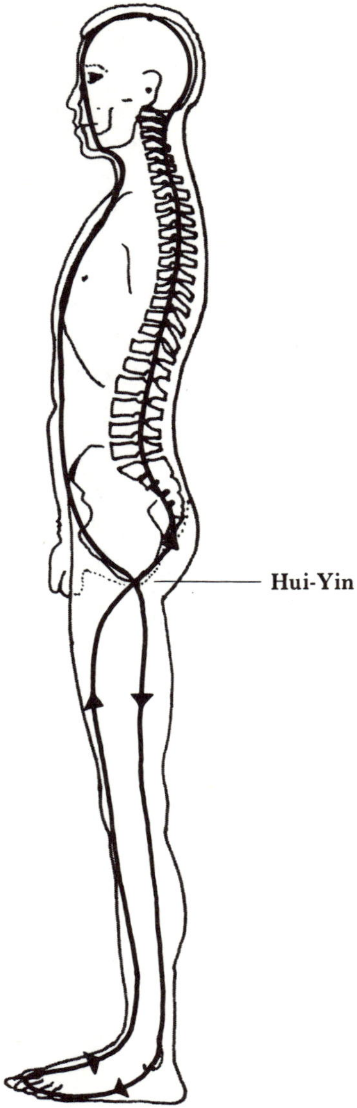

Abbildung 27

Der Große Himmelszyklus.
Die Bahnen der Arme

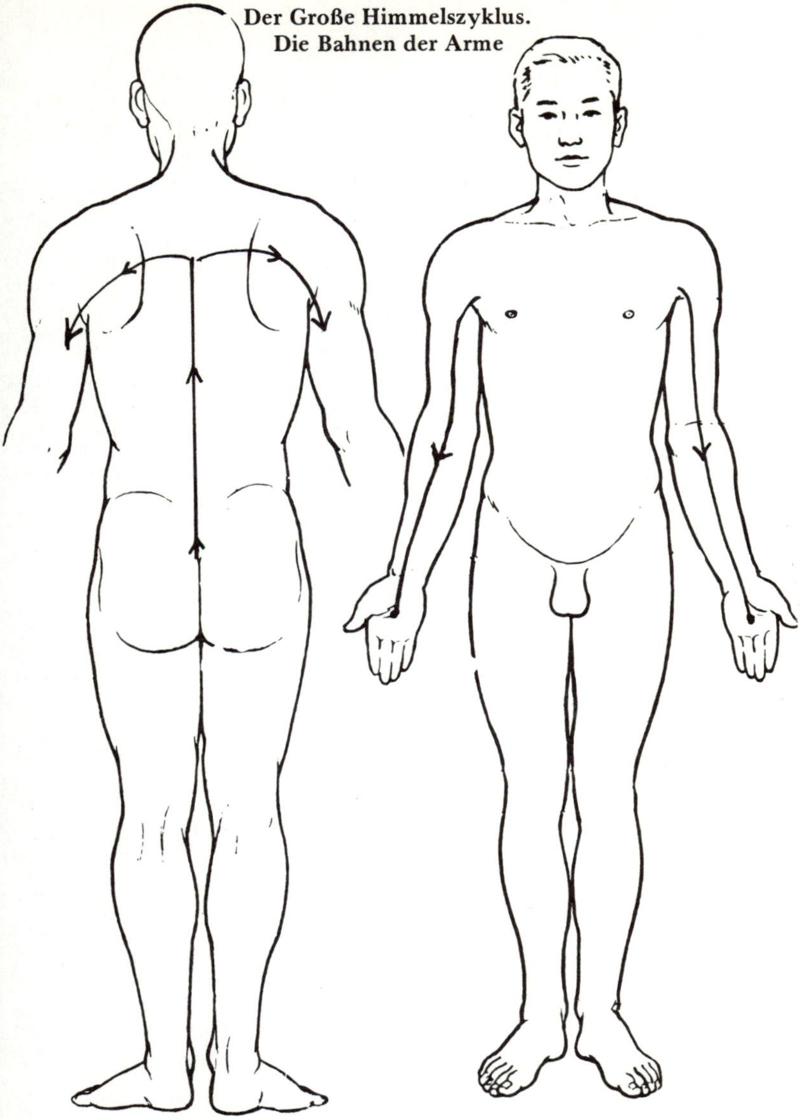

Der Energiestrom fließt hinauf zum zentralen Punkt zwischen den Schulterblättern und teilt sich in zwei Bahnen auf und ...

strömt entlang der Innenseite der Arme hinunter zu den Händen

Abbildung 28
Der Große Himmelszyklus.
Die Bahnen der Arme

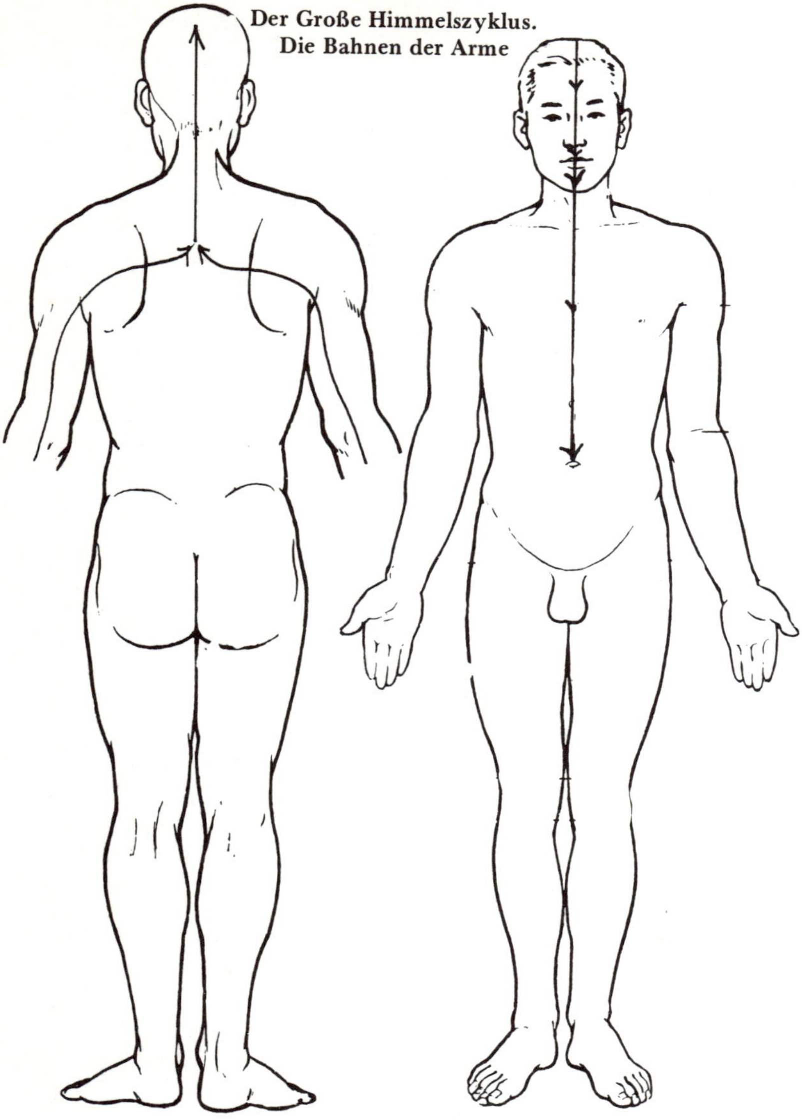

Der Energiestrom fließt entlang der Außenseite der Arme wieder zurück zur Schulter

Er strömt hinauf zum Scheitel, und über die Zunge zurück zum Nabelzentrum

3. Teil

Praktische Ratschläge

8. Kapitel

Erstellen Sie einen Übungsplan

Alle, die gesund sind, sollten morgens und abends jeweils eine halbe Stunde, wer kränklich oder geschwächt ist, je eine Stunde am Morgen, am Nachmittag und am Abend für die Übungen aufwenden. Die Übung «Das Strecken der Sehnen» sollten alle machen, mit Ausnahme jener, die unter Rückenbeschwerden, hohem Blutdruck oder Magengeschwüren leiden, und zwar je dreimal die ganze Übung am Morgen, am Nachmittag und am Abend.

Lassen Sie sich nicht beunruhigen, wenn Sie einmal eine Übungssitzung nicht einhalten können; bleiben Sie entspannt, und versuchen Sie während einiger freier Minuten zu Hause oder im Büro zu meditieren.

Zu Beginn braucht es etwas Zeit und Disziplin, um schnell Fortschritte zu machen; trösten Sie sich aber damit, daß es Sie später keine Anstrengung mehr kosten wird. Wie lange der einzelne benötigt, um den Energiekreislauf zum Strömen zu bringen, ist von Mensch zu Mensch verschieden. Die besten Ergebnisse erzielt man, wenn man mindestens zweimal pro Tag während je 10 bis 30 Minuten übt und dies auch dann fortsetzt, wenn man bereits eine höhere Stufe erreicht hat. Wer vorher Yoga oder andere Meditationstechniken ausgeübt hat, wird den Kleinen Energiekreislauf meist sofort öffnen können, indem er seine Konzentrationskraft vom dritten Auge (Punkt zwischen den Augenbrauen) wegziehen und zum warmen Energiestrom hinlenken kann.

Sicher gibt es auch einige, die keinen Erfolg erzielen und das Wesentliche nicht erfassen. Die meisten berichten aber, daß sie den vollständigen Energiekreislauf in einer Zeitspanne von drei Monaten bis zu einem Jahr errichten konnten. Eine Besserung des Krankheitszustandes kann schon sehr früh eintreten. Viele, die intensiv übten, meldeten, daß sie von ihren Krankheiten befreit waren, noch bevor sie den warmen Energiestrom spürbar wahrnehmen konnten.

Das esoterische Meditationssystem des Taoismus führt letztlich zur Beherrschung des Zentrums des «dritten Auges», des Scheitelpunktes und der darunterliegenden Zentren. Das bedingt aber, daß zuerst mit all den niedrigeren Energiezentren umgegangen werden kann, damit eine solide Grundlage für spirituelle Entwicklung und Selbstheilung geschaffen ist.

Es gibt geistige «Genies» auf dieser Erde, die sehr rasch transzendieren und sich fest und sicher in höheren Energiezentren im Gleichgewicht halten können. Für die meisten ist aber die Absorption dieser höheren Energien mit Gefahren verbunden, wenn nicht zuerst der Körper und seine niedrigeren Energiezentren gereinigt werden. Für einige mag das ein langsamer und mühsamer Prozeß sein. Das Zirkulieren der Energie im Kleinen Energiekreislauf ist jedoch ein sicheres und schrittweises Vorgehen, um im Körper schneller diese Transformation zu erreichen. Aber: Nur die Übung macht den Meister; je größer Ihre Selbstdisziplin ist, desto schneller werden Sie mit einem Zunehmen an Lebensenergie belohnt, über die Sie verfügen können.

Rückblick: Die wichtigsten Punkte des Kleinen Energiekreislaufs

1. Sitzen Sie entspannt und aufrecht auf einem Stuhl, und umfassen Sie mit der rechten Hand Ihre linke. Ihr Oberkörper und Ihr Kopf sollten leicht nach vorn gebeugt sein. Zählen Sie nun zehnmal beim Ein- und Ausatmen von eins bis zehn und zehn bis eins, das beruhigt. Wenn Sie das einige Zeit geübt haben, können Sie das Zählen beiseite lassen, denn sobald Sie weiter fortgeschritten sind, können Sie sich hinsetzen und sind sogleich ruhig und entspannt.

2. Als nächstes folgt die Bauchatmung, sie soll die inneren Organe anregen. Atmen Sie aus, indem Sie Ihren Bauch fest

einziehen. Dadurch werden die Organe zusammengepreßt und massiert, das Zwerchfell schiebt sich hoch und preßt den Brustkorb zusammen. Beim Einatmen sinkt das Zwerchfell wieder hinunter, und dabei werden die Bauchorgane wieder zusammengepreßt und massiert. So strömt das Chi (oder die Lebensenergie) in den Bauch, wo es gesammelt und wirkungsvoll genutzt werden kann.

3. Atmen Sie 36mal auf diese Weise. Sobald Sie ruhig und konzentriert sind und die Energie im Bauch spüren, können Sie dazu übergehen, mit Hilfe des inneren Lächelns, das Sie von Ihren Augen in den ganzen Körper ausstrahlen, einen immer tieferen Entspannungszustand herbeizuführen. Wenn Ihr Lächeln bis in Ihre Zehen und Finger dringt, nehmen Sie den Zeigefinger Ihrer rechten Hand und legen ihn auf Ihren Nabel: Er ist Ihr erster Konzentrationspunkt.

Ausnahmen: Wenn Sie unter hohem Blutdruck leiden, raten wir Ihnen, sich statt dessen auf Ihre Fußsohlen zu konzentrieren. Bei Herzbeschwerden sollten Sie sich auf den Ming-Men (den Punkt genau gegenüber dem Nabel) konzentrieren. Wenn Ihr Blutdruck niedrig ist, drücken Sie mit Ihrem Zeigefinger auf die Stelle zwischen den Augenbrauen; diese Empfindung hilft Ihnen, sich auf den Punkt zu konzentrieren, wenn Sie den Finger wieder weggenommen haben.

4. Wenn Sie die Übung auf die vorgeschriebene Weise durchführen, das heißt das Nabelzentrum benutzen, um Chi zu entwickeln, braucht es üblicherweise zwei bis vier Wochen, bis man die Energie spürt. Richten Sie dann Ihre Aufmerksamkeit auf den Samen-Palast, der in der Nähe des Schambeins liegt und der Vorsteherdrüse entspricht. Junge Männer, die dabei sexuell zu stark erregt werden, sollten sich statt dessen auf das Steißbein oder den Ming-Men konzentrieren. Frauen konzentrieren sich auf den Punkt ca. 7,5 cm unterhalb des Nabels, dort befinden sich die Ovarien (Eierstöcke). Bei Menstruationsproblemen sollten sie ihre Aufmerksamkeit auf den Ming-Men oder das Steißbein richten.

5. Dann wird die Konzentration zum Hui-Yin (Perineum) gelenkt. Einige erfahren dabei, wie die Kraft sehr schnell den

Rücken hochsteigt, und sollten sich deshalb lieber auf das Steißbein konzentrieren. Es hilft sehr, auf diesen Energiepunkten vor- und zurückzuschaukeln, bevor man mit der eigentlichen Konzentration auf diese Punkte beginnt. Das Steißbein hat eine Öffnung, die Hiatus genannt wird. Wenn man auf ihm schaukelt und sich anschließend darauf konzentriert, führt dies oft dazu, daß sich das Chi sehr schnell seinen Weg den Rücken hochbahnt. Wenn dies geschieht, lenken Sie Ihre Konzentration zurück auf Ihren Nabel.

6. Nach ungefähr zwei Monaten können Sie sich direkt, das heißt ohne vorangehendes Atemzählen und ohne Bauchatmung, auf den Nabel konzentrieren. Sie können diese Vorübungen aber auch weiterführen, wenn Sie dies wünschen. Vom Nabel aus sollte das Chi zum Ovar- oder Samenpalast strömen, dann zum Hui-Yin, zum Steißbein und hinauf zum Ming-Men am Rücken. Verweilen Sie bei diesem Punkt, bis die Energie von selbst zu den Nebennieren strömt. *Denken Sie immer daran, den Energiestrom nicht zu forcieren, sondern ihn selbsttätig fließen zu lassen!*

7. Von den Nebennieren strömt die Energie anschließend aufwärts zur Höhe der Schulterblätter und dann zum Nacken. Bleiben Sie mit Ihrer Konzentration nicht zu lange bei den Nebennieren, da dies Schlaflosigkeit zur Folge haben kann; wenn das eintrifft, lenken Sie Ihre Aufmerksamkeit zurück zum Steißbein, damit der Energiestrom von dort aus wieder den Rücken hoch und in das Kleinhirn geleitet wird. Bei der Konzentration auf das Kleinhirn ist es möglich, daß sich Ihr Rücken dabei warm anfühlt und sich – ohne daß Sie dies beabsichtigen – ein typisches Yoga-Atmen einstellt.

8. Nach einiger Zeit werden Sie vielleicht eine Empfindung von Wärme in Ihrem Scheitel spüren oder als ob etwas dagegen drücke; das ist die Energie, die sich dort ansammelt. Von hier strömt das Chi hinunter zum Bereich zwischen den Augenbrauen, was ein Gefühl der Enge auslöst. Wenn Sie an diesem Punkt angelangt sind, hat das Chi das Lenker-Gefäß durchlaufen. Jetzt muß die Kraft unbedingt – unabhängig vom Grad Ihrer Entwicklung – wieder nach unten gebracht werden.

9. Kehren Sie den Energiestrom um und lenken Sie ihn vom Kopf über den Ming-Men entlang der Innenseite der Schenkel zu den Fußsohlen. Konzentrieren Sie sich eine Weile auf den Sprudelnden Quell, und lenken Sie dann den Energiestrom über Ihre Zehen und Knie zum Hui-Yin (Perineum) und zurück zum Nabel. Verweilen Sie hier wieder ein wenig, und konzentrieren Sie sich anschließend auf das Energiezentrum des Solarplexus. Damit ist das Diener-Gefäß geöffnet, und Sie sollten jetzt die Energie sowohl im Solarplexus als auch zwischen den Augenbrauen spüren. Die Energie, die sich bis zu diesem Zeitpunkt gebildet hat, fließt in beiden Bahnen, im Lenker- und im Diener-Gefäß. Wenn Sie auf diese Weise voranschreiten, sind Sie vor nachteiligen Nebenwirkungen geschützt.

10. Sobald Sie mehr Kraft entwickelt haben, stößt das Chi vom Solarplexus zum Herzchakra hoch. Dieses ist Ihr nächster Konzentrationspunkt; verweilen Sie aber nicht zu lange auf ihm, sonst riskieren Sie Sodbrennen und Atembeschwerden.

11. Wenn nach ein bis zwei Wochen das Chi vom Herzen nicht zum Hals-Energiezentrum aufgestiegen ist, können Sie sich entweder auf das Halszentrum konzentrieren oder erneut auf den Solarplexus, damit sich die Energie von hier aus ihren Weg zum Halszentrum sucht. Vom Hals lenken Sie die Energie hinauf in den Rachenraum und in die Zunge.

Sobald das Chi in Ihre Nasenspitze fließt, ist es entscheidend, daß Sie die Energie vom Punkt zwischen den Augenbrauen hinunter zur Nase und zum Gaumen weiterleiten. Es ist möglich, daß dadurch bei einigen die Nase anfängt zu laufen (dies als Anhaltspunkt, damit Sie wissen, was eventuell geschehen kann).

Ihre Zunge kann sich warm anfühlen. Wenn Sie mit ihr die richtige Stelle am Gaumen berühren, werden Sie einen kleinen elektrischen Schock in Ihrer Zunge spüren. Dies ist das Zeichen dafür, daß Diener- und Lenker-Gefäß miteinander verbunden und der Kleine Energiekreislauf oder Kleine Himmelszyklus geschlossen ist. Später werden noch die Bahnen in Arme und Beine mit einbezogen, und der Große Himmelszyklus ist hergestellt.

12. Jeder – unabhängig vom Alter – muß zum Abschluß der

Übung die Energie nach unten lenken, sie im Nabel sammeln und zwischen drei- bis 36mal in beiden Richtungen kreisen lassen. Diese Vorsichtsmaßnahme ist unumgänglich, es darf in keinem Körperteil Energie «steckenbleiben».

Lassen Sie Chi stetig durch den Kreislauf strömen

Wenn Sie jedes Zentrum des Kleinen Energiekreislaufs geöffnet haben, sind die Voraussetzungen dafür geschaffen, das Chi stetig zirkulieren zu lassen. Der warme Energiestrom ermöglicht es Ihnen, durch diesen Selbstheilungsprozeß wunderbare Resultate zu erzielen.

1. Beginnen Sie mit der Konzentration auf den Nabel. Sobald Sie die Kraft fühlen, lassen Sie sie zum Hui-Yin (Perineum) fließen, dann zum Steißbein und durch die Wirbelsäule hinauf zum Ming-Men. Dort halten Sie inne und lenken den Energiestrom weiter zur Zirbeldrüse am Scheitel. Auf diesen Punkt konzentrieren Sie während ungefähr 10 Minuten. Sobald Sie fühlen, wie die Energie in die Stirn und den Bereich zwischen den Augenbrauen strömt, konzentrieren Sie sich während weiteren 10 Minuten auf die Hypophyse, den Yin-Tang. Lenken Sie den Energiestrom anschließend hinunter zum Nabel. Konzentrieren Sie sich hier kurz, bis Sie die Energie spüren, und lassen Sie sie dann wieder hinunter zum Hui-Yin, hinauf zum Steißbein und durch die Wirbelsäule zum Chi-Chung (Punkt zwischen den Nebennieren) strömen. Zählen Sie während einer halben Stunde wiederholt von eins bis zehn, weil dies eine beruhigende, reinigende und läuternde Wirkung ausübt. (Sobald Sie einen höheren Grad der Entwicklung erreicht haben, erübrigt sich das; die Konzentration allein auf den Punkt genügt.) Lenken Sie dann Ihre Aufmerksamkeit zum Kopf, und verweilen Sie beim Pai-Hui, wo Sie wieder von eins bis zehn zählen können, um die beruhigende, reinigende und läuternde Wirkung zu erfahren. Lassen Sie anschließend das Chi zum Hui-Yin zurückströmen. Das entspricht einem Kreislauf, wiederholen Sie diesen 36mal.

Wenn Sie diese Übung jeden Tag ausführen, wird sich Ihr

Gesundheitszustand wesentlich verbessern. Vergessen Sie nicht, am Ende der Übung die Energie im Nabelzentrum zu sammeln und sie drei- bis 36mal im Uhrzeigersinn und anschließend drei- bis 24mal im Gegenuhrzeigersinn kreisen zu lassen (Frauen in umgekehrter Richtung).

Das endgültige Ziel: Chi strömt von selbst

Viele haben erlebt – wenn sie den Kleinen Energiekreislauf hergestellt und ihn eine Weile geübt hatten –, daß allein durch die Konzentration auf den Nabel die Energie unmittelbar und selbsttätig durch den Kleinen Energiekreislauf fließt. Kaum fühlt sich der Nabel warm an, verspüren sie die Energie im Scheitel und zwischen den Augenbrauen, weil das Chi in einem vollständigen Kreislauf strömt. Die Zunge ist warm oder wie von einem elektrischen Schlag betäubt. Man kann den Energiestrom wirklich fühlen, wie er in den Nabel und in die Beine hinabfließt. Arme und Beine können sich wie taub anfühlen, wenn die Energie durch den ganzen Kreislauf des Großen Himmelszyklus strömt.

Wenn Sie es sich zur selbstverständlichen Gewohnheit gemacht haben, das Chi im Energiekreislauf zirkulieren zu lassen, wird der warme Energiestrom schließlich ganz von selbst durch Ihren Körper strömen. Sobald Ihr Körper/Geist die neuen Bahnen des Chi-Stromes sich innerlich zu eigen gemacht hat, trachtet er danach, dieses dynamische Gleichgewicht aufrechtzuerhalten und das Chi selbsttätig kreisen zu lassen. Die Wochen oder Monate Ihrer Selbstdisziplin haben Früchte getragen: Ein Leben voll beglückendem Wohlergehen steht vor Ihnen.

Abbildung 29

Der Kleine Energiekreislauf

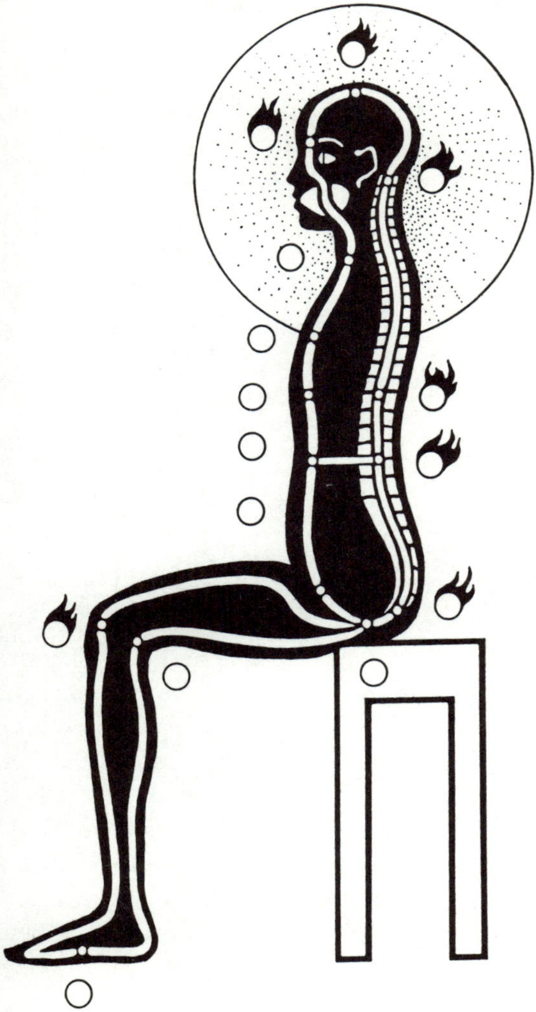

9. Kapitel

Sicherheitsmaßnahmen: Wie Sie sich vor Nebenwirkungen schützen können

Wenn das Chi zum Nabel strömt, werden Sie es als sehr wohltuend empfinden. Sobald die Energie aber in den Kopf hochsteigt, sind Sie vielleicht sehr reizbar oder leiden unter Kopfschmerzen. Die Konzentration auf das Herz-Chakra verursacht bei Ihnen möglicherweise ein Engegefühl oder Schmerzen in Brustkorb- und Herzgegend. Auch wenn Sie zunächst einige unangenehme Auswirkungen verspüren, können wir Ihnen versichern, daß Sie durch fortgesetztes Üben von all diesen Symptomen befreit werden. Teilen Sie Ihrem Lehrer aber unbedingt all Ihre Erfahrungen mit, damit er in der Lage ist, Ihnen helfen zu können. Vergessen Sie nie, am Ende jeder Übung die Energie zum Nabel zurückzuführen und sie dort drei- bis 36mal in Uhrzeigerrichtung und drei- bis 24mal in Gegenuhrzeigerrichtung (Frauen in umgekehrter Richtung) kreisen zu lassen.

Die folgenden Zentren können als Sicherheitsventile in Anspruch genommen werden, um sich vor nachteiligen Nebenwirkungen zu schützen: 1. Der Nabel kann Energie speichern; 2. Vom Ming-Men an der Wirbelsäule aus kann die Energie nach unten abgeleitet werden; 3. Der Wei-Chung (Kniekehle) kann ebenfalls Energie speichern; und 4. Der Yung-Chuan in den Füßen wirkt als Erdung. Der Yung-Chuan kann zusätzlich als Ventil benutzt werden, um die Energie, die sich im Kopf angestaut hat, von dort wegzuziehen. Wenn ein Überfluß an Energie ins Herz hochschießt und von dort offensichtlich keine Ausweichmöglichkeit hat, können Sie das Chi zu den Füßen hinunter und anschließend zum Nabel hinauf leiten.

Der Reinigungsprozeß: Aufstoßen und Diarrhöe (Durchfall)

Wenn Sie während den Übungen aufstoßen müssen oder unter Durchfall leiden, denken Sie vielleicht, daß Ihnen irgendein Nahrungsmittel schlecht bekommen ist. Das ist aber nicht der Fall. Sobald die Energie strömt, wirkt sie als reinigendes und filterndes Agens für den Körper und seine Organe. Sie leiden also auch nicht unter einer üblichen Diarrhöe. Sobald sie vorüber ist, fühlen Sie sich kraftvoll und innerlich leicht und rein, vielleicht ein bißchen geschwächt, aber viel gesünder denn je. Ihr Stuhl ist möglicherweise dunkel und hart. Die klassische Erklärung dafür ist, daß Ihre Speiseröhre, Magen, Darm und die anderen Körperorgane von den Giften, die sich über all die Jahre angesammelt haben, jetzt gereinigt werden.

Sobald dieser Reinigungsprozeß abgeschlossen ist, ist auch die Diarrhöe vorüber, und Sie erreichen ein Stadium, in dem Sie sich viel ruhiger und abgeklärter fühlen. Es empfiehlt sich, nachher darauf zu achten, was Sie zu sich nehmen: Vermeiden Sie fette und stark gewürzte Speisen sowie fermentierte Nahrungsmittel und Fleisch. Essen Sie vor allem weniger pro Mahlzeit und nur frische Speisen von guter Qualität. Je weiter Sie in Ihrer Entwicklung sind, desto besser spüren Sie intuitiv, welche Speisen für Sie gerade richtig sind. Ein Körperbewußtsein ist in Ihnen geweckt worden, das heißt, die Bedürfnisse, die der Körper anmeldet, werden von Ihnen verstanden.

Das Sexualleben

Wenn Sie am Beginn Ihrer Entwicklung stehen, sollten Sie Ihr Sexualleben beträchtlich einschränken, wenn nicht gar einstellen. In dieser Zeit der Abstinenz steht Ihnen so Ihre gesamte notwendige Energie zur Verfügung, um die Bahnen zu öffnen und zu verbinden. Sobald der Kleine Energiekreislauf hergestellt ist, beherrschen Sie das Energiesystem Ihres Körpers, was sich sehr positiv auf Ihre sexuellen Beziehungen auswirken kann. Die sexuelle Betätigung ist ein natürlicher Akt in unserem Leben, und wenn Sie sie richtig steuern und einsetzen können, werden Sie Ihr Geschlechtsleben noch mehr genießen. Weitere Details dazu finden Sie im Buch «Samen-Kung Fu». Es zeigt Ihnen den genauen Weg, wie Sie dieses Ziel erreichen können.

Alle, die geschwächt oder krank sind, sollten während zwei bis sechs Monaten resp. so lange, bis ein gewisser Grad von Vitalität wieder erreicht ist, auf jegliche sexuelle Betätigung verzichten.

Der Magen

Der Magen (das Element der Erde) ist für uns am wichtigsten. Die Konzentration auf den Nabel löst bei Ihnen vielleicht das Gefühl aus, daß sich dieser Bereich bläht. Oft breitet sich diese Empfindung auch auf den Magen aus, und vielleicht müssen Sie dann ständig aufstoßen und gähnen ... vor allem, wenn Sie unter einer Magenerkrankung leiden.

Indem Sie Ihre Zunge an den Gaumen legen, erhöht sich der Speichelfluß. Sobald Sie Ihren Magen und die Därme vollständig gereinigt haben, wird auch Ihr Speichel viel süßer und köstlicher werden.

Der Hals

Durch die Konzentration auf das Herz-Chakra stößt die Kraft in das Halszentrum hoch. Wenn der Energiefluß dabei ins Stocken gerät, entwickeln viele einen Husten oder werfen sogar dunklen, zähen Schleim aus. Indem das Halszentrum gereinigt wird, kann die Energie besser fließen, und diese Symptome verschwinden. Von dem Zeitpunkt an, da das Chi vom Hals in die Zunge strömt, fühlen Sie sich ruhiger und angstfreier. Das bedeutet nicht, daß Angst oder Unruhe Sie nie mehr heimsuchen werden, sondern daß Sie dem gelassener gegenübertreten und viel müheloser meditieren können.

Man kann der Ansicht sein, daß in vielen Büchern des Taoismus die Wichtigkeit der Chakren als Energiezentren zu sehr hochgespielt wird; worüber wir hier sprechen, ist aber in der praktischen Erfahrung vieler Hunderter Menschen begründet, die in dieser Technik unterwiesen wurden.

Reinigen von Speiseröhre, Magen und Darm

Das Reinigen von Speiseröhre, Magen und Darm ist sehr wichtig, weil die Nahrung diesen Weg geht und sich an vielen Orten einlagern und Blockierungen bedingen kann. Das Buch «The Six Healing Sounds» beschreibt, daß während dieser Reinigungsphase Aufstoßen, Wind lassen und Gähnen als weiteres Indiz dafür gelten, daß der Reinigungsprozeß im Gang ist. Es wird empfohlen, ein bis zwei Gläser reinen, klaren Wassers morgens, eine Stunde vor dem Frühstück, zu trinken, um das Verdauungssystem zu entleeren. Eine weitere Hilfe ist, anschließend den Magen mit beiden Handflächen neunmal im Uhrzeigersinn und neunmal im Gegenuhrzeigersinn zu massieren.

Wahnvorstellungen und Geisteskrankheit

Jene mit Tendenz zu Wahnvorstellungen und Geisteskrankheit müssen ganz gewissenhaft am Ende jeder Übung die Energie in den Nabel zurückleiten, dadurch werden diese Leiden und eine Menge anderer Nebenwirkungen vermieden. Eigentlich sollte jeder seine Übungen so abschließen, damit er ganz sicher ist, sich keiner Überbeanspruchung oder Schwächung an irgendeinem Ort ausgesetzt zu haben. Wer geschwächt war, erfährt den Zuwachs an Energie oft als Ohrenklingen, gedämpftes Hören oder Augenbrennen.

Sobald das Chi aktiviert ist, werden Sie erleben, daß beispielsweise längst verklungene Zahnschmerzen wieder auftauchen oder eine latent vorhandene Viruserkrankung oder Erkältung ausbricht. Und noch andere Schmerzen aus Ihrer Vergangenheit können Sie plötzlich wieder überfallen. Es mag den Anschein haben, als ob das Chi die Ursache Ihrer Unannehmlichkeiten sei. Auf eine gewisse Weise stimmt das, und Sie haben ganz recht, wenn Sie so denken.

Ihre Probleme und Krankheiten hielten sich – unbemerkt von Ihnen – weiterhin in Ihrem Körper versteckt. Man kann dies auf verschiedene Weise erklären. Zum Beispiel könnte man sagen, daß die meisten unserer Krankheiten dem Geist entstammen. Er ist der Speicher all dessen, dem wir ausgesetzt sind. Sobald wir uns öffnen und unseren Körper von dem Energiestrom reinigen lassen, ist die Krankheit besiegt.

Nun, da Sie plötzlich erneut mit schmerzvollen Erinnerungen konfrontiert werden, die so klar auftauchen, als ob sie real wären, glauben Sie, daß diese von Ihren Übungen ausgelöst werden – und das stimmt auch. Wenn Sie mit Ihren Übungen fortfahren und dadurch Ihren Geist von diesen Inhalten befreien und sie durch ein harmonisch funktionierendes System ersetzen, erst dann erkennen Sie, wie sehr Sie selbst diese Krankheiten verborgen hatten und durch diese «erinnerten» Krankheiten beeinträchtigt waren.

Das bedeutet nicht, daß das Leiden, dem Sie nun ausgesetzt sind, nur in Ihrer Einbildung existiert. Der Geist ist sehr vielschichtig und untrennbar mit dem Körper verbunden. Vielleicht ist «Körper» nur ein anderes Wort, um eine komplexe Aneinanderreihung von Prozessen zu beschreiben, die man aus einer anderen Sicht «Geist» nennen könnte, was ihm näher kommt. Um es nochmals zu erklären: Erst wenn die verschiedenen Energiebahnen von allen Blockierungen befreit sind, begreifen wir, daß einige dieser Blockaden vielleicht wegen vergangener Krankheiten oder Verletzungen entstanden sind, und sobald sich diese dem Energiestrom widersetzen, wird die Erinnerung, die damit verbunden ist, geweckt.

Wann soll ein Arzt aufgesucht werden?

Wenn Sie unter eindeutigen physischen Problemen leiden, sollten Sie dem Rat Ihres Arztes folgen. Glauben Sie nicht, diese Methode sei eine Art magischer Allesheiler. Versuchen Sie alles zu tun, was zur Erhaltung Ihrer Gesundung förderlich ist, aus welchen Quellen auch immer das sein mag. Probleme tauchen bei diesen Übungen bei jenen auf, die krank oder physisch geschwächt sind. Wenn Sie schnelle Fortschritte erwarten, tun Sie gut daran, die Hilfe eines Arztes in Anspruch zu nehmen. Unzählige hatten deswegen Bedenken, wollten ihre Gesundung einzig und allein durch ihre esoterische Meditation erreichen – und konnten letztlich nur traurige Geschichten erzählen. Nutzen Sie für die Lösung Ihrer gesundheitlichen Probleme die Erkenntnisse der modernen Medizin, machen sie die taoistischen Übungen, die Sie gelernt haben, und nehmen Sie auch alles andere an, das Ihnen hilft, damit Sie aus all dem die beste Wahl für sich treffen können.

Sorgfalt bei den Übungen schließt Nebenwirkungen aus

Die esoterische taoistische Meditation fordert von jedem, beim Aktivieren der heilenden Lebensenergie als erstes den kleinen Energiekreislauf zu öffnen. Das Lenker-Gefäß entspricht derselben Bahn, der die aktivierte Samen-Energie folgt, und verläuft vom Steißbein zum Scheitel. Die taoistische Methode unterscheidet sich von der indischen dadurch, daß eine zusätzliche Bahn zur Verfügung steht: vom Gaumen zur Zunge, Hals, Nabel und Steißbein, wo ein neuer Kreislauf beginnt. Es entstehen viel weniger Schmerzen im Kopf als bei der Kundalini-Übung, da 1. die sieben Drüsen mit Energie versorgt werden und diese 2. ein Sicherheitsventil sind, um den Druck der Energie zu verteilen.

Die sieben Drüsen gleichen Schleusen, bei denen jedes Becken den gleichen Flüssigkeitsspiegel aufweisen muß. Wenn dieser

Zustand erreicht ist, funktionieren alle sieben Drüsen richtig, keine wird mehr stimuliert, als sie sollte. Genau dies wird mit dem Kleinen Energiekreislauf erreicht. Würde der Energiestrom nur in eine Richtung fließen, könnte die eine oder andere Drüse überfüllt werden und in der Folge schlecht funktionieren oder Schaden nehmen. Indem eine zusammenhängende Bahn für den Rückfluß durch jedes Gefäß läuft, kann der Überschuß an Energie vom Kreislauf und den mit ihm verbundenen Drüsen aufgenommen werden; dadurch wird der Druck abgebaut und das ganze System ins Gleichgewicht gebracht.

Auf höheren Stufen des Chi-Kreislaufs werden noch mehr Bahnen geöffnet; dadurch kann noch mehr Energie durch den Organismus fließen, es sind dann aber auch zusätzliche Sicherheitsventile vorhanden. Nachdem der Kleine Energiekreislauf hergestellt wurde, müssen 30 weitere Bahnen im ganzen Körper geöffnet werden. Wenn sie alle offen sind, fließt noch mehr Chi-Lebensenergie frei durch den Organismus. Nebenwirkungen, die auf einer unteren Stufe durch die Überstimulation irgendeiner Drüse verursacht werden können, sind nun praktisch ausgeschlossen.

Einige Beispiele zu den Nebenwirkungen: Wenn die Nebennieren überstimuliert sind, können Sie nicht schlafen, weil Ihr Herzschlag alarmierend galoppiert und sie sich ängstigen und hellwach sind. Wenn die Energie ins Herzzentrum fließt und es keinen Weg für sie gibt, wieder abzufließen, erhöht sich der Puls drastisch, weil der Herzbeutel, das Kühlsystem, unter diesen Umständen unfähig ist, als solches zu funktionieren. Ähnliches kann geschehen, wenn die Energie nicht richtig durch die vordere Bahn des Kleinen Energiekreislaufs nach unten gelenkt wird.

Letztlich gilt immer: Vorbeugen ist der sicherste Weg, um schädigende Nebenwirkungen zu vermeiden. Der einfachste und beste Schutz ist, wie vielfach schon erwähnt, den Chi-Kreislauf zum Schluß Ihrer Übung zum Nabelzentrum zu lenken und dort das Chi in beiden Richtungen drei- bis 36mal um den Nabel kreisen zu lassen; machen Sie dies anfangs 36mal, vielleicht entdecken Sie dabei, daß die Energie viel schneller kreist und dieser Abschluß nur Sekunden dauert.

10. Kapitel

Die häufigsten Fragen zum Kleinen Energiekreislauf

1. Was ist Chi oder die elektromagnetische Lebenskraft?

Das Chi – auch warmer Energiestrom, Kundalini-Energie oder elektromagnetische Lebenskraft genannt – kann nur schwer beschrieben werden, da diese Energie resp. Lebenskraft nicht gesehen, wohl aber im Körper gespürt werden kann. Im frühen Taoismus wurde Chi im obersten Teil des chinesischen Piktogramms als «Nichts» und im unteren Teil als «Feuer» ausgedrückt, so daß sich als Definition: Chi = «kein Feuer» ergibt. Zeitgenössischere Quellen des Taoismus unterscheiden viele Arten von Chi: das ursprüngliche Chi, das Chi der Atmung, das Chi, das in unserem Körper umgewandelt wird, und das Samen- oder Ovar-Chi, genannt Ching-Chi.

Das Ching-Chi ist die Hauptenergiequelle der hier gelehrten Technik und wird letztlich in spirituelle Energie transformiert. Wir alle sind im Besitz dieses Chi vom Moment unserer Zeugung an. Der Taoist lehrt, daß die Lebenskraft oder das Chi seinen Ursprung in der Energie hat, die wir mit der Nahrung, die wir essen, oder der Luft, die wir atmen, zu uns nehmen. Bei der Ausübung des taoistischen Yoga zehren wir von vielen Energiequellen, die in den verschiedenen Energiezentren des Körpers vorhanden sind, so dem Herzen, den Nebennieren, Vorsteherdrüse, Zirbeldrüse und Hypophyse. Daneben gibt es noch jene Energie, die wir vom Sonnensystem beziehen, mischen und in unserem Körper umwandeln; ein Prozeß, der Alchemie genannt wird und eine andere Art von Chi hervorbringt.

Der Taoismus legt Nachdruck auf Praxis und Theorie; Philosophieren und Diskutieren werden gering geachtet. Durch eine ganz einfache Technik der Entspannung und Konzentration auf den Nabel können Sie selbst erleben, wie sich dieses Chi äußert.

Verschiedene meiner Schüler hatten vorher zum Teil fünf bis

zwanzig Jahre damit zugebracht, dieses Chi zu entwickeln und den Kleinen Energiekreislauf herzustellen, aber es blieb beim erfolglosen Versuch. Nach kurzer Zeit bei mir erreichten sie ihr Ziel schon nach einem bis vier Monaten, und sie alle beurteilten diese Methode als einfach und naturgemäß. Sie glaubten zuerst zu träumen oder sich dies einzubilden, als sich ihre Energie mit dem geringen Zeitaufwand von nur 30 bis 60 Minuten pro Tag so rasch entwickelte. Aber sie verspürten während ihren Übungen deutlich die Wärme und berichteten auch schon bald, daß sie den Eindruck hätten, um vieles gesünder zu sein.

2. Muß man auf einem Stuhl sitzen?

Wir empfehlen Ihnen auf einem Stuhl zu sitzen, und es gibt viele verschiedene Gründe dafür. Für die meisten ist diese Position sehr bequem, und sie empfiehlt sich ganz besonders für jene, die mit dem Rücken oder den Beinen Schwierigkeiten haben. Das Chi kann so ungehindert durch die Beine fließen. Viele glauben, daß man sich im Lotus-Sitz viel verwurzelter fühle, elastischer werde oder daß die Energiebahnen in ihren Beinen bereits offen seien; es ist aber so, daß der Lotus- oder Halblotus-Sitz den Energiefluß stört und Ihre Fortschritte hemmt.

Wenn wir den Kopf mit der Baumkrone vergleichen, durch den wir kosmische Kräfte aufnehmen, dann entsprechen die Beine den Ästen und Blättern; sie sind für uns also nicht minder wichtig. Haben Sie eine höhere Stufe der Übungspraxis erreicht, werden Sie spüren, wie die Fußsohlen von der Erde Yin-Energie aufnehmen; deshalb erleichtert das Sitzen auf einem Stuhl der Energie, hinunter in die Füße zu strömen und mit Yin-Energie wieder hinaufzuströmen. Kreist das Chi nur im oberen Teil des Körpers und wird nicht in die Füße geleitet, dann verdorren die Blätter und fallen vom Baum. Ganz gleich also, wie perfekt Sie diese Technik im oberen Teil des Körpers beherrschen, wenn die Kraft nicht zu den Füßen strömt, entsteht ein bedeutender Mangel an Energie, und Sie können nicht richtig wirken. Sobald das Chi in Ihren Beinen kreist, fühlen Sie sich leichter, gehen aufrechter und können weite Strecken zurücklegen, ohne zu ermüden.

Es gibt noch einen anderen wichtigen Grund, auf einem Stuhl zu sitzen: Der Mann muß seine Hoden frei hängen lassen können, damit die Energie richtig absorbiert werden kann.

Sobald Sie die Sechs Speziellen Bahnen öffnen, um den Energiefluß in die Beine strömen zu lassen, werden Sie mit gekreuzten Beinen große Schwierigkeiten haben, diese Kraft zu lenken. Es gibt zwar einige, die behaupten, daß dies in jeder Stellung gelingt, sobald man fähig ist, Energie zu sammeln. Ich habe viele Mönche gesehen, die unter Beinbeschwerden litten. Es ist gut möglich – ich möchte dies zwar nicht grundsätzlich behaupten –, daß diese Beschwerden daher rührten, weil sie zu lange mit gekreuzten Beinen meditiert hatten. Wenn Sie auf einem Stuhl sitzen, haben Sie viel weniger Probleme, die Energie in die Beine fließen zu lassen; mit gekreuzten Beinen zu sitzen, erfordert eine viel größere Anstrengung; es ist also weder sinnvoll noch vorteilhaft, in dieser Position zu meditieren.

Auf einem Stuhl zu sitzen, drängt sich erst recht dann auf, wenn Sie in dieser Technik so weit fortgeschritten sind, daß Sie durch Ihre Fußsohlen Yin-Energie aus der Erde ziehen können, denn dies ist nur möglich, wenn Sie die Füße fest und flach auf dem Boden auflegen.

3. Was ist zu tun, wenn diese Übungen sexuelle Erregung auslösen?

Eine sexuelle Erregung äußert sich bei den Männern entweder als Vibrieren in den Hoden oder im Hui-Yin oder als Druckgefühl in der Vorsteherdrüse, verbunden mit einem leichten Samenabgang. Bei den Frauen schwellen Vagina und Brustwarzen an.

Sobald Sie fähig sind, Energie anzusammeln, strömt diese ganz natürlich in die Fortpflanzungsorgane und löst eine sexuelle Erregung aus. Sie können diese überwinden, indem Sie Ihre

Konzentration zurück auf den Ming-Men und anschließend in den Kopf zum Punkt zwischen den Augenbrauen lenken. Im Buch über «Samen-Kung Fu» zeigen wir sehr genau (letzte Zeichnung: die Sexualenergie, die zum Scheitel hochfließt), wie man eine Erektion abbauen kann. Viele meiner männlichen Schüler sind nach dieser Übung sexuell stark erregt und finden nur im Geschlechtsverkehr Entspannung. Einige brachen diese Übungen ab, da ihr sexueller Drang zu übermächtig wurde. Wenn Sie jedoch versuchen, Ihre sexuellen Aktivitäten unter Kontrolle zu bringen oder sie für eine Weile ganz einzuschränken und Sie die Unterstützung Ihrer Partnerin resp. Ihres Partners erhalten, indem sie/er Ihnen Verständnis entgegenbringt oder mit Ihnen zusammen übt, dann werden Sie viel schneller Fortschritte erzielen.

4. Kann das Zirkulieren des Kleinen Energiekreislaufs sexuelle Probleme lösen helfen?

Wer unter Impotenz, vorzeitigem Samenerguß und häufigem Samenabgang leidet, wird bei der Konzentration nach einer Weile Schmerzen oder ein Gefühl der Ausdehnung im Rücken verspüren. Dies kann zu einer Erektion führen, viele haben in der Folge auch nächtliche Samenergüsse oder etwas Samenabgang beim Wasserlassen.

Beim Konzentrieren geschieht nichts anderes, als daß Sie Lebenskraft ansammeln, welche dann als erstes automatisch zu den Fortpflanzungsorganen gezogen wird, und das erhöht Ihren sexuellen Drang. Wenn Sie jedoch fähig sind, diese Lebensenergie zurückzuhalten, profitiert ihre gesamte Gesundheit. Man kann mit Sicherheit sagen, daß vor allem die gesundheitlich Geschwächten vom sexuellen Drang getrieben werden. Wer impotent ist, sollte jegliche sexuelle Aktivität während drei bis sechs Monaten unterbrechen, einen Arzt konsultieren und diese Übung durchführen, bis er das Gefühl hat, erstarkt zu sein. Wenn Sie diese Übungen machen, etwas Energie ansammeln können, eine Erektion haben und diese sofort in sexuelle Aktivität umsetzen, verlieren Sie ganz einfach all das wieder, was Sie sich mühsam erkämpft haben. Erst wenn es Ihnen gelingt, Energie zu sammeln, und alle Bahnen miteinander verbunden haben, wird Ihr Körper kräftiger; und dann sind Sie auch fähig, Ihr Sexualleben voll zu genießen.

5. Ist diese taoistische Methode für jeden geeignet?

Im allgemeinen ist sie jedermann zuträglich. Wer allerdings unter physischen oder psychischen Problemen leidet, sollte vorsichtig damit umgehen. Das taoistische System schult als erstes den Körper, dann die Seele, und erst als letztes wagt man sich an die spirituelle Entwicklung. Der Taoismus bezeichnet den Körper als Boot oder Schiff. Eine perfekter Körper ist ein perfektes Schiff, die gute Seele ist der starke Motor, und der Geist ist der Diamant, den wir an seinen Bestimmungsort bringen wollen. Wenn Schiff und Motor schlecht sind, können wir den Diamanten nicht an sein Ziel bringen. Wer also nicht auf seinen Körper achtet und nur versucht den Diamanten zu schützen, dessen Diamant versinkt im Meer, bevor das Ziel erreicht ist.

Das taoistische System – wie andere auch – beginnt damit, den Körper zu stärken. So wird verhindert, daß ein junger, kindischer Geist unbekanntes, gefahrvolles Land betritt. Sobald die 32 Bahnen offen sind, haben Seele und Geist im Körper Raum. Mit fortschreitender Entwicklung müssen Sie lernen, die Seele zu schulen, um Körper und Seele miteinander zu verbinden. Vereinen Sie anschließend diese Verbindung von Körper und Seele mit Ihrem Geist, so verringert sich schrittweise das Risiko, sich bei dieser Methode einer Gefahr auszusetzen.

6. Sollen Frauen während der Menstruation diese Übungen durchführen?

Frauen, die unter menstruellen Problemen leiden, sollten während der Menstruation eine Pause einlegen. Konzentrieren

Sie sich bei unregelmäßigen Blutungen nicht auf den Kuan-Yuan (ca. 7 cm unterhalb des Nabels), da dort das Energiezentrum der Ovarien ist, sondern auf den Punkt zwischen den Augenbrauen und auf den Ming-Men (Tor des Lebens).

7. Soll man sich auf das «dritte Auge» zwischen den Augenbrauen konzentrieren?

Mit der Konzentration auf diesen Punkt muß man sehr vorsichtig sein. Wenn die Energie, die dazu neigt, aufwärts zu strömen, den Gaumen nicht oder nur schwer durchdringen kann, weil dieser beispielsweise zu dick ist, fließt sie zum Scheitel hinauf und stößt den Pai-Hui offen. Sie strömt während einiger Zeit aus dem Körper, was einen Druck im Kopf erzeugt. Aus diesem Grunde sollten junge und starke, kräftige Menschen sowie all jene mit hohem Blutdruck und mentalen Problemen sich nicht auf diesen Punkt konzentrieren.

8. Warum erzeugen diese Übungen bei einigen Menschen Schmerzen in Rücken oder Schultern?

Viele meiner Schüler verspüren beim Konzentrieren nach einiger Zeit Schmerzen, Enge oder Druck im Rücken; das hängt mit dem physischen Zustand des einzelnen zusammen. Die meisten jungen Menschen und gesunden Erwachsenen, die regelmäßig diese Übungen durchführen, erfahren das Hochströmen der Energie durch die Wirbelsäule wie Nadelstiche, weil diese Bahn vorher so lange verstopft war. Wenn Sie nicht weiter darauf achten, sich entspannen und sich beispielsweise auf den Ming-Men konzentrieren, fließt die Kraft von selbst hoch.

Sobald Sie versuchen, diesen Prozeß zu beeinflussen, indem Sie die Energie stoßen oder sonst irgendwie forcieren, dann werden Sie nervös und fühlen sich unbehaglich, und die Energie stockt im Rücken und verursacht dort Schmerzen. Sobald die Kraft den Chi-Chung erreicht, konzentrieren Sie auf diesen

Punkt und lassen die Energie selbsttätig vom oberen Rücken in den Nacken zum Yu-Chen (Kleinhirn) aufsteigen.

Konzentrieren Sie nun auf dieses Energiezentrum, und wenn die Energie schließlich zum Pai-Hui hochfließt, fühlen Sie sich wieder entspannt und wohl, und die Schmerzen, Engegefühle und dergleichen Unbehagen verschwinden. Manchmal scheint es auch, als ob die Kraft aus der Wirbelsäule hinaus, nicht in sie hinein dränge, das löst keine Engegefühle oder Unbehagen aus.

Rückenschmerzen bei älteren und geschwächten Menschen: Kranke oder ältere Menschen mit geschwächten inneren Organen (Lunge, Magen, Leber, Herz usw.) verspüren beim Konzentrieren nach einiger Zeit Schmerzen in Rücken oder Schultern, oder die beeinträchtigten Gegenden fühlen sich heiß oder kalt an. Rufen Sie sich immer wieder ins Gedächtnis zurück, daß durch Ihre Konzentration ein natürlicher Heilungsprozeß in Gang gesetzt wird, der all die versteckten Leiden ans Licht zerrt, damit Sie Ihre Leiden der Vergangenheit erneut durchleben.

9. Darf man nach chirurgischen Eingriffen üben?

Diese taoistischen Übungen helfen allen, die sich einem kleineren oder größeren chirurgischen Eingriff unterziehen mußten, sich schneller davon zu erholen. Es ist möglich, daß man während der Übung nach einiger Zeit am Ort des Eingriffs Schmerzen verspürt. Dies ist ein gutes Zeichen, es besagt, daß die Kraft die Wunde von innen her heilt. Sobald die Schmerzen verschwunden sind, ist der ganze Heilungsprozeß abgeschlossen. Es ist sogar möglich, daß Sie sich vor längerer Zeit einer Operation unterzogen haben und schon lange keine Schmerzen mehr verspüren, sobald die Kraft aber zu fließen beginnt, wird sie Sie genau an jenem Punkt wieder daran erinnern.

10. Warum kommt es bei diesen Übungen zu Ohrenklingen?

Ohrenklingen entsteht, wenn der Energiestrom in das Gehirn hochsteigt, was manchmal zu Energievibrationen im Innenohr führt. Dieses Ohrenklingen löst bei den Betroffenen ganz verschiedene Reaktionen aus. Die einen genießen es, weil sie es als Indiz dafür werten, daß sie Fortschritte machen, andere ängstigen sich, weil sie glauben, etwas stimme nicht. Wenn Sie sich beruhigen und Speichel schlucken, um die eustachische Röhre offenzuhalten, welche den Druck auf die Ohrtrommel ausgleicht, dann hören Sie wieder besser.

Anschließend sollten Sie versuchen, Kopf und Rücken zu entspannen, und Ihre Aufmerksamkeit auf den Ming-Men richten, damit die Kraft vom Kopf abfließen kann. Sobald Ihnen das eine gewisse Erleichterung gebracht hat, können Sie sich eine Zeitlang auf den Nabel konzentrieren, bevor Sie die Kraft zum Schluß geistig oder unter Zuhilfenahme einer Hand zuerst 36mal im Uhrzeigersinn, dann 24mal im Gegenuhrzeigersinn kreisen lassen (für Frauen gilt die umgekehrte Rotationsrichtung). Vielleicht hilft es auch schon zu spüren, wie die Kraft an diesem Punkt gesammelt wird. Denken Sie immer daran, daß die Energie Ihrer Aufmerksamkeit folgt.

11. Was soll man tun, wenn man nach einiger Übung den Appetit verliert?

Einige Menschen berichten, daß sie nach der Konzentration auf den Nabel und anschließend auf den Ming-Men viel hungriger sind, mit gutem Appetit essen und ihre Darmtätigkeit besser funktioniert. Sobald die Kraft aber den Rücken hochsteigt und in den Kopf und zum Pai-Hui hinströmt, haben sie plötzlich Atembeschwerden, Appetitverlust und träge Darmtätigkeit. Dies geschieht nur, wenn der Energiestrom irgendwo stockt und nicht richtig oder vollständig in den Nabel zurückgelenkt wurde. Seien Sie geduldig, und kreisen Sie die Energie in den

Nabel hinunter – wie vorher beschrieben wurde –, trinken Sie mehr Wasser, essen Sie mehr Früchte, und alle Symptome werden verschwinden. Denken Sie daran, daß dieses Problem gar nicht erst auftaucht, wenn Sie am Ende jeder Übungsperiode die Energie gewissenhaft zum Nabel zurückleiten.

12. Einige Menschen haben während diesen Übungen nach einer Weile Schüttelkrämpfe, übernehmen plötzlich Yoga-Stellungen oder stoßen Töne oder Geräusche aus, wie kommt das?

Schütteln ist sehr häufig und bringt in Wirklichkeit nur Vorteile, da es eine innerliche Übung ist. Es ist bekannt, daß dieses Schütteln abgebrochen werden kann, indem man sich auf einen einzigen Gedanken konzentriert, und wird es zu heftig, kann man ihm einfach befehlen aufzuhören. Ich ermutige aber jeden, sich zu schütteln, wegen der Vorteile, die ihm daraus erwachsen. Schütteln können Sie sich, indem Sie dies absichtlich wollen oder sich auf den Nabel konzentrieren und ausatmen, als ob Sie die Luft in den Magen und durch den Rücken stoßen wollten. Atmen Sie auf diese Weise so lange aus, bis Sie nicht mehr länger können, und Sie werden automatisch zu schütteln beginnen. Wenn Sie dieses Schütteln wieder abbrechen wollen, befehlen Sie ihm aufzuhören, und atmen Sie wieder normal.

Ursache für dieses Schütteln und Zucken während den Übungen sind versteckte psychische Probleme oder Nervosität. Ein stark beeinflußbarer Mensch, der vielleicht nur davon gelesen hat, wird diese Auswirkungen auch erleben. Andere scheinen sich ganz natürlich zu schütteln, das heißt, wenn sie die linke Hand 36mal kreisen, werden sie auch die rechte Hand 36mal kreisen lassen. Einige sind erschreckt, wenn ihnen das geschieht.

Wenn das Chi respektive die Herz-, Leber-, Milz-, Lungen-, Nieren-Energie die Organe füllt, werden als spezifische Reaktionen verschiedene Arten des Schüttelns hervorgerufen:

1. Das Herz kontrolliert die Venen und Arterien; deshalb läßt

das Herz-Chi den Körper auf- und niederhüpfen wie ein spielender Affe. Das zeigt, daß der Herzmeridian voller Chi ist.

2. Die Leber kontrolliert die Sehnen. Wenn sie mit Chi gefüllt ist, haben Sie vielleicht Krämpfe in den großen Zehen und den Beinen, weil das Chi wie ein Fisch im Ozean freudig in göttlicher Ekstase schwimmt.

3. Die Milz kontrolliert die Muskeln. Wenn sich diese mit Chi füllen, flattern Sie wie ein Vogel, der von Ast zu Ast hüpft. Der Ort, wo es sich niederläßt, fühlt sich feurig an. Es bedeutet, daß das vitale Milz-Chi strömt.

4. Die Lungen kontrollieren die Haut. Wenn sie sich mit Chi füllen, spüren Sie im ganzen Körper Hitze und ein Prickeln, als ob Ameisen über Sie, vor allem über Ihr Gesicht, hinwegkrabbelten. Das zeigt an, daß das vitale Chi der Lungen in Bewegung ist.

5. Die Nieren kontrollieren die Knochen. Füllen sie sich mit Chi, werden Sie hören, wie sich Ihre Knochen bewegen. Wenn sich das Chi wie eine Schlange das Rückgrat aufwärts windet, verursacht das manchmal sexuelle Erregung.

Abbildung 30

Energiestöße können Ihren Körper durchschütteln

Wenn Sie zu heftig beben, strömt die Kraft nicht in den Kleinen Energiekreislauf, sondern verteilt sich in die Sehnen, Muskeln, Glieder und Organe; wenn Sie diese stärken wollen, ist das gut. Ich empfehle meinen Schülern, während einer halben Stunde zu sitzen, anschließend 5–10 Minuten zu schütteln, dann das Schütteln abzubrechen und sich auf den Energiestrom zu konzentrieren. Das Schütteln kann absichtlich oder unabsichtlich herbeigeführt werden. Durch das Schütteln werden Verspannungen gelöst, man wird geschmeidiger, was für die Konzentration und das Reinigen der Chi-Bahnen förderlich ist.

Üblicherweise empfehle ich jenen, die am Anfang der Praxis stehen und den Kleinen Energiekreislauf noch nicht verbunden haben, sich noch nicht zu schütteln. Wenn Sie die Energie selbsttätig strömen lassen, werden sich alle möglichen unbeabsichtigten Reaktionen einstellen, indem Sie einfach alles zulassen, was Ihnen geschieht. Dies ist eine sehr gute Übung, um Spannung und Streß abzubauen.

13. Wie wirkt Chi auf den kranken Körper?

Wenn die Energie ein erkranktes Organ erreicht, umkreist sie dieses Gebiet. Leiden Sie beispielsweise unter Nierenbeschwerden, können Sie spüren, wie sich die Energie wiederholt von links nach rechts rund um die zwei Nieren bewegt. Bei Magen- oder Darmbeschwerden fließt die Energie in Richtung Magen, und Ihr Körper beginnt zu vibrieren. Bei Herzerkrankungen fühlen Sie, wie die Energie um das Herz kreist. Menschen mit Herz- oder Lebererkrankungen, die diese Übungen durchführen und plötzlich Atembeschwerden und ein Gefühl von Schmerz und Andrang im Brustkorb spüren, werden vermuten, daß Ihnen diese Übungen nicht bekommen, und damit aufhören wollen. Einige meiner Schüler waren mit genau diesem Problem konfrontiert. Sie suchten Ärzte auf, denen das Chi-Kung oder das Zirkulieren des Kleinen Energiekreislaufs nicht bekannt war und die vermuteten, daß die Störung vom Meditieren herrühre. In Wirklichkeit aber hatte die Energie Blockaden im Körper aufgebrochen, die schon lange vorher bestanden hatten, denn schon bevor sie mit diesen Übungen begannen, hatten sie manchmal ihr Herz galoppieren fühlen oder unter Kurzatmigkeit gelitten, dem aber nie großes Gewicht beigemessen.

Nun, da sie mit der taoistischen Meditation etwas Neues, ganz Unterschiedliches wagten, gerieten sie in Aufregung, weil die Symptome zu lange andauerten. Es ist hilfreich zu wissen, daß dies alles nur so lange währt, bis die Gesundheit wiederhergestellt ist. Bricht man aber an diesem Punkt die Übungen ab, werden die Leiden andauern und sich verschlimmern. Sobald die Energie die Blockierung im Brustkorb durchstoßen kann, wird man vielleicht unter Erbrechen oder Durchfall leiden; ist diese Übergangsphase aber überstanden, erlebt man ein Wohlbefinden, wie man es nie zuvor gekannt hat.

14. Welche Hilfen gibt es, wenn sich die Energie in der Brust staut?

Um die unangenehmen Nebenwirkungen zu vermeiden, die sich ergeben, wenn der Energiestrom in der Brust stockt und sich dort zuviel Energie ansammelt, muß die Energie hinunter zum Ming-Men gelenkt werden, und man sollte mit seiner Konzentration eine Zeitlang auf dem Punkt verweilen. Wenn dies keine Hilfe ist, verlagern Sie Ihre Aufmerksamkeit auf ein anderes Energiezentrum, beispielsweise auf den Hsuan-Chi; konzentrieren Sie sich dort so lange, bis Sie die Energie hinaufströmen fühlen.

Ich hatte unzählige Schüler, die aus irgendwelchen Gründen auf diese Übungen nicht ansprachen, deshalb empfahl ich ihnen, sich auf den Nabel zu konzentrieren. Nach Wochen oder Monaten, als sich die Kraft entwickelte, erhielt ich dann verschiedene besorgte Anrufe, weil sie sich nachteilig bemerkbar machte. Eine junge Frau wiederholte immer wieder, daß bei ihr nichts passiere, bis sie mich nach ungefähr drei Monaten in großer Not anrief, um mitzuteilen, daß sie unter Schmerzen in der Brust und Atembeschwerden leide. Ich wußte sofort, was geschehen war. Sie hatte sich nur auf den Nabel konzentriert, obwohl ich ihr geraten hatte, sich nach einer Weile auf den Ming-Men im Rücken zu konzentrieren. Die Schmerzen und Symptome, unter denen sie nun litt, waren entstanden, weil die Energie den vorderen Meridian in die Brust hochgestiegen war. Hätte sie sich statt dessen auf den Ming-Men konzentriert, wäre die Kraft in den Rückenkanal geströmt, und diese Probleme wären nicht entstanden.

15. Welcher Zeitaufwand ist angemessen für die Übungen, und müssen diese Übungen regelmäßig durchgeführt werden?

Die Taoisten unterteilen die Übungszeit in vier Abschnitte: um 6 Uhr morgens weniger Yin, mehr Yang; um 12 Uhr mittags viel Yang; um 6 Uhr abends weniger Yang, mehr Yin; um Mitternacht viel Yin. Ideal ist, wenn Sie zu Beginn 15–30 Minuten aufwenden und diese sukzessive – je mehr Sie voranschreiten – auf eine Stunde ausdehnen. Wichtig ist: Finden Sie heraus, wieviel Zeit Sie persönlich dafür brauchen, und machen Sie diese Übungen regelmäßig jeden Tag. Es ist sinnlos, wenn Sie an einem Tag drei Stunden üben und dann wieder 2 oder 3 Monate nichts tun.

16. Muß man, wenn man diese Methode ausübt, auf die Ernährung achten?

Essen Sie jeweils das, wonach Ihr Körper verlangt. Es ist nicht notwendig, strenger Vegetarier zu werden. Wenn Sie sich allerdings bei vegetarischer Ernährung wohlfühlen, dann bleiben Sie dabei, weil es Ihnen bekommt. Wenn Sie zuviel Fleisch, Knoblauch oder Zwiebeln essen, werden Sie sexuell erregt, was sich auf ihre Übungen auswirkt. Ich empfehle Ihnen, Ihre sexuelle Aktivität weitgehend zu zügeln oder ganz einzustellen, bis Sie ausreichend Energie gesammelt und genug Chi-Bahnen geöffnet haben. Bevor es so weit ist, denken Sie daran, daß es für Sie wichtig ist, Ihre Samen- resp. Ovar-Energie zurückzuhalten, weil sie eine große Energiequelle darstellt.

Wenn Sie viel Samenflüssigkeit verlieren, ist Ihre Energiereserve sehr gering, und es ist schwierig, dieses Chi auf andere Weise zu produzieren. Sobald Sie mit dieser Methode Energie speichern können, werden Sie nach oder während den Übungen mehr Erektionen haben. Es ist sehr wichtig, diese abzubauen, indem Sie Atemübungen machen und die Energie vom Hui-Yin und von der Penisspitze wegziehen und durch den Rücken in den Kopf hinauf leiten.

17. Einige meiner Freunde haben sich seit dem Ausüben der taoistischen Meditation abgesondert und halten sich von jeder Geselligkeit fern. Was sagen Sie dazu?

Das ist nicht das Ziel dieser Übungen, obwohl es einige Menschen gibt, die zu Beginn dieser Schulung sich lieber von den andern absondern. Das einzige, was wir anstreben, ist, Sie zu stärken und glücklicher zu machen und nicht vor den Problemen zu fliehen. Der taoistische Weg hat als Ziel die Harmonie; wir empfehlen deshalb den Menschen, zu heiraten und ein glückliches Familienleben zu führen, damit diese Schulung effizienter ist und sie ihr Ziel schneller erreichen. Es besteht kein Grund, vor der Welt und Ihrer Familie davonzulaufen. Wenn Sie in der Stadt nicht Herr über Ihr Innerstes sind, werden Sie es auch im Dschungel nicht sein. Denken Sie daran, wenn Sie zu Hause richtig meditieren können, dann sind Sie überall imstande dazu.

18. Braucht man weniger Schlaf, wenn man Entspannung und Konzentration beherrscht?

Der Schlaf ist sehr wichtig. Im Schlaf gewinnen Sie die Energie, mit deren Hilfe der Körper auftanken und sich erholen kann. Es wäre also falsch, wenn man – vor allem im Anfangsstadium – Schlaf durch Meditation ersetzen wollte.

Im Anfangsstadium gilt: Meditation ist Meditation, Schlaf ist Schlaf. Einige glauben, daß das Versenken in der Meditation dem Schlaf gleichkomme. Es ist wahr, daß Meditieren Ihr Nervensystem und Hirn beruhigt, aber Ihr Körper braucht noch zusätzliche Ruhe, und im Schlaf wird er damit versorgt. Wenn Sie weniger schlafen und statt dessen während dem Meditieren eindösen, bringt das überhaupt nichts; denn wenn Sie nicht fähig sind, sich während der Meditation zu konzentrieren, ist das eigentliche Ziel verfehlt.

Versuchen Sie, regelmäßige Schlafenszeiten einzuhalten. Der Erwachsene braucht durchschnittlich 8 Stunden. Eine traditionelle Ansicht besagt, daß Ihr Körper weniger Schlaf braucht, sobald das Chi alle Organe füllt und der Prozeß der Wiedergeburt abgeschlossen ist. Wir müssen aber davon ausgehen, daß in der heutigen Zeit nach neuen Regeln gesucht werden muß und andere Maßstäbe gelten, da wir heute ungeheuer verschiedenen Streßsituationen ausgesetzt sind.

19. Wie wirken sich diese Übungen auf die Emotionen aus? Soll man auch dann meditieren, wenn man gereizt, traurig oder enttäuscht ist?

Alle diese Gefühle beeinflussen Ihre Meditation. Wir leben in einer Welt voller Streß, und niemand ist fähig, ein rundum glückliches oder zufriedenstellendes Leben zu führen. Versuchen Sie mit dem zufrieden zu sein, was Sie haben. Wenn Sie entmutigt sind, machen Sie einige Übungen, einen langen Spaziergang oder etwas anderes, um sich zu beruhigen; dann gehen Sie schlafen, und mit der Zeit werden Sie sich besser fühlen. Es gibt vieles, was hilft. Sie können auch singen oder Ihren Atem zählen oder Mantras wiederholen.

All dies lenkt Sie von Ihrem Kummer ab und bringt Ihnen Ruhe. Vergessen Sie dabei aber nie, zu lächeln und sich zu entspannen. Die taoistischen Übungen haben aber noch andere

Vorzüge. Sie werden entdecken, daß Sie mit der Zeit ruhiger werden, viel gefestigter im Leben stehen und nicht mehr so schnell schlechter Laune werden. Oder: Je mehr sich Ihr Gesundheitszustand bessert, desto stärker wird Ihr emotionales Gleichgewicht. Bei vielen meiner Schüler war das so. Egal wieviel Psychologie Sie studiert, Theorien kennengelernt oder Vorlesungen gehört haben darüber, wie man Zorn und sich selbst unter Kontrolle bringt, wenn Sie nicht wirklich üben, werden Sie keinen Fortschritt erleben.

Viele meiner Schüler haben mir erzählt, sie steckten bis über beide Ohren voller Philosophien, die ihnen aber letztlich keine wirkliche Hilfe waren. Was wir Ihnen damit sagen wollen, ist: Sobald Sie den Kleinen Energiekreislauf hergestellt und Yin und Yang in Harmonie gebracht haben, werden Sie sich glücklicher fühlen, sind Zorn und Streß weniger ausgesetzt, und Sie werden die Welt als schön und alle Menschen als gut erfahren. Wenn Sie aber krank sind und furchtsam wie eine Maus, werden Sie auch von guten, freundlichen, hilfreichen Menschen glauben, daß sie Ihnen schaden wollen.

Ihr wichtigstes Ziel sollte sein, Ihren Körper, Ihr Nervensystem, Ihre Seele, Ihren Geist, Ihr gesamtes Wesen mit Hilfe dieser Übungen gesund zu machen. Denken Sie immer daran, zu lächeln, und tun Sie jeden Tag etwas Gutes. Mehr brauchen Sie nicht. Sie brauchen keinen höheren Meister, der Ihren Geist lenkt. Ihr Geist gehört Ihnen, niemand sonst kann ihn führen. Wenn er von andern geführt werden muß, dann sind Sie in echter Bedrängnis.

20. Unterstützt rhythmisches Atmen oder Singen die Zirkulation im Kleinen Energiekreislauf?

Grundsätzlich nicht. Ich mag das vielleicht einigen Schülern ganz am Anfang empfehlen, damit sie schneller zur Ruhe kommen, lege ihnen aber nahe, möglichst bald ohne dies weiterzuüben. Das einzige, was es braucht, ist die Konzentration auf das Energiezentrum, an dem Sie gerade arbeiten. Wenn Sie sich auf

Ihren Atem konzentrieren, kann sich die Kraft respektive der warme Energiestrom nicht in dem Zentrum sammeln, sondern verteilt sich.

Ich habe viele Schüler, die vorher schon jahrelang (einige seit 20 oder 30 Jahren) meditiert hatten und mir versicherten, daß sie während all dieser Zeit nie irgendeine außergewöhnliche Energie verspürt hatten. Als sie zu mir kamen, riet ich ihnen, sich nur auf die Punkte zu konzentrieren und dem Atem keine Aufmerksamkeit zu schenken. Viele spürten schon während ihrer ersten Sitzung, zum Teil schon nach wenigen Minuten, Seligkeit und Kraft und waren in tiefer Konzentration. Sie alle waren gut vorbereitet und hatten viel Energie in Reserve, wußten aber nicht, wie man sie aktivieren und in die richtigen Bahnen fließen lassen kann.

Es gibt unzählige Atemtechniken, und sie alle machen es einem schwer, den warmen Energiestrom zu spüren. Wenn Sie sich auf den ausgewählten Punkt konzentrieren und dem Atmen keine Aufmerksamkeit schenken, wenn Sie Ihren Geist von allen Inhalten freimachen und sich ausschließlich auf diesen Punkt konzentrieren, dann wird die Kraft frei strömen. Halten Sie bei der Konzentration den Punkt wie beiläufig im Auge, ohne sich gewaltsam anzustrengen; es ist nicht ein Akt großer Willenskraft, sondern eine Art passives Beobachten, bei dem Sie sehr ruhig und entspannt werden.

21. Helfen Sie Ihren Schülern beim Öffnen der Bahnen, indem Sie Energie auf sie übertragen?

Wenn jemand das erste Mal zu mir kommt, ist es möglich, daß ich ihm Energie übertrage. Einige spüren nach meiner Berührung den warmen Energiestrom innerhalb weniger Minuten. Der Körper fühlt sich an, als ob er von einem elektrischen Schlag getroffen worden wäre, beginnt vielleicht zu vibrieren und fällt in tiefe Konzentration. Wenn ich meinen Schülern hingegen lediglich die Energiebahnen beschreibe und sie selber nicht berühre, können sie sich tief konzentrieren, spüren die

Energie durch den Körper fließen und atmen unregelmäßig, oft schnell und flach. Einmal kam jemand zu mir, der schon bei dieser ersten Begegnung den Kleinen Energiekreislauf herstellte und dabei die Erfahrung von großer innerer Schönheit, des Friedens und tiefer Einsicht in sein innerstes Selbst machte; auch das kommt vor.

22. Entstehen bei dieser Methode irgendwelche Nebenwirkungen?

In China haben die Taoisten diese Methode studiert und ausgeübt, und im Verlaufe von 8000 Jahren wurden uns all ihre zeitlebens gesammelten Erfahrungen weitergegeben. Der Kreislauf ist bekannt, und so ist es sehr einfach, jemanden zu führen. Charakteristisch für den warmen Energiestrom respektive das Chi ist, daß es dazu neigt, in den Kopf zu steigen, welcher der wichtigste Teil des Nervensystems ist. Wenn es sich dort ansammelt und Sie nicht wissen, wie Sie es von dort wieder ableiten können, kann das Gehirn Schaden nehmen. Wenn Sie sich aber allmählich immer größer werdenden Energiemengen aussetzen, kann man sich entsprechend anpassen, und die Gefahr ist gebannt. Nimmt man sich nicht die erforderliche Zeit, um den Energiestrom zu regulieren, und hat man nicht genügend Sicherheitsventile, bezahlt man mit einer Überlastung, welche zu Schmerzen, Angstzuständen, akuter Hirnschädigung und Geisteskrankheit führen kann. Es gibt einige wenige Menschen, welche die Kraft schnell und ohne Nebenwirkungen in den Kopf leiten können, aber sie sind Ausnahmen.

Der Kleine Energiekreislauf ist ein sicheres System, denn sobald die zwei Hauptkanäle offen sind, zirkuliert die Energie selbsttätig in einem Kreis. Es kann sich deshalb an einem einzigen Punkt nie so viel Energie ansammeln, daß schweres Unbehagen oder Schmerzen entstehen können. Sobald Sie die Energie in nur eine Richtung lenken, beispielsweise in die höheren Zentren des Kopfes, entlädt sich dort alles – so wie ein Wasserschlauch birst, wenn ein Knick die Wassermassen am

Weiterfließen hindert: Der Druck kann nirgendwohin entweichen, es bleibt nur die Explosion.

Das taoistische System verfügt über zusätzliche Sicherheitskanäle. Wenn sich im Kopf zuviel Energie ansammelt, kehren Sie den Strom um und lenken die Energie über Ihren Rücken zu den Füßen und auf der Vorderseite hinauf zu Zunge/Gaumen. Wenn Sie die Zunge an den Gaumen legen, ist der Kreis geschlossen und die Energie von Lenker- und Dienergefäß verbunden. Wenn man einen Tunnel durch einen Berg baut, ist es ähnlich: Man benötigt viel weniger Zeit, wenn man von beiden Seiten mit dem Bau beginnt und sich in der Mitte trifft. Und genau das machen wir, wenn wir die zwei Bahnen in einem einfachen Kreis miteinander verbinden.

23. Warum fühle ich mich nach dem Meditieren müde?

Die Konzentration auf den warmen Energiestrom ist eine geistige Übung. Beim Reinigen des Nervensystems Ihres Organis-

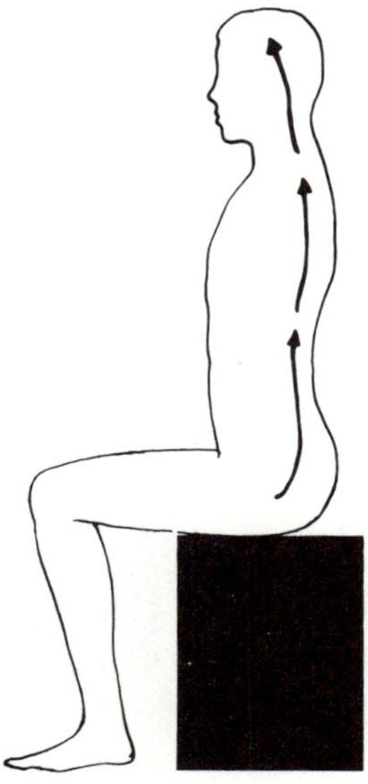

mus werden große Energiemengen verbrannt. Im Anfangsstadium Ihrer Übungen werden viele Reparaturarbeiten an Ihrem Körper ausgeführt, und nach der Meditation fühlen Sie sich vielleicht müde oder haben Rückenschmerzen. Die taoistische Meditation ist ein Prozeß der Wiedergeburt, das heißt, der kranke und geschädigte Körper erschafft sich sukzessive die Lebensenergien eines Neugeborenen. Dazu wird viel Energie und Substanz benötigt. Wer stark und gesund ist, wird sich nach der Meditation erholt fühlen. Wer krank oder angegriffen ist oder meint gesund zu sein, es in Wirklichkeit aber nicht ist, wird sich zu Beginn schläfrig oder müde fühlen, weil für diesen Wiederherstellungs- und Aufbauprozeß sehr viel Energie verbraucht wird. Ganz allmählich wandelt man sich zu einem stärkeren, kräftigeren und auch friedvolleren Menschen. Außerdem verlangt diese Methode nach einer allmählichen Änderung und Umstrukturierung der gesamten Persönlichkeit. Toxine werden ausgespült und Gewebe ersetzt; vielleicht können Sie Ihre Müdigkeit damit verscheuchen, daß Sie eine Handvoll Trauben oder andere süße, saftige Früchte essen. Je länger Sie diese Meditation ausüben, desto besser werden Sie sich fühlen. Sobald der Wiederaufbauprozeß abgeschlossen ist, werden Sie sich durch Ihre Meditationssitzungen belebt und erfrischt fühlen.

24. Welches sind die Vorteile des Kleinen Energiekreislaufs?

Der Mikrokosmos ist die Basis der taoistischen Meditation. Indem Sie das Chi in diesem einfachen Kreislauf zirkulieren lassen, erzeugen Sie Energie, die im Nabel gespeichert wird. Der Körper weiß, welche Organe mit zusätzlicher Energie versorgt werden müssen, und indem Sie diesen warmen Energiestrom kreisen lassen, erhalten die Organe, Drüsen und das Blut automatisch diese Energie.

4. Teil

Praktische Anwendung der Tao-Energie für die Heilung

Der Kleine Energiekreislauf hilft, die Widerstandskraft des Körpers gegen Erkrankungen zu stärken, indem er seine Energie harmonisiert. Das innere Lächeln ist das Urbild der reinen, bedingungslosen Liebe zu sich selbst. Wenn wir das innere Lächeln üben und das Chi im Kleinen Energiekreislauf strömen lassen, kommen wir zu einem Verständnis unseres Körpers auf einer tieferen Ebene und lernen Liebe, Selbstrespekt und Selbstwertgefühl in unserem Innern zu erzeugen. Unser Körper ist von seiner Anlage her ein perfekter Mechanismus, der Geist und Seele dienen soll. Doch erreichen wir diesen Zustand nur, wenn alle Teile dieses Mechanismus in Harmonie mit allen anderen funktionieren.

Der Kleine Energiekreislauf ermöglicht es uns, eine achttausend Jahre alte Entdeckung der chinesischen Meister im Alltag anzuwenden. Seine Anwendungsmöglichkeiten sind fast unbegrenzt. Wenn Sie regelmäßig üben, wird Ihr Leben von einer größeren Gelassenheit, Klarheit und Energie erfüllt werden. Indem Sie das Chi im Kreislauf strömen lassen, erschließen Sie sich außerdem das Tor zur höheren Erkenntnis des Tao, des harmonischen Ablaufs der Natur.

11. KAPITEL

Der Kleine Energiekreislauf im Spiegel der Medizin

Der Wert des Taoistischen Chi-Kreislaufs aus der Sicht eines Mediziners

von C. Y. Hsu, M. D.

Die Theorie vom Chi stellt seit über zweitausend Jahren die Grundlage der klassischen chinesischen Medizin dar. Es heißt, daß das Chi durch ein Kanalsystem im Körper ströme und daß eine Störung dieses Fließens, aus welchem Grunde auch immer sie erfolgen mag, zur Erkrankung führe. Folglich ist die medizinische Anwendung darauf gerichtet, den normalen Fluß des Chi – und damit die Gesundheit des Patienten – wiederherzustellen.

Im Gegensatz zum Blutkreislauf ist es jedoch schwer, den Energiestrom konkret festzustellen. Wissenschaftler auf der ganzen Welt versuchen schon seit Jahrzehnten, die Existenz solcher Chi-Kanäle nachzuweisen, doch ohne Erfolg.

Als ich von Meister Chias Methode der Chi-Erweckung erfuhr, war ich davon fasziniert und beschloß, es einmal damit zu versuchen. Nach viermonatigem Üben begann ich ein beständiges Gefühl der Wärme im Unterleib zu spüren. Kurz darauf gelang es mir unter Meister Chias Anleitung, diese Energie willentlich durch die Hauptkanäle meines Körpers zu lenken. Doch nicht genug damit, daß diese seltsame Energie jenen Bahnen folgte, die in der klassischen chinesischen Medizinliteratur erwähnt werden – sie sammelte sich auch an jenen Stellen, die den wichtigsten klassischen Akupunktur-Punkten entsprachen.

Wenn es tatsächlich ein den Körper durchströmendes Energiesystem gibt, so ist es nur logisch, auch davon auszugehen, daß die Aufrechterhaltung eines normal funktionierenden Energiestromkreises von größter Wichtigkeit ist. Meister Chias Methode der Erschließung des Chi-Stroms bietet eine wunderbare Möglichkeit für die Entwicklung unseres körperlichen und seelischen Wohlbefindens.

C.Y. Hsu, M.D.
Klinischer Assistenzprofessor für Anästhesie
Leitender Mediziner der Acupuncture and Nerve Block Clinic am Albert Einstein College of Medicine, Bronx, New York
Zweiter Anästhesist am Flushing Hospital & Medical Center Flushing, New York

Geschichtlicher Überblick über den Taoismus und die Kunst der Heilung

von Stephen Pan, Ph. D.

Seit vielen Jahrhunderten wenden die alten Chinesen, die Hindus, Araber, Juden und Christen Meditations- und andere Übungsformen an, um dem Menschen damit zu einem größeren seelischen und körperlichen Wohlbefinden zu verhelfen. In China nennen die Taoisten diese Kunst «Chi Kung» oder die «Kultivierung der Energien». Taoistischen Klassikern zufolge war es der vor etwa 8000 Jahren lebende Tu Hse, ein Nachfolger zahlreicher vorgeschichtlicher Weiser, der damit begann, die acht Trigramme des I Ging wie die große Kraft der Wahrnehmung und die Kraft der Vereinfachung schwer verständlicher Schriften anzuwenden. So schuf dieser große taoistische Weise ein vollkommenes System von Yoga- und Meditationsübungen, in das er die Erkenntnisse der taoistischen Philosophie einbezog.

Vielleicht ist es mehr als ein Zufall, daß das indische System des Kundalini Yoga einige Ähnlichkeiten mit dem taoistischen Chi Kung aufweist. Vor mehr als 2000 Jahren reiste der indische Meister Bodhidharma nach China, wo er neun Jahre lang vor einer Wand im Shaolin Tempel meditierte. Er begründete eine Schule, welche die indischen Übungen auf neue Weise mit einbezog. Seit der Gründung dieser Schule haben viele sehr begabte Chinesen die Meditation, wie sie von diesem indischen Meister gelehrt wurde, geübt und allmählich auf die spezifischen Eigenarten der chinesischen Kultur zugeschnitten.

Diese esoterischen Praktiken stellten einen integralen Bestandteil der sich entwickelnden chinesischen Medizin dar, welche die Akupunktur, die Kräuterheilkunde und andere Aspekte einer, wie wir es heute ausdrücken würden, «holistischen» bzw. «ganzheitlichen» Heilkunde bis zu einem Verfeinerungsgrad ausarbeitete, wie ihn keine andere frühe Zivilisation erreichte. Aus verschiedensten politischen Gründen erfuhr dieses Wissen im vierzehnten Jahrhundert jedoch einen Niedergang. Zahlreiche Lehrer wurden aus ihren Schulen vertrieben und sahen sich dazu gezwungen, in den Untergrund zu gehen.

Die verschiedenen Angangsweisen und Methoden dieser Heilungskünste wurden in einer chinesischen taoistischen Enzyklopädie festgehalten, die Hunderte von Bänden umfaßt. Man hat die taoistische Methode in mehr als zehn Wissensgebiete unterteilt, die ganz verschiedene Übungsmethoden aufweisen, so daß ihr Spektrum von Atemtechniken bis zu alchemistischen Geheimnissen reicht.

Erst heute beginnen westliche Mediziner zu erkennen, daß die alten Meister tiefgründige Aspekte der menschlichen Seele und des menschlichen Körpers erfaßt hatten, noch dazu ohne die Hilfe hochtechnisierter Diagnosemaschinen. Die Schwierigkeit, die sich dem westlichen Mediziner von heute stellt, besteht in der Geheimhaltung, ja Verschleierung, welche diese chinesischen Praktiken umgibt und eine offene Untersuchung geradezu verhindert.

Mantak Chia ist einer der ersten chinesischen Meister, der in den Westen gekommen ist und sowohl die traditionellen, als auch die esoterischen Heilkünste Chinas beherrscht: Diätetik auf der Grundlage der Fünf Aktivitäten, Kräuterkunde, Tai Chi Chuan, Massage, Moxa-Therapie, Heilende Hand, Fünfinger-Kung Fu, Samen- und Ovar-Kung Fu und die Meditationspraktiken des Tao Yoga.

Chia ist Erbe einer geheimen Methode, die bisher stets nur von Mund zu Ohr weitergegeben wurde. Anders als seine Vorgänger ist er der Meinung, daß es an der Zeit ist, sein Wissen einer breiteren Öffentlichkeit zugänglich zu machen. In diesem Buch hat er versucht, das, was er selbst gelernt und erfahren hat, wie auch die Erfahrungen seiner Schüler zu vereinfachen und in ein System zu fügen, welches traditionelle und moderne Medizin integriert.

Die medizinischen Anwendungsmöglichkeiten des esoterischen chinesischen Systems sollen beträchtlich sein, und sie umfassen Heilmethoden für ein breites Spektrum von Krankheiten:

1. Asthma und Chronische Bronchitis
2. Rheumatismus und Arthritis
3. Hypertonie
4. Schlafstörungen
5. Leberzirrhose
6. Lungentuberkulose
7. Migräne
8. Häufige Erkältungen und andere in kürzeren Abständen auftretende Erkrankungen
9. Tumore

Werden die Übungen gewissenhaft und langfristig ausgeführt, also mindestens über zwei Jahre, möglichst aber bis zum Lebensende, so kann es viele Degenerationserscheinungen des Alters verzögern helfen: Hautveränderungen, Senilität, verminderte Reaktionsschnelligkeit, Gedächtnisschwäche, Gehschwierigkeiten und das altersspezifische häufige Auftreten verschiedener anderer Erkrankungen.

Wer dieses System gewissenhaft praktiziert, wird oft über neunzig Jahre alt und bleibt dabei wach und gesund, kann ohne Mühe noch joggen, wandern und bergsteigen und gelangt in den Genuß einer gesteigerten Lebensfreude, wie sie nur wenige Menschen im Alter noch kennen. Es wird auch überliefert, daß viele ihren eigenen Todeszeitpunkt vorhersehen konnten und friedlich und würdevoll in Meditationshaltung von dieser Welt gingen.

Man sollte jedoch auch erwähnen, daß ein Arzt im alten China als Versager galt, wenn man unter seiner Anleitung überhaupt erst krank wurde. Die besten Ärzte waren jene, die ihre «Patienten» darin übten, Erkrankungen durch Stählung der Gesundheit von vorneherein zu vermeiden. Die Verheißung des Esoterischen Tao Yoga offenbart uns Methoden, mit deren Hilfe wir die verschiedenen Energiesysteme im Körper in einen harmonischen Einklang bringen können.

Stephen Pan, Ph. D.
Direktor des East Asian Research Institute
New York, N. Y.

Ein Arzt auf der Suche nach der taoistischen Heilungsenergie

von Lawrence Young, M. D.

Als ich zwölf Jahre alt war und gerade in Hongkong in die Mittelschule kam, war ich in einem Alter, in dem Fantasien und Heldenverehrung mein Leben bestimmten. Ich war wie versessen auf Physik, Mathematik, Atombomben, Wasserstoffbomben und Kernreaktoren. Albert Einstein war mein Idol, und ich wollte unbedingt Physiker werden, um die allerkleinsten Bestandteile von Energie und Materie zu entdecken und gleichzeitig die Galaxien und das sich unentwegt ausdehnende Universum zu erforschen.

Merkwürdigerweise las ich ausgerechnet in dieser Phase von den esoterischen Erfahrungen des Meisters Yun. Sie waren auf chinesisch geschrieben, und ich hatte das große Glück, klassisches und modernes Chinesisch lesen zu können wie auch die vereinfachten Schreibsysteme dieser Sprache. So verbrachte ich viele Stunden nach dem Unterricht lesend in der Schule und in den öffentlichen Bibliotheken Hongkongs. Dort las ich auch über Meisters Yuns seltsame Erfahrung.

Im Jahre 1900 war Meister Yun 28 Jahre alt. Sein Heimatdorf wurde von Lungentuberkulose heimgesucht, der schon viele Dorfbewohner, sein Vetter eingeschlossen, zum Opfer gefallen waren. Schließlich befiel ihn ein Husten, der sich hartnäckig über mehrere Monate hinzog. Eines Tages hustete er eine große Menge Blut aus und geriet in Panik. Deshalb suchte er die Dorfältesten und die traditionellen Kräuterdoktoren auf. Alle bestätigten sie ihm, daß es zu dieser Zeit für Lungentuberkulose keine Behandlung gab. Er konnte seine Hoffnung lediglich auf viel Sonnenlicht, frische Luft und lange Ruheperioden und Entspannung setzen.

Allerdings hatten sie auch noch eine weiterführende Idee: Das letzte Kapitel des Buchs *Annotated Chinese Medicinal Formulae* empfahl nämlich die Taoistische Meditation als beste Form der Entspannung. Es fand sich auch ein Hinweis, daß die Vervollkommnung des Kleinen Himmelszyklus mit Hilfe der Taoistischen Meditation die körpereigene Abwehr so weit stärken kann, daß sie imstande ist, Krankheiten zu überwinden. Meister Yun hatte zwar schon als Heranwachsender Taoistische Meditation praktiziert, doch ohne nennenswerte Auswirkungen; ihm war dabei allerdings aufgefallen, daß er sich nach den Übungen stets kräftiger fühlte, solange er sie regelmäßig durchführte. Den Tod im Nacken, las er sorgfältig in dem erwähnten Buch, arbeitete sich in die Methodik ein und befragte die Dorfältesten, um sich gewisse Einzelheiten erklären zu lassen. Dann machte er sich daran, viermal am Tag zwei Stunden zu praktizieren, wozu er sich in eine kleine Hütte zurückzog.

Am fünfundachtzigsten Tag spürte er plötzlich, wie es in seiner Nabelgegend zu vibrieren begann und ein Hitzestrom sein Rückgrat empor und in den Hinterkopf schoß. Die gleiche Art der Vibration trat in den folgenden sechs Nächten ein, und zwar jedesmal, wenn er seine Übungen machte. Nach diesem Vorfall schien sein Körper wie verwandelt zu sein. Alle Krankheitssymptome waren verschwunden, und er fühlte sich so leicht und klar wie nie zuvor in seinem Leben.

Eines Nachts, es war schon zwei Jahre später, begann es wieder in seiner Nabelgegend zu vibrieren. Dies wiederholte sich insgesamt während dreier Nächte. Von selbst schossen ihm Vibration und Hitze die Wirbelsäule hoch in den Hinterkopf und verursachten ihm dadurch starke Schmerzen. Eines Abends hatte er plötzlich das Gefühl, als würde sein Schädel aufgespalten, und eine Hitzeempfindung wirbelte unterhalb seiner Schädeldecke immer wieder rundherum. Dies geschah von nun an jedesmal, sobald er sich zum Üben hinsetzte.

Nach sechs weiteren Monaten begann es in seiner Nabelgegend plötzlich wieder zu vibrieren, und wieder schoß die Hitze ihm bis zum höchsten Punkt des Kopfes hoch, wo sie sich wirbelnd drehte, um schließlich sein Gesicht hinabzuströmen und wieder zu seinem Nabelpunkt zurückzukehren. Dies geschah in der Folge während jeder Übungssitzung: Immer schoß die Hitze sein Rückgrat empor, bis sie seinen Scheitel erreichte, strömte daraufhin sein Gesicht hinab und kehrte zu seinem Nabel zurück; danach kreiste und strömte die Hitze ohne Unterlaß immer auf derselben Bahn. Meister Yun blieb gesund, wurde über neunzig Jahre alt und führte dabei ein ganz normales, weltliches Leben.

Ich erwähne Meister Yuns persönliche Erfahrung deshalb, weil seine im Jahre 1914 erstmals veröffentlichte Autobiographie einen wichtigen Wendepunkt in der Taoistischen Meditation darstellt. Denn vor ihm hatte noch niemand über die Methodik, die persönliche Erfahrung, die wohltuenden Wirkungen und die Nebenwirkungen in einer solch einfachen, klaren Sprache geschrieben. Es gibt zwar eine Unzahl esoterischer taoistischer Schriften im klassischen Chinesisch, aber die genaue Vorgehensweise und die Erfahrungsberichte werden darin stets hinter einer geheimnisvollen, rätselhaften Sprache versteckt. Die Vorteile der Übungen werden sehr ausführlich beschrieben, doch werden die Begleiterscheinungen meistens verschwiegen.

Fasziniert von Meister Yuns Bericht, machte ich mich also im Alter von zwölf Jahren daran, begierig alle taoistischen Klassiker zu lesen, derer ich habhaft werden konnte. Doch mußte ich leider eine große Enttäuschung erleben, da ich das Chinesisch dieser Texte zwar im wörtlichen Sinne verstehen konnte, sie mir aber in einem unverständlichen Kode geschrieben zu sein schienen, den ich einfach nicht zu brechen vermochte. Nun begann für mich eine endlose Pilgerreise zu allen möglichen taoistischen und buddhistischen Tempeln. Einen nach dem anderen suchte ich auf, mußte aber erfahren, daß die Meditationsprogramme dort mit einer Unmenge von Ritualen, Philosophien und religiösen Vorstellungen verbrämt waren. Da ich mich weigerte, die Rituale durchzuführen, konnte ich auch nicht in die taoistische Praxis eingeweiht werden. Darüber hinaus machte mir die Tatsache zu schaffen, daß Meister Yun selbst keinen Lehrer gehabt, sondern lediglich aus einem Buch über chinesische Medizin gelernt hatte, ohne jemals durch bestimmte Rituale in den praktischen Taoismus eingeweiht worden zu sein. Immerhin gelang es mir jedoch, mich mit einer ganzen Reihe taoistischer Lehrer zu unterhalten, wie auch mit vielen ihrer Schüler, die heute in Hongkong als Gelehrte oder auch als erfolgreiche Geschäftsleute tätig sind. Von ihnen erfuhr ich einiges über ihre persönlichen Erfahrungen, was den Energiefluß und die gesundheitlichen Verbesserungen betraf, wie Meister Yun sie in ähnlicher Form erlebt hatte.

Eingeweihte Taoisten sprachen von einer stufenweisen Einführung in die Erfahrungen, die Meister Yun gemacht hatte, und auch von Ebenen, die noch darüber liegen sollen. Meister Yun jedoch war nicht Stufe um Stufe vorgegangen: Er hatte nur einen einzigen Schritt getan und war dennoch damit zu seinen geschilderten Erfahrungen gelangt.

Die Zeit an der Universität war leider recht anstrengend, und es gab dort so viel Neues, Anziehendes wie Ablenkendes, daß ich mit Beginn meines Medizinstudiums damit aufhörte, mich in buddhistische und taoistische Meditationen zu vertiefen. Die arbeitsreiche Zeit der Pflichtassistenz und meine Niederlassung taten ihr übriges, um mich von meinen Forschungen abzuhalten. Erst einige Jahre später, als ich bereits selbst praktizierte, erwachte mein Interesse von neuem: Denn obwohl ich alle Mittel einsetzte, die der modernen Medizin zur Verfügung standen, gab es immer noch viele Patienten, die einfach nicht gesundeten; manche von ihnen starben auch – vielleicht unnötigerweise.

Eines Tages erinnerte ich mich plötzlich wieder an Meister Yuns Erlebnis wie auch an die Ratschläge der zahlreichen taoistischen und buddhistischen Eingeweihten und Lehrer, denen ich begegnet war. Ich überlegte mir: «Wenn ein Patient schon erfolglos alles versucht hat, was die Medizin ihm zu bieten hat, dann sollte er wenigstens das Recht darauf haben, es mit einigen ungefährlichen geistigen Techniken zu versuchen, wie etwa mit der Meditation.» Erneut ging ich auf Pilgerschaft, indem ich Yogis, Taoisten und Buddhisten aufsuchte, die Meditation lehrten, und ich befaßte mich auch mit Biofeedbackforschung und Streßminderungstechniken.

Mantak Chia ist einer dieser Lehrer, denen ich im Laufe meiner Suche begegnet bin. Er ist fähig, das, was Meister Yun erfuhr, zu vermitteln und noch darüber hinaus das zu können, was auch die taoistischen Eingeweihten tun. Wiewohl er selbst ein taoistischer Eingeweihter ist, befrachtet er sein Übungsprogramm dennoch nicht mit taoistischen Ritualen, Religionsvorstellungen oder Philosophien. Er ist ein konvertierter Christ, der handelt, anstatt nur zu reden, und so vermittelt er seinen Schülern fundierte Übungsschritte, ohne sie dabei mit hochtrabenden Philosophien zu belasten.

Ich habe inzwischen viele seiner Schüler befragen können, und ich glaube, daß über die Hälfte von ihnen, die regelmäßig üben, ihre Energiebahnen öffnen und zu sehr intensiven Erfahrungen gelangen sowie merkliche gesundheitliche Verbesserungen erzielen. Die anderen Schüler öffnen ihre Energiekanäle, ohne intensive Erfahrungen dabei zu erleben, doch sind auch bei ihnen deutliche gesundheitliche Verbesserungen zu beobachten. Nur eine sehr geringe Anzahl von Schülern hat keinen Erfolg oder gibt die Praxis gänzlich auf. Dagegen konnte ich keinerlei negative Nebenwirkungen beobachten, obwohl alle Schüler bereit gewesen waren, alle Arten von ungewöhnlichen Körpererfahrungen zu riskieren. Seine Schüler setzen sich aus allen möglichen Berufen und gesellschaftlichen wie rassischen Schichten zusammen.

Betrachtet man alles zusammen, so kann man behaupten, daß Mantak Chia einer der wenigen lebenden Erben der großen taoistischen Tradition ist. Er hat Zugang zu der verschlüsselten Sprache der taoistischen Klassiker, und er schreibt die Enzyklopädie des Esoterischen Taoismus in einer leichtverständlichen Sprache für jedermann, indem er jahrhundertelang gehütete Geheimnisse preisgibt und in einem einfachen, fundierten, stufenweise vorgehenden Übungsprogramm zusammenfaßt. Es dürfte eine ganze Reihe taoistischer Meister und Eingeweihter geben, die alles andere als einverstanden damit sind, daß er dieses bisher so geheimgehaltene Wissen offenherzig weitergibt!

Wenn dieses Wissen zum Zwecke der Gesundheitspflege und der Heilung verbreitet wird, so ist dies moralisch gerechtfertigt. Glücklicherweise weigert Chia sich, höhere Wissensstufen zu vermitteln, die zu paranormalen Fähigkeiten führen können, bevor der Schüler sich nicht als friedlicher und vertrauenswürdiger Bürger bewiesen hat, der bereit ist, der Menschheit zu dienen und sein esoterisches Wissen selbstlos und großmütig zum Wohle der Bedürftigen einzusetzen.

Ich wünsche Mantak Chia jeden nur erdenklichen Erfolg für sein hochgestecktes Ziel.

Lawrence Young, M. D., ist selbständig praktizierender Internist in New York City. Er ist Direktor des National Clearinghouse for Meditation, Relaxation and Related Therapies und Herausgeber des National Report dieser Institution.

12. Kapitel

Persönliche Erfahrungen mit dem Kleinen Energiekreislauf

Chia: Als ich in die USA kam, habe ich zunächst als Akupunkteur praktiziert. Im Laufe der Zeit bemerkte ich, daß mir viele Patienten von einem Arzt überwiesen wurden, der sich für Chi Kung interessierte. Immer wenn er Problemfälle hatte, die mit der herkömmlichen westlichen Medizin nicht zu heilen waren, schickte er diese Patienten zu mir. Inzwischen lebe ich seit vier Jahren in Amerika, und es hat über zwei Jahre gedauert, bis ich diesen guten Doktor endlich einmal persönlich kennenlernte. Er war sehr angetan davon, wie eine Reihe der von ihm überwiesenen Patienten auf meine Behandlung angesprochen hatten. Deshalb bat er mich darum, meine Schüler befragen zu dürfen, von denen etwa die Hälfte seine Patienten waren. Ich willigte ein, und nach einer Weile veröffentlichte er ein Buch mit dem Titel *Reports of the National Clearinghouse for Meditation, Relaxation and Related Therapies,* mit dem er darauf abzielte, die medizinische Fachwelt Amerikas für, wie er sie nannte, «Forschungsberichte» zu interessieren, die sich mit den Auswirkungen von Meditation auf die körperliche und geistige Gesundheit befassen. (Dieser Bericht kann in englischer Sprache bezogen werden von: National Clearinghouse for Meditation, Relaxation and Related Therapies, P. O. Box 3184, Church Street Station, New York, N.Y. 10008, USA.)

Die Fallstudien befaßten sich mit Menschen, die seit vielen Jahren unter Kopfschmerzen gelitten hatten, mit Asthmatikern und Patienten mit den verschiedensten Erkrankungen, wie etwa: Allergien, Schlafstörungen, Hypertonie, Magengeschwüren, Verstopfung, Herzerkrankungen, Hämorrhoiden, chronischer Mattigkeit, Übergewicht und Rückenschmerzen im Beckenbereich. Doktor Young ist inzwischen recht zuversichtlich, daß diese Methoden schon binnen zehn bis zwölf Jahren in diesem

Land fester Bestandteil der regulären Ärzteausbildung sein werden. Tatsächlich haben sie große Chancen in der Präventivmedizin wie auch als Weg, mit dem das Potential des Menschen voll ausgeschöpft werden kann.

Beim Jahreskongreß der American Holistic Medical Association in La Crosse, Wisconsin, hielt ich einen Workshop ab, an dem zahlreiche Ärzte, Krankenschwestern und Ganzheitsmediziner teilnahmen.

Unter den Teilnehmern dieses Workshops befand sich auch eine Krankenschwester, die bereits vier Jahre die Meditation der Geistesstille geübt hatte. Sie berichtete, daß sie in letzter Zeit ein Hitzegefühl in ihrem Kopf, besonders aber im Gaumen gespürt hatte, wenn sie meditierte. Manchmal schob sich ihre Zunge während der Meditation automatisch gegen den Gaumen, und sie bekam einen Schock, der sich durch ihren ganzen Körper zog. Das ängstigte sie sehr; doch im Verlauf des Workshops erfuhr sie, daß die Zunge als Brücke fungiert, die die beiden Kanäle verbindet, welche zusammen den Kleinen Energiekreislauf herstellen. Am selben Abend meditierte sie erneut und fühlte sich so energiegeladen, daß sie einfach immer weiter meditierte und in dieser Nacht überhaupt nicht mehr zum Schlafen kam. Dennoch fühlte sie sich den ganzen folgenden Tag erfrischt und energiegeladen.

Im Verlauf von drei Workshops stellten vier Teilnehmer spotan den Kleinen Energiekreislauf her, und bei vielen anderen waren Anzeichen davon zu bemerken, daß sie dieses Ziel ebenfalls in allernächster Zeit erreichen würden. Unter den Teilnehmern befand sich auch ein Arzt, der seit etwa zehn Jahren Transzendentale Meditation praktizierte und während seiner Übungen bereits Hitze- und Lichtempfindungen im Kopfbereich an sich beobachtet hatte. Nachdem er in La Crosse gelernt hatte, wie die Energie im Körper natürlicherweise fließt und wie man die Zunge während der Übungen an den Gaumen drückt, gelang es ihm, den Energiekreislauf herzustellen. Durch Konzentration auf seinen Nabel nahm er das Licht wahr, wie es in seinem Kleinen Energiekreislauf strömte.

Als das Seminar zu Ende war, äußerten mehrere Ärzte die

Meinung, daß das Konzept des Kleinen Energiekreislaufs als ständiger Fluß in einer Kreisbahn wesentlich einleuchtender sei als jenes, bei dem man die Energie lediglich in den Kopf empor lenkt oder ihr überhaupt keine bestimmte Zielrichtung verleiht, wie dies bei manchen Yoga-Praktiken der Fall ist.

Es folgen nun Tonbandaufzeichnungen von Workshops über den Kleinen Energiekreislauf, die Mantak Chia in New York City, Boston, Boulder, San Francisco, Los Angeles und Tampa abgehalten hat. Die Teilnehmer (hier als «Schüler» bezeichnet) wurden darum gebeten, ihre Erfahrungen mit dem Kleinen Energiekreislauf zu schildern und entsprechende Fragen zu stellen. Die Anworten gaben Mantak Chia und der Ausbilder Gunther Weil.

Schüler: Ich habe den Kleinen Energiekreislauf jeden Morgen geübt. Insgesamt verwende ich pro Tag etwa eine Stunde darauf. Ich spüre, wie die Hitze meinen Körper durchströmt. Manchmal spüre ich auch eine Art kühle Energie. Gelegentlich habe ich das Gefühl, als sei mein Unterleib mit Energie angefüllt. Während meiner Übungen kommt es immer wieder zu ganz spontanen, ungewollten Bewegungen. Die ersten Male war ich etwas verunsichert, was da los sei, und ich merkte, daß ich sie unterbinden konnte. Nachdem ich mich jedoch wieder entspannt hatte, begannen sie erneut, und so kam ich zu dem Schluß, daß diese Bewegungen von meinem Körper selbst ausgelöst werden und nicht von meinem Verstand.

Chia: Das ist nichts Ungewöhnliches. Wer Yoga, Zen und TM praktiziert, macht meistens dieselben Erfahrungen. Diese Drehbewegungen sind individuell bedingt, aber auch Zeit und Ort spielen dabei eine gewisse Rolle. Sie entstehen jedoch stets dadurch, daß bestimmte Körperbereiche Blockaden gegen den Energiestrom aufgebaut haben. Also leisten sie zunächst Widerstand, um sich dem Strom schließlich zu öffnen.

Schüler: Was soll ich tun, wenn ich nicht jeden Tag eine halbe Stunde Zeit zum Üben habe?

Chia: Man kann den Kleinen Energiekreislauf überall und zu jeder Zeit üben, und wenn es nur eine Minute lang ist. Man kann sogar nur eine halbe Minute üben! Ich möchte hier ausdrücklich betonen, daß Sie immer dann, wenn sie auch nur eine einzige Minute Zeit zur Verfügung haben, lächeln und sich bis zum Nabel entspannen sollten. Wenn Sie das tun, werden Sie merken, wie sich der Kleine Energiekreislauf in Bewegung setzt. Wenn Sie diese knappen Zeitspannen dann am Ende des Tages einmal zusammenrechnen, werden Sie staunen, wieviel Zeit Sie tatsächlich auf Ihre Übungen verwendet haben!

Schüler: Muß man sämtliche Organe durchströmen lassen?

Chia: Nein, auf Ihrer gegenwärtigen Stufe sollten Sie einfach nur lächeln, sich entspannen, Ihr Herz mit einem Gefühl der Liebe erfüllen und die Liebesenergie sich über ihren ganzen Organismus ausbreiten lassen. Am Anfang muß man jedes Organ einzeln behandeln, genau wie Sie es gelernt haben. Es ist wie das Lernen des ABC: Je mehr Sie darin geübt sind, um so mehr wird es zu einem Teil von Ihnen und um so schneller können Sie lesen. Genauso ist es mit dem Lächeln: Mit etwas Übung wird Ihr Lächeln binnen kürzester Zeit alle Organe und Drüsen mit Lächeln und Liebe erfüllen. Dann sollten Sie das Gefühl haben, als würde etwas in Ihren Unterleib absinken. Wenn Sie nun Ihren Nabelbereich spüren, konzentrieren Sie sich darauf, und schon in einigen Augenblicken werden Sie merken, wie der Kreislauf einsetzt.

Der Kleine Energiekreislauf ist deshalb so wichtig, weil er Ihnen beibringt, wie man mit Hilfe der Aufmerksamkeit den Blutkreislauf lenken kann. Beim Durchschnittsmenschen ist es meistens nur das Herz, welches das Blut bewegt. Wir wollen hier aber taoistisches Chi Kung betreiben. Es besteht darin, daß man das Blut mit Energie vermischt, und das ist ein psychischer Vorgang. Haben wir dieses Ziel erst einmal erreicht, braucht das Herz sich nicht mehr so anzustrengen wie früher. Wenn Sie zum Beispiel kalte Hände haben, dann sollten Sie jetzt dazu in der Lage sein, das Chi in die Hände zu lenken, weil Sie mit Ihrer Vorstellungskraft den Energiestrom steuern können und das Blut ihm nachfolgt. Je mehr Ihr Geist daran gewöhnt ist, das Chi kreisen zu lassen, um so schneller wird sich Ihr Blut bewegen. Durch Joggen oder anstrengende Gymnastikübungen können Sie Ihren Kreislauf natürlich ebenso beschleunigen, doch bei unserer Methode brauchen Sie sich nur hinzusetzen und zu entspannen. Und obwohl Ihr Herz weniger arbeitet als sonst, wird Ihr Kreislauf dennoch angeregt.

Schüler: Ich bin in New York geboren. Von Beruf bin ich Akupunkteur, und ich unterrichte auch bestimmte Übungen zur Verbesserung der Gesundheit, wobei ich nach einem System arbeite, das von Meister Oki in Japan entwickelt wurde. Außerdem bin ich als Ernährungsberater tätig. Seit zehn Jahren lerne ich die Kampfkünste; drei Jahre lang habe ich japanisches Karate und Shun Ryo trainiert, und jetzt mache ich Tai Chi. Kundalini Yoga übe ich auch etwas. Was mich als erstes an diesem Workshop fasziniert hat, waren die Diagnosemöglichkeiten dieser Technik, während wir Wirbel um Wirbel hinabgegangen sind. Ich konnte genau merken, was da los war, ob etwas gestaucht oder gereizt oder verkrümmt war. Ich war wirklich überrascht. Als mir Meister Chia dann die Hand auflegte, war es, als hätte jemand an dieser Stelle ein Streichholz angezündet. Alles brannte wie Feuer, noch lange, nachdem er mich berührt hatte. Die Hitze breitete sich in meine Lungen aus, und ich konnte spüren, wie sie geheilt wurden. Früher hatte ich Probleme mit den Lungen. Dieses Training hat mich gelassener gemacht, so daß ich jetzt Streßsituationen viel besser durchstehe. Ich fühle mich wirklich in meiner eigenen Mitte ruhend, und ich habe auch eine große Selbstsicherheit entwickelt.

Schüler: Mir fällt es schwer, beim Sammeln der Energie die Spirale zustande zu bringen. Meistens habe ich das Gefühl, als würde sie zusammenfallen oder sich verzerren. Irgendwie kriege ich diese Spirale nicht richtig hin!

Chia: Das macht nichts, so ist das eben am Anfang. Wenn ich selber einmal das Gefühl habe, sie nicht richtig gemacht zu haben, wiederhole ich einfach alles. Es ist wirklich sehr wichtig, die Energie im Nabel zu sammeln.

Unser Körper läßt sich in zwei große Hauptbereiche einteilen. Der eine besteht aus Herz, Lunge und Gehirn, und der andere besteht aus dem Unterleib. Man kann den Körper auch in «heiß» und «kalt» einteilen. Über dem Nabel ist er heiß, darunter ist er kühl oder kalt. Deshalb sind die «Sechs Heilenden Laute» und die «Verschmelzung der Fünf Elemente» auch so wichtig. Es gibt Stellen, an denen man die Energie speichern kann, ohne daß dies schädlich wäre, zum Beispiel im Nabelbereich. An anderen Stellen kann sich ein Energiestau dagegen recht unangenehm auswirken. Die Konzentration läßt sich mit einer Lupe vergleichen, durch die man Sonnenlicht bündelt. Bei unserer Methode können wir die Hitze aber nicht nur bündeln, sondern sogar durch den gesamten Körper strömen lassen. Dadurch wird das Blut wärmer, und man wird kräftiger und gesünder ... indem man nach und nach nicht nur den Körper speist, sondern auch die Seele und schließlich den Geist. Jede Ebene, auf die man gelangt, ist ganz verschieden von den anderen. Im Augenblick beziehen Sie Ihre Energie noch aus Ihren Körperorganen ... doch befindet sie sich dabei noch in einem primitiven Zustand.

Auf der zweiten Ebene werden diese Energien bei der «Verschmelzung der Fünf Elemente» miteinander harmonisiert ... dabei werden Herz, Niere, Leber, Lunge und Milz mit einbezogen. Jedes dieser Organe erzeugt seine ganz eigene Art von Energie, und auf dieser Ebene werden sie aufeinander abgestimmt oder, wie das Wort schon sagt, verschmolzen, um dann dort im Körper verteilt zu werden, wo sie benötigt wird. Wenn Sie Ihre Energie also am Ende Ihrer Übung nicht sammeln, dann wissen Sie nicht, wo sie vielleicht steckengeblieben sein könnte. Wenn sich Chi in Ihrem Kopf oder im Brustkorb sammelt, dann kann Ihnen das Unannehmlichkeiten bereiten, denn das Gehirn ist äußerst hitzeempfindlich, was zu entsetzlichen Kopfschmerzen und möglicherweise sogar zu Halluzinationen führen kann. Wenn sich dagegen Ihr Herz übermäßig erhitzt, werden Sie merken, daß Sie nicht mehr richtig atmen können und daß es viel zu schnell schlägt. Deshalb gibt es im Tao Yoga eine Regel, daß man den Kopf kühl, die Füße aber warm halten soll.

Schüler: Warum muß die rechte Hand über der linken liegen?

Chia: Das hat mit Yin und Yang zu tun. Die rechte Hand ist Yang, und vom Yang, also von der rechten, strömt die Energie zur linken, die Yin ist. Auf diese Weise erhält man mehr Energie.

Schüler: Macht es einen Unterschied, ob man Rechts- oder Linkshänder, ob man Mann oder Frau ist?

Chia: Nein, die Handhaltung bleibt gleich.

Schüler: Wenn Männer am Ende einer Übungssitzung die Energie zunächst im Uhrzeigersinn und dann entgegengesetzt einsammeln, während Frauen umgekehrt verfahren, warum vertauschen sie dabei nicht auch die Hände?

Chia: Der Energiestrom durch die Hände bleibt immer derselbe. Der Energiekreislauf beginnt beim Mann am Kopf, während er bei der Frau von der Erde aus beginnt. Wenn die Energie von Yang nach Yin fließt, ist es bei beiden gleich.

Schüler: Kann jemand, der psychisch nicht gefestigt ist, den Kleinen Energiekreislauf herstellen?

Chia: Manchmal kommen Leute, die ich nach einem Gespräch mit mir zum Psychiater schicke. Sie sind «zu heiß» und benötigen erst eine Therapie, um ruhiger zu werden. Ich sage ihnen sofort, wenn sie jetzt noch nicht bereit dafür sind.

Schüler: Kann der Kleine Energiekreislauf dafür benutzt werden, um schwere Erkrankungen lindern zu helfen?

Chia: Viele Menschen, die ihn üben, fangen an, sich in ihre Organe regelrecht zu verlieben, so daß sie auf ganz natürliche Weise schädliche, gesundheitsgefährdende Angewohnheiten aufgeben. Plötzlich machen ihnen diese Gewohnheiten einfach keinen Spaß mehr!

Ich habe einen Schüler in New York, der den Kleinen Energiekreislauf bei sich hergestellt hat. Eines Tages bekam er plötzlich schlimme Schmerzen durch einen Nierenstein und mußte ins Krankenhaus. Dort gab man ihm eine Morphiumspritze. Später meinte er, es sei die gleiche Erfahrung gewesen wie die plötzlich in den Kopf hochsteigende Energie. Natürlich war er aufgeregt und rief mich an, um zu fragen, ob so etwas möglich sei. Ich erklärte ihm, daß dieses Phänomen in jüngster Zeit auch durch wissenschaftliche Untersuchungen über die Erzeugung von Endorphinen im menschlichen Organismus abgestützt wird. Endorphine sind morphinähnliche Verbindungen. Ich erklärte ihm außerdem, wie Akupunktur wirkt, um Schmerzen zu beseitigen. Jedesmal, wenn er jetzt Schmerzen hat, behebt er sie durch Meditation. Wenn Sie einmal die Schmerzen erlebt haben, die Nierensteine erzeugen können, dann wissen Sie sicherlich, was das bedeutet! Dieser Schüler ist so dankbar für meinen Rat.

Weil: Oft kommen Leute zu unseren Workshops, die Verletzungen am Rücken, den Knien oder dem Skrotum hatten. Wenn sie den Kleinen Energiekreislauf üben, berichten sie hinterher oft von Hitzegefühlen oder Schmerzen an diesen Stellen, weil das Chi zuerst an diese Orte fließt, um sie zu heilen. Das ist manchmal etwas schmerzhaft. Es ist wie bei einer Widerstandsspule: Die Elektrizität strömt dahin und trifft plötzlich auf einen Widerstand. Sie braucht eine Weile, um sich hindurchzuarbeiten, aber dann geht alles sehr schnell. Wenn man das jeden Tag übt, wird man feststellen, wie stark der Heilungsprozeß des Körpers angeregt wird. Dann heilen selbst alte Leiden viel schneller aus.

Schüler: Ich habe großen Nutzen aus diesen Übungen ziehen können. Ich war hierhergekommen, weil ich vor drei Jahren meine Wirbelsäule verletzt habe. Ich war schon bei Chiropraktikern, Akupunkteuren und Masseuren auf Taiwan und in Tokyo in Behandlung, doch nichts hat mir geholfen. Dann hat mir eine Freundin geraten, hierherzukommen, weil sie mit dieser Meditation gute Erfolge erzielt hatte. Nach sechswöchigem Üben wachte ich eines Morgens auf und spürte, wie es meine Beine durchströmte.

Weil: Man macht die unterschiedlichsten Erfahrungen mit den verschiedenen Punkten. Manche Punkte spürt man überhaupt nicht, andere wieder sehr stark. Und auch das ändert sich andauernd. Es hängt von vielem ab, vom persönlichen Gesundheitszustand am jeweiligen Tag, von der Atmosphäre, aber auch davon, wieviel Erfahrung man bereits hat.

Schüler: Durch Üben des Kleinen Energiekreislaufs und den Sechs Heilenden Lauten habe ich zu einem ganz besonderen Lebensgefühl gefunden, zu einer körperlichen wie geistigen Vitalität. Diese Methode erscheint mir als äußerst wertvoll und richtig. Meine ersten Meditationserfahrungen sammelte ich mit Yoga. Vor acht Jahren lernte ich dann Tai Chi und weitere Meditationstechniken kennen. Viele Lehrer reden über den Energiestrom, besonders beim Tai Chi, aber ich habe ihn nie selbst gespürt. Dabei habe ich meine Zunge auch immer an den Gaumen gedrückt! Aber diese Meditation hier hat mir ein Gefühl der Verwurzelung beschert, das alles übertrifft, was ich bisher erlebt habe. Früher habe ich viel von solchen Dingen gehört, aber das lief alles nur im Kopf ab, während ich bei dieser Meditation zu einer organischen Beziehung zwischen mir selbst und der Erde gefunden habe. Ich fühle mich jetzt wirklich wie ein Baum, dessen Wurzeln in der Erde ihren Halt finden, oder wie eine Welle im Ozean.

Die Sechs Heilenden Laute wirken ebenfalls sehr belebend auf mich. Ob ich den Energiekreislauf übe oder die Laute, stets habe ich hinterher das gleiche Gefühl. Man spürt richtig, wie die Energie die verschiedenen Bahnen entlangströmt. Das ist ein ganz einzigartiges, eindeutiges Gefühl, man stellt sich diese anderen Bahnen außerhalb des Kleinen Energiekreislaufs nicht einfach nur vor, die Empfindungen sind völlig klar und eindeutig. Danach fühle ich mich immer sehr gut, lebendiger und sehr friedvoll. Und im Alltag merke ich auch, daß ich jetzt viel mehr Energie habe, eine innere Elastizität. Ich habe jahrelang Tai Chi betrieben und mir Sorgen gemacht, daß manche der Übungen schädlich für meine Knie sein könnten. Doch nachdem ich den Kleinen Energiekreislauf ein paar Wochen praktiziert hatte, verschwanden meine Sorgen. Die Übungen, von denen ich glaubte, sie würden die Knie zu stark belasten, bereiten mir inzwischen keine Schwierigkeiten mehr.

Schüler: Ich habe eine ganze Menge Erfahrungen mit der Technik des Kleinen Energiekreislaufs gemacht. Die ersten vier oder fünf Wochen habe ich so gut wie überhaupt nichts gemerkt, so daß ich schon beunruhigt war. Aber in der sechsten oder siebten Woche hatte ich fast so etwas wie einen Orgasmus und fühlte mich euphorisch. Mit der Zeit spürte ich auch die Energie emporsteigen. Sie blieb eine ganze Weile zwischen den Augenbrauen fixiert. Aber die merkwürdigste Erfahrung habe ich erst kürzlich gemacht, als ich bei der Arbeit meditierte. Plötzlich fing meine Zunge an zu vibrieren, mir klapperten die Zähne, mein Kopf erbebte, mein ganzer Körper zitterte, und meine Hände schienen wie von allein in die Höhe zu schweben. Dann erkannte ich, daß ich die Vibrationen unter Kontrolle bekommen konnte, gerade als mein Körper ganz besonders schnell erzitterte, und dann verlangsamte ich es. Jetzt passiert das jedesmal, wenn ich übe, und zwar schon nach fünf oder sechs Atemzügen. Aber was mich am meisten erstaunt ist die Tatsache, daß ich mich hinterher überhaupt nicht müde fühle! Am Schluß bringe ich die Energie immer ins Tan-Tien und lasse sie dort kreisen. Dadurch werde ich sehr ruhig und gelassen, entspannt und glücklich, ja und stark auch. Übrigens habe ich auch noch andere Empfindungen bemerkt, zum Beispiel einen veränderten Geschmack im Mund. Es ist einfach großartig!

Chia: Das ist wirklich ein sehr, sehr gutes Ergebnis! Diesen Geschmack, den Sie da empfunden haben, nennen wir Nektar, und dieses Orgasmusgefühl heißt in unserem System Selbst-Verkehr.

Schüler: Ich habe mich ungefähr drei Jahre lang mit Akupunktur und den Kampfkünsten beschäftigt. Als Sie mir die Energie übertrugen, hatte ich plötzlich ein wunderschönes Gefühl in der Brust, es war ein unglaubliches Gefühl der Ausdehnung, gleichzeitig heiß und kalt. Ich fühlte mich so wohl und fest verwurzelt.

Weil: Jeder von Ihnen muß sein eigenes Gleichgewicht finden zwischen dem Sammeln der Energie an einem Punkt, und zwar so lange, bis Sie spüren, wie sie sich von allein weiterbewegt, und dem Springen der Gedanken von Punkt zu Punkt, weil Sie unkonzentriert sind. Sie wissen selbst am besten, was für Sie am wohltuendsten ist. Der Geist schweift immerzu hin und her und will irgend etwas unternehmen; wenn man ihn also beschäftigt, indem man ihm beispielsweise aufträgt, sich von einem Punkt zum anderen zu bewegen, dann gehorcht er oft von allein. Aber wenn Sie einfach nur dasitzen und sich überlegen, daß sie ja nun den einen Punkt bearbeitet haben und folglich jetzt der nächste an der Reihe ist, dann ist das künstlich. Sie müssen ein inneres

Gleichgewicht herstellen: Sie müssen die Übung so durchführen, daß Sie zufrieden sind, daß Sie zutiefst befriedigt sind, weil Sie sie gemacht haben. Wenn Sie also am Anfang zu Hause allein arbeiten, sollten Sie langsam vorgehen. Verharren Sie 10 bis 15 Minuten bei jedem Punkt. Erschöpfen Sie ihn richtig, leeren Sie ihn vollständig. Manchmal wird die Energie dann weiterströmen, manchmal nicht. Manchmal merke ich selbst auch nicht das Geringste. Ich sitze da und spüre keinerlei Energie strömen, aber trotzdem merke ich, daß mir die Übung guttut. Ungefähr 20 Prozent aller Übenden empfinden nichts, dennoch ziehen sie gewaltigen Gewinn daraus.

Chia: Manchmal ist der eigene Vitalitäts- oder Energiepegel zu niedrig, und es scheint, die Energie würde überhaupt nichts tun. In der Regel wird man sich ein oder zwei Wochen pro Monat auf einer Stufe gedämpfter Energie befinden, aber je mehr man übt, um so mehr gleicht sich das mit der Zeit aus.

Schüler: Inwieweit sind Tai Chi und der Kleine Energiekreislauf miteinander verwandt?

Chia: Beim Tai Chi Chi Kung wendet man das Prinzip des Kleinen Energiekreislaufs an und setzt die Energie in Bewegung. Mit anderen Worten: Den Tai Chi Bewegungen wird Chi oder innere Energie zugefügt, die auf die Sehnen wirkt. Dabei strömt das Chi aus den inneren Organen hinaus in den Rest des Körpers, wobei auch die Faszien, Sehnen, Muskeln und Knochen mit einbezogen werden. Der Kleine Energiekreislauf schafft die Energie, die dann im Tai Chi eingesetzt wird. Sie können sich nicht vorstellen, wie glücklich Sie das machen wird!

Weil: Auf der ersten Stufe dieses Systems beginnt man damit, die eigene Energie zu regulieren und die Hauptkanäle zu öffnen. Durch das Sammeln und Lenken der Energie lernt man, sie ins Gleichgewicht zu bringen. Allerdings kann man damit allein noch nicht allzuviel machen. Fühlen Sie sich von außen durch Faktoren, die Sie emotional berühren, angegriffen, werden Sie nämlich immer noch so reagieren, wie Sie es einmal gelernt haben. Aus diesem Grunde sollten Sie den ersten Teil der «Verschmelzung der Fünf Elemente» durchführen; Sie lernen dabei, die Energie Ihrer Gefühle, auch Ihrer Wut, zu transformieren. Befinden Sie sich in Gegenwart eines Menschen, der sehr zornig ist, dann können Sie lernen, diesen Zorn in sich aufzunehmen und für sich nutzbar zu machen, oder Sie nehmen Ihre eigene Wut und nutzen sie, indem Sie ihr die Energie entziehen. Man kann Wut auf zweierlei Weise in neutrale Energie verwandeln: entweder indem man sie in das Organ ihrer Entstehung, die Leber, zurückleitet oder indem man sie mit den Gefühlen der anderen Elemente vermischt, bis kein Gefühl mehr überwiegt.

Schüler: Ich bin Chiropraktiker und unterrichte das System des «Touch for Health». Diese Übung eben war sehr kraftvoll. Die Energie ist wie ein Preßlufthammer meine Wirbelsäule emporgeschossen. Als sie meinen Schädelansatz erreichte, hat mein ganzer Körper angefangen zu beben und zu schütteln. Dann stieg sie in meinen Kopf bis zum Haaransatz und hat sich in meinem Nasenbein festgesetzt, was sehr weh tat. Schließlich hatte ich das Gefühl, als würde die Energie etwas durchstoßen. Sie strömte in meinem Nabel hinab und wurde zu einer gewaltigen Menge weißen Lichts. Das war eine äußerst intensive Erfahrung!

Chia: Sehr gut! Sie sollten jetzt jeden Tag üben. Tun Sie das nicht, wird die ganze Energie wieder aufgesogen werden. Entspannen Sie sich einfach bis zum Nabel, und wenn Sie spüren, daß der Nabel aktiviert worden ist, gehen Sie weiter nach unten zum nächsten Zentrum, zum Samen- oder Ovar-Palast, und dann weiter zum Perineum und zum Steißbein. Das ist alles, was Sie jetzt tun sollten. Bleiben Sie an dieser Stelle, bis die Energie wieder emporschießt. Sie müssen nur die Pumpe in Gang halten. Das Steißbein ist wie eine Pumpe, die alles hochdrückt. Und vergessen Sie nicht, daß es am oberen Ende des Rückens noch eine Pumpe gibt. Entspannen Sie sich und lächeln Sie in Ihren Nabel hinunter, dann wird der ganze Prozeß in Gang gesetzt.

Schüler: Wieso haben Sie uns gar keine Atemübungen zur Vorbereitung gegeben?

Chia: Weil Sie sich allzu leicht von ihnen abhängig machen könnten. Natürlich ist die Atmung wichtig, um durch den richtigen Gebrauch des Zwerchfells zur Entspannung zu finden. Achtet man zu sehr auf die Atmung, entzieht man dem Geist diese Aufmerksamkeit und damit Energie, was sich schließlich als Kraftverlust und Ablenkung auswirkt. Unser Ziel ist, unsere geistige Kraft zu hundert Prozent einzusetzen, und wenn man auf die Atmung achtet, gelingt das nicht. Außerdem wird die Atmung auf viel höheren Stufen sowieso nicht mehr wahrgenommen. Es hat also seinen guten Grund, weshalb wir uns so viel Zeit dafür nehmen, alles «nach unten sinken» zu lassen, damit der Geist frei wird.

Ich möchte, daß Sie eines verstehen: Was Sie jetzt praktizieren, das ist Innere Alchemie. Die Nahrung, die Sie zu sich nehmen, gehört zur äußeren Alchemie. Viele Menschen glauben heutzutage, daß der Körper schon allein durch richtige Ernährung ins Gleichgewicht gebracht werden kann. Das stimmt nicht. Ist Ihr Körper nicht vorbereitet, werden Ihre Organe nicht in Harmonie zusammenarbeiten. Die ganze gute Nahrung ist vergeudet, weil sie nicht richtig verarbeitet wird. Es ist eine bekannte Tatsache, daß Verdauung und Nahrungsverwertung unter Streß beeinträchtigt sind und es bei extremem Streß sogar zu einem gänzlichen Ausscheiden aller Nahrung kommen kann. Es ist also von weitaus größerer Wichtigkeit, die innere Alchemie zu pflegen. Man kann ohne Übertreibung sagen: Wenn die innere Alchemie ausgeglichen ist, wird sich die äußere von allein harmonisieren. Auf einer höheren Stufe, wenn unser Körper sich in vollkommenem Gleichgewicht befindet, benötigen wir nur noch sehr wenig Nahrung oder überhaupt keine mehr.

Schüler: Ist es wichtig, daß Ehepartner gemeinsam meditieren?

Chia: Wenn eine ganze Familie gemeinsam übt, werden sich alle verändern, und ihre Beziehungen werden harmonischer. Eine meiner Schülerinnen erzählte mir, wenn sie sich morgens auf ihren Nabel konzentrierte und ihr Mann sein Bein bewegte, sie fühlen konnte, wie die Energie aus ihrem eigenen Bein in seines hineinströmte. Nach kurzer Zeit bemerkte sie, wie sich sein Gesundheitszustand verbessert hatte und er nicht mehr unter ständigen Kopfschmerzen und Erkältungen litt wie früher.

Ein anderer Schüler, Richard Wu, hat mit Tao Yoga seine Allergien kuriert. Als seine Frau ein ähnliches Leiden bekam, bat sie ihn, ihr diese Methode beizubringen, damit sie sich auch selbst heilen könnte. Sie brauchte nur einen knappen Tag, um den Kleinen Energiekreislauf vollständig herzustellen. Ihr Mann kam danach zu mir. Er war einerseits sehr zufrieden über ihren Erfolg, andererseits aber auch sehr verwundert, weil er selbst mehrere Monate benötigt hatte, um so weit zu gelangen. Ich erklärte ihm, daß so etwas gar nicht ungewöhnlich sei und daß ihre Energien in Sympathie miteinander strömen, weil sie zusammenleben. Das Zusammensein mit jemandem, der Tao Yoga praktiziert, kann zu solchen Ergebnissen führen.

5. Teil

Die höheren Stufen des Tao Yoga

13. Kapitel

Bemerkungen zu höheren Stufen der Tao Yoga Praxis

Der folgende Text ist die Bandaufzeichnung eines Kurzvortrages über die höheren Stufen des Tao Yoga, den Mantak Chia anläßlich der jährlichen Klausur in North Andover, Mass., im August 1982 hielt.

Mit dieser Praxis streben Sie das Öffnen von Kanälen an, um Ihrer Seele einen Ort zu geben, an dem sie sich aufhalten kann. Der Kleine Energiekreislauf ist eine Art Laufstall, in dem Seele und Geist laufen lernen. Werden Sie größer, bekommen Sie ein eigenes Zimmer, damit Sie mehr Privatsphäre haben.

Dieses Zimmer sind die Acht Psychischen Kanäle. Sind Sie noch älter geworden, erhalten Sie ein größeres Zimmer, die Vierundzwanzig Kanäle. Zu diesem Zeitpunkt wurden Sie aufgeklärt über das Gute und das Gefährliche einer Kleinen Erleuchtung, der Großen Erleuchtung und der Größten Erleuchtung. Das gleiche erfahren Sie über das «Versiegeln der Fünf Sinne» und über die «Verschmelzung von Himmel und Erde». Dann sind Sie sozusagen ein «sechsjähriges Kind», das zur Schule geht. In dieser Phase erwerben Sie die Fähigkeit, aus Ihrem Körper auszutreten. Am Anfang etwa dreißig Zentimeter, und nach und nach erweitert sich der Spielraum, bis Sie sich nach einer Weile frei und ungehindert außerhalb Ihres Körpers umherbewegen können. Diese Erziehung von Seele und Geist ist ein langwieriger Vorgang, der etwa 30 bis 35 Jahre in Anspruch nimmt.

Es mag einige Naturtalente geben, denen die Astralprojektion vielleicht nach 20 Jahren gelingt; aber es droht immer die Gefahr des Wahnsinns, wenn man sich vorzeitig Kräften aussetzt, für die man noch nicht reif ist. Ich weiß, wovon ich rede, denn ich bin häufig derart betroffenen Menschen begegnet. Solche Problemfälle werden mir auch oft von Ärzten überwiesen.

Es gibt Lehrer, die am eigenen Leib die negativen Auswirkungen ihrer eigenen Methode erfahren haben, sie aber weiterhin lehren, weil sie eisern an diese Methode glauben, obwohl sie durch sie sehr gelitten haben. Die Methoden sollten aber dem Menschen dienen, und nicht umgekehrt! Wenn man es einmal unter diesem Gesichtspunkt betrachtet, gibt es überhaupt keine «taoistische Methode» schlechthin, sondern nur Ausübende, die ihre eigenen Methoden aus dem Tao Yoga entwickelt haben. Das Wort Tao bezeichnet die natürliche Weise zu leben. Jeder von Ihnen muß zu seinem Tao finden, muß die eigenen Bahnen öffnen, seine eigene Weise entwickeln. Schon der kleinste Erfolg in diesem Bemühen läßt Sie erkennen, wie unschätzbar ein solches Wissen ist. Dann werden Sie anfangen, die Leute zu bedauern, die Ihnen vielleicht großes Leid bereitet haben, sei es, weil Sie selbst ihr Tun falsch interpretierten, sei es, weil diese Menschen ihren eigenen, verwirrten Verstand unbemerkt in ihre Lehren einfließen ließen.

Auf der ersten Stufe lernen wir, uns viel tiefer zu entspannen, als wir es normalerweise können. Wir lernen, zum Herzen hinab zu «lächeln», es mit «Liebe» zu erfüllen und diese Liebe über den ganzen Organismus auszustrahlen. Sie müssen lernen, wie man sich selbst liebgewinnt. Sie müssen lernen, Ihre eigenen Organe liebzuhaben. Wenn Sie Ihre Organe oder sich selbst nicht lieben können, wie wollen Sie fähig sein, andere zu lieben?

Es ist das Beste, wenn alle Mitglieder einer Familie diese Übungen durchführen, dann können auch alle daraus Nutzen ziehen und weiterkommen. Wenn nur einer übt, dann kann es passieren, daß die anderen ihm Energie absaugen. Das ist, als gäbe es in einem Haushalt nur einen einzigen Geldverdiener, von dem alle anderen leben. Wenn sie aber alle arbeiten, können sie sich alles teilen und gemeinsam zu Wohlstand gelangen.

Die Grundlage aller weiterführenden Übungen sind der Kleine Energiekreislauf, Samen- und Ovar-Kung Fu, Eisenhemd Kung Fu und Tai Chi Chi Kung. Samen- und Ovar-Kung Fu ist wichtig, weil es die unteren Zentren versiegelt, die wie eine Vorder- und eine Hintertür funktionieren, also die Zeugungsorgane und den After. Damit wird ein Versickern von

Energie verhindert. Die «Verschmelzung der Fünf Elemente» verhindert weiteren Energieschwund durch die fünf Sinnesorgane. Eisenhemd Chi Kung ist wichtig für die Energiespeicherung, und Tai Chi Chi Kung hilft, die Energie in Hände und Beine zu leiten. Sie sehen also, daß ich ein vollständiges, ausgereiftes System lehre.

Tao Yoga und Kundalini

von Michael Winn

Obwohl der Hatha Yoga im Westen bereits in den 30er Jahren dieses Jahrhunderts bekannt wurde, hat es doch bis in die späten 60er und 70er gedauert, bis man sich in unserem Kulturraum auch mit den höheren Stufen der Yoga Praxis zu befassen begann, die durch ein Phänomen gekennzeichnet sind, welches man das «Erwecken der Kundalini» nennt. Die Kundalini-Erweckung ist das Erschließen eines riesigen, bislang unangezapften Reservoirs kreativer Kraft; diese versetzt den Menschen in höhere Bewußtseinszustände und verleiht ihm einzigartige schöpferische Fähigkeiten. Wem es gelungen ist, diese kosmische Energie voll zu beherrschen, der befindet sich, in der Terminologie der Hindus, in einem Zustand des «Samadhi». Die Buddhisten nennen es «Nirvana», während die Chinesen vom «Tao» sprechen. Im Westen finden wir vielleicht eine Entsprechung in dem, was Sigmund Freud einmal das «ozeanische Gefühl» genannt hat, doch die meisten Apostel des New Age kennen diesen Zustand unter der Bezeichnung «Überbewußtsein». Natürlich sind sich nicht alle darüber einig, auf welchem Weg man diese Erweckung am besten erreicht, aber die Parallelen zwischen diesen Konzepten sind deutlich.

In Indien symbolisiert man die Kundalini durch eine Schlange, die aus tiefem Schlaf erweckt wird und sich in einer Spiralbewegung durch die sieben Energiezentren (Chakras) des menschlichen Körpers die Wirbelsäule emporbewegt, wobei sie jedes dieser Zentren während ihres Aufsteigens reinigt und seine Kräfte freisetzt. Diese Schlange ist schon seit Jahrtausenden ein universales Symbol der Weisheit und der Heilkraft. Fast alle ägyptischen Pharaonen wurden mit einer Schlange dargestellt, die aus dem dritten Auge an der Stirn heraustrat.

Die westlichen Ärzte von heute tragen auf ihren Laborkitteln oft das alte griechische Symbol der Heilungsenergie, nämlich zwei Schlangen, die sich spiralförmig um einen Stab winden. Die Taoisten Chinas* verehrten zwar die Schlange als Tier der Weisheit, doch das Tao versinnbildlichten sie auf abstraktere Weise, nämlich durch die Symbole des Yin und des Yang, die sich spiralförmig ineinanderbewegen. Es ist wichtig zu beachten, daß die taoistische Yin-Yang-Spirale in einen Kreis eingefaßt wurde, während die Kundalini des Hinduismus traditionellerweise in einer Senkrechtspirale dargestellt wurde, die zum Scheitelchakra des Kopfes emporsteigt.

Dieser Unterschied ist keineswegs nur symbolischer Natur, im Gegenteil: Der Meditationsansatz beider Systeme, mit dem diese kosmische Energie freigesetzt werden soll, ist völlig verschieden. Die Hindu Yogis haben stets danach gestrebt, die Kundalini-Energie emporsteigen zu lassen, um zu einer höheren, transzendenten Ebene zu gelangen. Die Meister des Tao dagegen legten Wert darauf, daß diese Energie einen harmonischen Kreislauf zwischen den Chakras herstelle. So war den Taoisten eher daran gelegen, daß die Yin- und Yang-Kräfte *innerhalb des menschlichen Körpers* zu einem vollkommenen Gleichgewicht fanden, anstatt die menschliche Form hinter sich zu lassen, um in göttliche Bewußtseinszustände einzutreten.

Es genügte den Taoisten nicht, einfach nur von der Existenz des Tao, dem höchsten Zustand der Einheit, zu wissen; sie wollten vielmehr eine Methode entwickeln, mit der dieses Tao auf gefahrlose, strukturierte, nachvollziehbare und nutzbringende Weise erfahren und eingesetzt werden konnte. So fand der chinesische Pragmatismus seinen Weg in die chinesische Metaphysik. Die Taoisten erhoben das eigene Bewußtsein nicht in

* Unter «Taoisten» werden in diesem Abschnitt die Meister der esoterischen Tao Praxis verstanden, deren seit alters überlieferte Geheimlehren und -methoden von Meister Mantak Chia studiert wurden. Man sollte sich davor hüten, diesen Taoismus mit der taoistischen Religion zu verwechseln, deren Priester Elemente des Buddhismus, des Esoterischen Taoismus und der chinesischen Kultur (Volksglauben, Konfuzianismus) miteinander verschmolzen, um eine breite Glaubensbasis beim Volk zu finden.

den Himmel, ohne es zuvor ebenso tief in der Erde verwurzelt zu haben. Diese Forderung nach «Erdung» war es, was die Entwicklung des Tao Yoga entscheidend bestimmte. Tai Chi Chuan ist nichts anderes als ein Yoga des Gehens, der für die Selbstverteidigung und die Heilung angewandt werden kann. Anders als beim indischen Yoga verlassen die Füße dabei niemals den Boden, so daß man stets in der Erdenergie «verwurzelt» bleibt und damit der Gefahr vorbeugt, ein Zuviel an Kundalini-Energie in den Kopf gelangen zu lassen.

Dieses Zuviel an Energie im Kopf ist es auch, was häufig zu der Illusion spirituellen Fortschritts führt – den man auch als «spirituellen Egoismus» bezeichnet findet. Dieser Zustand läßt sich mit einem Intellektuellen vergleichen, der seine gesamte Energie darauf verwendet, die Probleme der Welt in der Theorie zu lösen, während er aber gleichzeitig die Botschaften seines Körpers ignoriert, der sich über seinen schlechten Gesundheitszustand oder seine miserablen Finanzen beklagt. Ähnlich hat sich auch Wilhelm Reich einmal darüber beklagt, daß Yogis sehr häufig Energien in ihre Kopfchakras leiten, ohne zuvor den «Körperpanzer», also die Verspannungen in Ihrem Unterleib, beseitigt zu haben. Er war der Auffassung, daß auf diese Weise ihr Kopf von höherer Energie pulsieren würde, was ihnen die Illusion kosmischen Friedens verlieh, daß der Fortschritt zu einem vollkommenen Kreisen der kosmischen Energie aber auf diese Weise immer noch blockiert sei.

Das System des Esoterischen Taoismus vermeidet diese Gefahr, indem es sich zuerst mit den allerniedrigsten Chakra-Energien befaßt, nämlich mit den Bedürfnissen des Überlebens, um sie ständig mit den neuentwickelten höheren Energien zu verbinden. Der Kleine Energiekreislauf ist ein perfektes Beispiel dafür, denn er durchströmt alle sieben Chakras des Körpers. Ebensowenig predigen die Taoisten die plötzliche völlige Preisgabe des Egos. Je nach Temperament und Charakter kann eine gesicherte Arbeitsstellung und eine liebevolle Familie sogar der allerbeste Nährboden für spirituelles Wachstum sein.

Die Taoisten propagieren Mäßigung, nicht aber Askese. Sie lehren, daß destruktive Verlangen von sich aus aufhören werden, sobald der Chi-Fluß des Körpers ausgeglichen ist. Ziel ist es, Körper, Geist und Seele mit der Welt in Einklang zu bringen, nicht aber, vor ihr zu fliehen. Die Überlieferung berichtet von vielen taoistischen Meistern, die oft jahrzehntelang mit dem gemeinen Volk zusammenlebten. Erst nachdem sie es gelehrt hatten, wie man Zorn mit Liebe ausgleicht und auf harmonischere Weise lebt, zogen sie sich in die Berge zurück, um dort an hohen Meditationsstufen zu arbeiten, für die ein enger Kontakt mit der Natur erforderlich war.

Diese Harmonisierung der Kräfte, die Mensch, Gesellschaft und Natur zu einem Ganzen verschmilzt, läßt sich auch in klassischen chinesischen Werken wie dem I Ging beobachten. Von taoistischen Meistern geschrieben, drückt es in poetischer Form die subtilen Veränderungen im Gleichgewicht der Chi-Energien aus, die sie an sich selbst, bei anderen und in der Natur beobachtet hatten. Will man das I Ging in seinen tiefsten Aspekten richtig verstehen, so muß man sich mit Hilfe des Tao Yoga dazu ausbilden, die sich wandelnden Elemente bei sich selbst zu beobachten.

In den höheren Stufen taoistischer Meditation erdet der Ausübende sich selbst im Körper, indem er die höheren Energien in das System der Akupunktur-Meridiane hineinkanalisiert und sie durch den gesamten Körper strömen läßt, nachdem er sie verfeinert und besser «verdaulich» gemacht hat. Dem Ausübenden steht eine detaillierte Landkarte des subtilen Nervensystems zur Verfügung, in das er die freigesetzte Energie leitet. Darüber hinaus erhält er genaue Methoden, um mit Hilfe dieser neuen Energie seine physischen, emotionalen und geistigen Empfindungen auf jeder Stufe seiner Entwicklung zu transformieren. Jeder muß zu seiner ganz persönlichen, maßgeschneiderten «inneren Technologie» finden, die sich an seinen individuellen Bedürfnissen und Problemen orientiert. Der Esoterische Taoismus löst die durch das Ego geschaffenen Probleme nicht dadurch, daß er verlangt, man müsse die eigene Individualität zugunsten einer größeren Gruppe oder eines Guru preisgeben.

Die einzige Hingabe, die in diesem System verlangt wird, ist das disziplinierte Führen eines gesunden, harmonischen Lebens.

Der Esoterische Tao Yoga läßt sich mit jeder Religion, mit jedem Glauben widerspruchslos verbinden. Der Taoismus spricht keine Sprache der festgelegten, intellektuellen «Glaubenssätze», sondern vielmehr die der «Erfahrung» der immer feinstofflicher und wirkungsvoller werdenden Formen der Chi-Energie. Es werden weder irgendwelche mythische Wesenheiten noch göttliche Symbole angerufen. Wenn aber ein Übender sich beispielsweise dafür entscheidet, dieses Chi mit dem Heiligen Geist des Christentums gleichzusetzen, so wird dies der taoistischen Methode der Chi-Transformation keineswegs zum Nachteil gereichen. Das gilt bis zu den allerhöchsten Stufen der Praxis hinauf. So könnte ein Christ genaue Parallelen zwischen der biblischen Himmelfahrt Elijahs auf einem flammenden Wagen und der taoistischen Formel der siebten Meditationsstufe, der «Wiedervereinigung von Mensch und Himmel» ziehen. Ähnliche Parallelen kann man aber auch zu buddhistischen, hinduistischen oder kabbalistischen Symbolen des spirituellen Fortschritts ziehen. Die taoistischen Meister haben immer wieder darauf hingewiesen, daß das Muster des Chi-Stroms und des Gleichgewichts in allen Menschen gleich ist, unabhängig von ihren persönlichen religiösen Erfahrungen und Interpretationen dieses Phänomens.

Der Tao Yoga ist eine theologisch neutrale Methode, mit deren Hilfe der grobstoffliche physische und mentale Körper darauf vorbereitet wird, eine größere, kraftvollere Dosis kosmischer Yin- und Yang-Energien aufzunehmen. Stellen wir uns einmal vor, daß der Körper des Menschen daran gewöhnt wäre, mit 110 Volt zu funktionieren. Er kann die Energie der Kundalini nicht auf einen Schlag in seinem Bewußtsein verarbeiten, denn diese wird von der subatomaren Kernenergie angetrieben, die das ganze Universum zusammenhält und in der strahlenden Hitze und im Licht der Sonne sichtbar wird. Selbst wenn wir die Voltzahl auf nur 220 erhöhen wollten, müßte der Körper zuvor eine ganz erhebliche, tiefgreifende Umkonditionierung durchlaufen. Die am leichtesten zugängliche Form der Kundalinikraft ist die Sexualenergie. Doch es ist gefährlich, die eigene Volt-Verträglichkeit zu überschreiten: Es ist wie von einem Blitz getroffen zu werden, ohne einen Blitzableiter zu haben, der die

Energie erdet. Das taoistische System des Kreisenlassens des Chi, von der Stufe des Kleinen Energiekreislaufes bis zur Stufe der «Wiedervereinigung von Mensch und Himmel», ist eine Art Blitzableiter für die Kundalini-Energie.

Die meisten Forscher, die sich mit geistigen Phänomenen befassen, sehen in der Kundalinikraft eine Möglichkeit, plötzliche und radikale Evolutionssprünge im menschlichen Bewußtsein zu erreichen. Dort, wo sie spontan auftritt, also ohne besondere Yoga-Schulung, wird sie in erfolgreichen Fällen schöpferischen Genius hervorbringen, in den erfolglosen Fällen jedoch Wahnsinn. Ein Klassiker der Kundalini-Literatur ist das Werk von Gopi Krishna, *Kundalini, Erweckung der geistigen Kraft im Menschen* (Barth Verlag).

Gopi Krishna war ein indischer Bahnbeamter, der im Jahre 1937 als Folge seiner Yoga-Praxis plötzlich schwerwiegende, dramatische körperliche und seelische Veränderungen erlebte. Mit einem Mal begann die Energie kräftig durch seinen Körper zu tanzen und zu strömen; doch bald verschwanden sein anfängliches Staunen und sein Gefühl der Glückseligkeit.

Die Energie hörte nicht mehr auf, machte ihn fast bewegungsunfähig und quälte ihn so, daß er manchmal tagelang nicht schlafen konnte. Erst nach zwölf Jahren dieses Alptraums gelang es ihm schließlich, diese Energie in seinem Körper ins Gleichgewicht zu bringen und sie auf kreative Weise anzuwenden, wodurch er zu einem Dichter und Autor von einem Dutzend Bücher wurde.

Das Kundalini Research Institute in New York City berichtet, daß Jahr für Jahr weltweit Hunderte von Fällen bekanntwerden, bei denen Menschen das plötzliche, unkontrollierbare Freiwerden von Energien in ihrem Körper nicht mehr erklären können; oft wird dies von tagelanger Schlaflosigkeit, Ohrenklingeln und -sausen und der Wahrnehmung innerer Lichtblitze begleitet. Manche dieser Menschen sind Yoga- oder Meditationsschüler, die von ihren Lehrern sehr bald im Stich gelassen werden, sobald diese nämlich feststellen müssen, daß sie der Situation nicht mehr Herr werden, ja sie nicht einmal richtig diagnostizieren können.

Aus diesem Grund sind Kundalini-Übungen in den Ruf geraten, gefährlich, radikal und unzuverlässig für die Mehrzahl der westlichen Menschen zu sein, die in ihnen fälschlicherweise den schnellsten Weg zur Erleuchtung sehen.

Mantak Chia wurde von einer ganzen Reihe solcher «Kundalini-Opfer» um Rat gebeten, nachdem diese mit ihren verschiedenen Meditationstechniken nicht mehr weiterkamen. Meistens verschwinden die unangenehmen Symptome schon dadurch, daß man den Kleinen Energiekreislauf übt oder die Zunge ganz einfach gegen den Gaumen drückt und «in die Tiefe denkt».

Aber das System der chinesischen Esoterik beschränkt sich nicht nur auf Therapien. Auch mit anderen Techniken wie meditativem Sitzen, Mantras, Pranayama usw. kann man einen höheren Bewußtseinszustand erreichen und zu einem Gleichgewicht der kundalini-artigen Energien finden. Doch sind viele Menschen zu Meister Chia gekommen und haben sich im persönlichen Gespräch darüber beklagt, daß sie nicht wissen, was sie mit all ihrer Energie anfangen sollen oder wie sie sie auf eine noch höhere Stufe transformieren können. So schrieb ein Yogi in einem Brief an Meister Chia, daß er während 18 Jahren Yoga-Praxis, von denen er 12 Jahre einer Form des fortgeschrittenen Kundalini Yoga gewidmet hatte, nie eine «reine und destillierte Energie» erlebt habe, wie er sie beim Kleinen Energiekreislauf und auf der ersten Stufe der «Verschmelzung der Fünf Elemente» erfuhr. Er hat vor, den Tao Yoga in sein tägliches Sadhana zu integrieren.

Ein sehr fortgeschrittener Zen-Schüler erzählte Meister Chia, daß er sich von den Massen der unerleuchteten Menschen entfremdet fühlte und daß ihn das Mechanische ihres Lebens, das nur aus Essen, Arbeiten, Trinken und Schlafen bestünde, zutiefst deprimiere. Meister Chia lehrte ihn, wie die Taoisten sich ins Gleichgewicht mit größeren Kräften bringen, die außerhalb von einem selbst existieren.

Auf den höchsten Stufen des Esoterischen Tao Yoga gibt es Techniken, mit denen die Kundalini-Energie auf eine Ebene gebracht wird, auf der das Bewußtsein den Körper verläßt, um in subtilen Gefilden der Bewußtheit sprituelle Arbeit zu leisten.

Meister Chia zufolge haben die taoistischen Meister einen entscheidenden Aspekt der Techniken des Kundalini Yoga, die sie von den indischen Meistern lernten, die China bereisten, auf ihre Art modifiziert: Sie erkannten die Schwäche der indischen Methode, die den menschlichen Geist mit seinem höheren Geist vereint, indem er wortwörtlich durch das Scheitelchakra den Körper verläßt.

Wenn man jedoch zu früh durch das Scheitelchakra austritt, kann das schwerwiegende Gefahren für Körper und Seele mit sich bringen. Zögert man aber andererseits zu lange damit, besteht die Gefahr, daß man den physischen Tod erleidet, noch bevor man die Transformation von Geistes- und Körperenergie zu spiritueller Energie zu Ende gebracht hat. Dieses Problem lösten die taoistischen Meister dadurch, daß sie ihr Wissen um die feinstoffliche Anatomie des Chi-Stroms mit einbrachten. Das Ergebnis liegt vor: Der Tao Yoga konzentriert die Energie nicht auf ein einziges Chakra allein, also etwa auf das Herz, das dritte Auge oder das Scheitelchakra mit der Absicht, dieses Energiezentrum dann als Tor zum höheren Bewußtsein zu benutzen. Es ist nämlich möglich, eines oder mehrere höhere Chakras zu öffnen und trotzdem deren Energie durch körperliche oder moralische Schwächen in den tieferen Energiezentren zu untergraben. Wenn der Schüler dieses Ungleichgewicht nicht erkennt oder gar leugnet, kann das den Zugang zu den höchsten Stufen blockieren.

Die Taoisten vermieden dieses Problem dadurch, daß sie die höhere Energie, ob sie von außen oder aus der Sexualkraft bezogen wurde, ständig durch alle Zentren kreisen ließen. Es war ihr Ziel, eine solide und starke Energiebasis innerhalb der menschlichen Form zu schaffen, bevor die letzte Transformation des Geistes (oder der Seele) zum reinen Geist begonnen wurde. Sie lernten den Chi-Strom innerhalb ihres Körpers so zu meistern, daß sie ihn bewußt auch außerhalb des Körpers kreisen lassen konnten als eine vorbereitende Bahn, auf der die Seele sicher nachfolgen konnte.

Meister Chia beschreibt daher auch den taoistischen Weg zum Erwecken der Kundalini als einen «Geburtsprozeß», bei dem

Körper und Geist als «Eltern» ihrer Seele die Wiedergeburt in der nächsthöheren Bewußtseinsstufe ermöglichen. Von einem Säugling kann man nicht erwarten, daß er sich sofort nach seiner Geburt um sich selbst kümmert und den Lebenskampf meistert, das ist vielmehr die Aufgabe seiner Eltern. Die wiedergeborene Seele, die aus dem Scheitelchakra austritt und wie ein Säugling in eine verwirrende, neuartige Welt gelangt, findet dort die Führung des «Erwachsenen» in Gestalt eines kraftvollen Feldes von Chi-Energie vor, das sie vor feindlichen astralen Kräften schützt.

Da die vollständige Transformation allen physischen und mentalen Chis zu spirituellem Chi normalerweise viele Jahre beansprucht, besteht immer die Gefahr, daß der physische Tod diesen Prozeß vorzeitig abbricht. Diese Gefahr wird noch größer, wenn man sich mit Praktiken befaßt, die das Hervorbrechen der Kundalini-Energie beschleunigen, denn der Körper und die Drüsen müssen auf radikale Veränderungen im Stoffwechsel eingehen. Die taoistischen Meister umgingen dieses Problem, indem sie die Kunst der Lebensverlängerung meisterten, die in der taoistischen Literatur häufig als Suche nach der physischen Unsterblichkeit dokumentiert wird. Dem kollektiven Genius der taoistischen Meister gelang es, ein esoterisches spirituelles System zu entwickeln, das gleichzeitig die Kundalini erweckt und als Heilmethode die ganze Skala des täglichen Stresses und der Erkrankungen abpuffert.

Das Bestechende am System des Tao Yoga besteht darin, daß er ebenso sicher und methodisch ist wie das Besteigen einer Leiter: Man klettert immer nur so weit, wie man sein eigenes Gleichgewicht und das der Leiter halten kann. Die taoistischen Meister haben stets betont, daß es wichtiger ist, auf jeder Stufe das Gleichgewicht zu halten, als unbedingt die Spitze der Leiter zu erreichen, denn wenn man versucht, in die Höhe zu springen, erhöht sich nur die Gefahr des Sturzes. Es geht nicht darum, in irgendein transzendentes Wolkenkuckucksheim hineinzuspringen, sondern mit der anmutigen Trittsicherheit eines Tai Chi Tänzers am Ziel anzukommen.

Das Erwecken der Kundalini führt zu einem transzendenten

Bewußtseinszustand, doch erreicht man ihn durch die Methoden des Tao Yoga nur, wenn die sich ständig verwandelnden und gegensätzlichen Kräfte des Yin und des Yang zunächst erkannt und dann vom Schüler beständig, sogar automatisch in ein harmonisches Gleichgewicht gebracht werden. Dieser Prozeß steht jedem geistig gesunden Menschen offen: ob er nun reich oder arm ist, ein Krüppel oder ein Hochleistungssportler, eine Hausfrau oder ein Manager, ein Gefängnisinsasse oder ein einsamer Seemann auf dem Meer.

Diese innere Empfindung der sich ausweitenden Harmonie ist die höchste Form der Freiheit, die für menschliche Wesen erreichbar ist. Leider streben wir nur selten nach ihr, sei es, weil wir sie nicht erkennen, sei es, weil es uns an der erforderlichen Disziplin fehlt. Der Esoterische Tao Yoga ist ein uraltes System, das sich über Jahrtausende bewährt hat, Suchenden bei der Erweckung ihrer Bewußtheit für diese höchste Harmonie zu helfen.

14. Kapitel

Die sieben Stufen des esoterischen Tao Yoga – eine Zusammenfassung

Der Kleine Himmelszyklus
(Kleiner Energiekreislauf)

Eingeleitet werden die sieben höheren Stufen der taoistischen Esoterik durch das Öffnen des Kleinen Energiekreislaufes, einem Prozeß der Wiedergeburt durch «Rückkehr in den Mutterleib». Die Bahn des Energiekreislaufs besteht aus dem Diener- und dem Lenkergefäß, die zuerst gereinigt und dann miteinander verbunden werden müssen, damit die Energie frei kreisen kann.

Menschliches Leben beginnt mit dem Eindringen einer Samenzelle in ein Ei. Aus diesem ursprünglichen Kung Fu-Akt entsteht ein äußerst kompliziertes menschliches Wesen, das zu echtem Genius befähigt ist. Der Fötus entwickelt sich um den Punkt herum, den man Nabel nennt. Von diesem Punkt aus werden Nährstoffe von dem heranwachsenden Lebewesen aufgenommen und Abfallstoffe ausgeschieden. Bei der Übung des warmen Energiestroms kommt dem Nabel aus diesem Grund eine überragende Bedeutung zu. Im Mutterschoß atmet das menschliche Wesen keine Luft, seine Lungen funktionieren noch nicht. Statt dessen empfängt der Fötus Energie und Sauerstoff durch die Nabelschnur. Die Energie tritt an dem Punkt in seinen Organismus ein, der später, nach der Geburt und dem Durchtrennen der Nabelschnur, zum Nabel wird. Von dort strömt sie nach unten zum Steißbein, dann die Wirbelsäule empor bis zum Scheitelpunkt des Kopfes, in der Mitte des Gesichts hinab und weiter zum Nabel, wodurch der Kreislauf geschlossen wird.

Es heißt, daß der Fötus seine Zunge instinktiv an den Gaumen lege. Dies dient dazu, die beiden Energiebahnen miteinander zu verbinden, damit die Kraft richtig fließen kann. Der Scheitel des

Säuglings ist noch offen und bewegt sich auf und ab. Das beruht auf dem Anschwellen und Abebben des Kraftstroms in diesem Körperteil.

Die Zunge ist der Endpunkt des Diener-Gefäßes. Diese Energiebahn beginnt unten am Rumpf, an dem Punkt in der Mitte zwischen After und Hoden, dem Hui-Yin. Von dort strömt die Energie vorne durch den Kuan-Yuan oder Jing-Gong den Körper empor und passiert den Tan-Tien (Nabel). Sie durchströmt den Chung-Kung (Solarplexus) und fließt bis zum Shuan-Chung (Herzzentrum), von wo aus sie den Hsuan-Chi (Hals) durchzieht und in der Zungenspitze endet. Wird diese Energiebahn mit dem Lenker-Gefäß verbunden, so kehrt sich ihre Fließrichtung um, und die Energie strömt von der Zunge hinunter zum Nabel und zum Hui-Yin.

Das Lenker-Gefäß beginnt ebenfalls im Hui-Yin. Von dort strömt es durch die Rückseite des Körpers hinauf, und zwar durch den Chang-Chiang (Steißbein) zum Ming-Men, dem »Tor des Lebens«, von wo aus die Bahn zum Chi-Chung zwischen den Nebennieren weiterführt, bis sie den Yu-Chen, das »Smaragdkissen« des Rückenmarks, erreicht. Von dort strömt die Energie dann zum Scheitelpunkt oder Pai-Hui, dann zum Shen-Ting und schließlich zum Yin-Tang zwischen den Augenbrauen, von wo aus sie entlang dem San-Ken (Nasenspitze) zum Gaumen strömt, wo das Lenker-Gefäß endet.

Die Zunge ist ein Energiestromschalter

Der Kreislauf läßt sich dadurch schließen, daß man die Zungenspitze, also das Ende des Diener-Gefäßes, an den Gaumenendpunkt des Lenker-Gefäßes legt. Deshalb muß unsere Zunge beim Üben auch stets den Gaumen berühren. Wenn man die Zunge gegen den Gaumen drückt, so hat dies einen beruhigenden Effekt auf die Schüler, welche die Methode des Warmen Energiestroms üben. Darüber hinaus regt dies auch die Speichelproduktion an. Speichel gilt in der taoistischen Praxis als Wasser des Lebens, als das Hauptgleitmittel aller Körperfunktionen. Die

Taoisten sehen im weichen Gaumen eine direkte Verbindung zur Hirnanhangdrüse (Hypophyse).

Mit zunehmendem Alter geraten im Körper des Menschen die Energie von Yin (weiblich) und Yang (männlich) aus dem Gleichgewicht. Je mehr sich diese Disharmonie verstärkt, um so mehr leiden die Körperorgane darunter, ein Zuviel oder ein Zuwenig an Energie empfangen zu müssen. Wie anders dagegen noch die Vitalkraft des Säuglings! Er wird jeden Tag fast fünfundzwanzig Gramm schwerer. Das ist eine erstaunliche Leistung des Körpers, der solche gewaltige Energiemengen zu assimilieren versteht. Doch der Körper des Säuglings vermag diesen geradezu herkulischen Zellenaufbau nur deshalb voranzutreiben, weil in ihm sämtliche Energiebahnen noch völlig offen sind und der Energiestrom entsprechend stark ist.

Das Lenker-Gefäß beherrscht die Yang-Organe des Körpers, also die Lungen, die Milz, das Herz, die Nieren, die Geschlechtsorgane und die Leber. Das Diener-Gefäß kontrolliert dagegen die Yin-Organe, also den Dickdarm, den Magen, den Dünndarm, die Blase, den Dreifachen Erwärmer und die Gallenblase. Das Gewebe besitzt Yang-Natur, während das Blut Yin-geprägt ist.

Die sieben Formeln der sieben Bücher des Tao*

1. Die erste Formel: Die Verschmelzung der fünf Elemente

Diese Formel verbindet die unterschiedlichen Energien der fünf Hauptelemente zu einem harmonischen Ganzen. Diese Meditation übt einen besonders starken Filter- und Reinigungseffekt auf das menschliche Nervensystem aus.

Die Erde ist die Mutter aller Elemente, alles Leben entspringt ihrem fruchtbaren Schoß. Dadurch werden die anderen vier Elemente der chinesischen Kosmogonie mit der gebärenden Erde verbunden. Mit anderen Worten: Metall, Holz, Wasser und Feuer werden in die Erde zurückgezogen und leicht erhitzt. So wird jedes Element zwar gereinigt, doch wird es nicht unter einer derartigen Hitze mit den anderen verschmolzen, daß es sich auflösen und zu Asche zerfallen würde.

Diese Formel gilt als hochgeheime Methode der taoistischen Meditation. In der chinesischen Philosophie entspricht jedes Element einem bestimmten Organ. Die Erde entspricht der Milz, Metall den Lungen, Wasser den Nieren, Holz der Leber und Feuer dem Herzen. Die fünf Elemente können auf zweifache Weise in Beziehung treten: sich aufbauend oder sich abbauend. Der Aufbauende oder Schöpfungszyklus verläuft folgendermaßen: Holz brennt, um Feuer hervorzubringen, die Asche zerfällt und sickert in die Erde ein, wo Metalle geboren und gewonnen werden, die zu Wasser (Flüssigkeit) geschmolzen

* Die taoistischen Meister bezeichnen jede esoterische Übungsstufe als «Buch», das eine «Formel» enthält, wenngleich diese Anweisungen bisher noch niemals schriftlich festgehalten, sondern nur mündlich weitergegeben wurden.

werden, welches wiederum Bäume und Pflanzen nährt. Der Abbauende oder Zerstörungszyklus sieht so aus: Holz wird von Metall gehauen, Feuer wird von Wasser gelöscht, Erde wird von Holz durchdrungen, Metall wird von Feuer geschmolzen, und Wasser wird von Erde in seinem Strom unterbrochen und abgeschnitten.

Der Lebenszyklus kennt ebenfalls seine Elementbeziehungen: Geburt entspricht dem Holz, Wachstum dem Feuer, Reife der Erde, Ernte dem Metall und Speicherung dem Wasser. Klimatische Analogien sind: Wind gleich Holz, Hitze gleich Feuer, Feuchtigkeit gleich Erde, Trockenheit gleich Metall und Kälte gleich Wasser. Die ihnen entsprechenden Gefühle (Mitgefühl, Trauer, Freude, Zorn, Furcht) verschmelzen zu einem harmonischen Ganzen, wodurch sie die Moral heben und Güte, Sanftmut, Rechtschaffenheit, Respekt und Humor fördern. Die Formel der zu einer Einheit verbundenen fünf Elemente beinhaltet die Vermengung von Yin und Yang, um zu einem Zustand größerer körperlicher Harmonie und Schönheit zu gelangen. Die alte alchemistische Formel SOLVE ET COAGULA (Löse und binde) entspricht der zweiten Stufe der Meditation.

Auf dieser Stufe erkennt man den großen Nutzen der Fünf Elemente, die bereits im eigenen Körper existieren und die man vielleicht bereits studiert, aber noch nicht durch eigene Erfahrung verstanden haben mag. Die Verschmelzung der Fünf Elemente wird Ihnen eine solche Erfahrung bringen: Auf dieser Stufe wird der ganze Körper intensiv gereinigt. So werden viele Gase freigesetzt, und es kommt vielleicht zu heftigen Darmbewegungen mit sehr schwarzem, übelriechendem Stuhl.

Nun müssen noch weitere sechs Bahnen oder Kanäle freigemacht werden (die sogenannten «Besonderen Gefäße»), so daß wir schließlich acht Bahnen zur Verfügung haben. Die ersten beiden sind das Lenker- und das Diener-Gefäß. Als nächstes muß der Chung-Ma entwickelt werden.

Der Chung-Ma oder das «Aufsteigende Gefäß» entspringt im unteren Rumpfbereich im Hui-Yin und verläuft entlang zwei Linien zum Mittelpunkt zwischen den Brustwarzen, wo es sich zu den Schultern teilt und sich am Schlüsselbein wieder mit sich selbst vereint. Von dort verläuft es zum Gesicht hoch, über den Mund und zu dem Punkt zwischen den Augen, um am Scheitelpunkt zu enden.

Eine weitere Bahn des Chung-Ma beginnt im Yung-Chuan (dem Erdgrund), führt an der Innenseite der Beine entlang bis zu den Oberschenkeln und vereint sich wieder im Hui-Yin. Von dort verläuft die Bahn durch die Körpermitte, passiert dabei Dick- und Dünndarm, Niere, Bauchspeicheldrüse, Leber, Magen, Herz, Lunge und Luftröhre, um schließlich ins Gehirn zu gelangen, wo sie über Hypophyse, Zirbeldrüse und Mittelhirn zum Scheitelpunkt Pai-Hui verläuft.

Das zweite Besondere Gefäß ist das Tai-Ma. Dieser Energiekanal entspringt dem Rippenbereich und schlingt sich wie ein Band kreisförmig um die Hüfte. Man nennt ihn auch das «Gürtel-Gefäß», weil er wie ein Gürtel die Yin- und Yang-Kanäle zusammenbindet. Ist er richtig geöffnet, so bewegt sich die Energie durch diesen Kanal spiralförmig um den ganzen Körper. Sieht man von oben nach unten, so erscheint das Band in einer Drehbewegung gegen den Uhrzeigersinn, also von rechts nach links; gleichzeitig bewegt es sich den ganzen Körper hoch und verbindet alle Körperkanäle miteinander. Bei Frauen verläuft die Spiraldrehung *im* Uhrzeigersinn.

Das dritte der sechs bisher nicht behandelten Besonderen Gefäße ist das Yang-Chiao-Ma, das «Positive Bein-Gefäß». Dieses beginnt außen an den beiden Knöcheln, verläuft entlang der äußeren Schenkel die Beine hoch, um von dort zu den Hüften emporzusteigen, einem sehr starken Energieaufnahmezentrum, dann steigt es außen am Rücken hinauf über die linke und rechte Schulter, die kraftvolle Energieaufnahmezentren sind, um als nächstes den Hals entlang hinauf zu den Mundwinkeln zu verlaufen, von dort in die Augenhöhlen einzudringen und über Stirn und Schädel schließlich im Rückenmarksbereich zu enden.

Das vierte Besondere Gefäß ist das Yin-Chao-Ma oder das «Negative Bein-Gefäß». Dieser Kanal beginnt im Mittelpunkt der Fußsohlen, windet sich nach innen zu den Knöcheln und steigt von dort die Innenseite der Beine hinauf. Dann führt es von der Innenseite der Oberschenkel außen an den Geschlechtsorganen vorbei und hinauf zum Brustkorb, anschließend durch Schlüsselbein und Hals über das Gesicht zu den inneren Augenwinkeln. Diese Bahn besteht eigentlich aus zwei Bahnen, eine auf jeder Seite, an denen auch getrennt gearbeitet werden kann.

Das fünfte Besondere Gefäß ist das Yang-Wei-Ma. Es beginnt vorne am äußeren Knöchel, läuft in gerader Linie an der Außenseite des Beines hoch und weiter seitlich am Körper, biegt um die Schulter zur Halsseite und läuft über Gesicht, Stirn und Schädel, um im Rückenmark (Hinterhauptloch) zu enden.

Das sechste Besondere Gefäß ist das Yin-Wei-Ma. Es beginnt an der Innenseite des Schienbeins und läuft in gerader Linie an der Vorderseite des Körpers hoch, über Knie, Oberschenkel, seitlich am Unterleib und am Brustkorb vorbei zu den Brustwarzen. Dort wendet es sich nach innen zum Hals, wo es sich mit dem Diener-Gefäß vereint.

Alle Energiebahnen des Körpers sind also durch ein Netzwerk miteinander verbunden: das Diener- und das Lenker-Gefäß, die sechs Besonderen Gefäße und die vierundzwanzig regulären Kanäle, die den Organen zu beiden Seiten des Körpers entsprechen. Diese Bahnen lassen sich jeweils mit Autobahnen, Schnellstraßen und Landstraßen vergleichen, auf denen die Energie durch den Körper strömt.

2. Die zweite Formel:

Die Kleine Erleuchtung von Kan und Li

Diese Formel wird im Chinesischen Siaow Kan Li genannt. Bildhaft wird mit ihr der Samen (Ching) zu Lebensenergie (Chi) gedämpft. Man könnte es auch so ausdrücken, daß hier die Übertragung der Kraft der Sexualhormone in den gesamten Organismus und in das Gehirn beginnt. Das entscheidende Geheimnis dieser Formel besteht darin, die üblichen Positionen von Yin und Yang zu vertauschen, um auf diese Weise die Samenenergie zu befreien.

Die ersten beiden Anweisungen sind eine Vorbereitung der

Bahnen, damit die Energie des Samens freier strömen kann und der Körper dazu befähigt wird, den großen Einstrom gewaltiger Energie (die man mit dem Erwecken der Kundalini vergleichen kann) zu verkraften. Zu dieser Formel gehören Pflege und Entwicklung des Wurzel- (Hui-Yin) und des Herz-Chakras, wie auch die Transformation der Samenenergie zu Samenkraft im Nabel.

Diese Umkehrung stellt die Hitze des Körperfeuers unter die Kühle des Körperwassers. Wenn diese Vertauschung von Yin und Yang nicht erfolgt, lodert das Feuer einfach nur in die Höhe und verbrennt den Körper von innen. Das Wasser (Samen und Samenflüssigkeit) hat die Tendenz, in die Tiefe zu strömen und den Körper zu verlassen. Wenn es eingetrocknet ist, hat es auch sein Leben ausgehaucht. Diese Formel kehrt den normalen, energievergeudenden Vorgang um, indem mit Hilfe einer äußerst fortgeschrittenen Technik das Wasser im Körper in ein verschlossenes Gefäß (Tiegel) gegeben wird, worauf man den Samen von unten mit Feuer erhitzt und kocht. Wird das Wasser (Samenkraft) nicht versiegelt, strömt es direkt ins Feuer und löscht es, oder es wird selbst vom Feuer verzehrt. Diese Formel sorgt dafür, daß beide Elemente ihre Integrität bewahren können, wodurch der Prozeß des Dämpfens über lange Zeit ausgedehnt werden kann. Grundlegend für diese Formel ist das Prinzip, niemals Feuer emporsteigen zu lassen, ohne darüber Wasser zu haben, das von ihm erhitzt werden kann, und andererseits stets dafür zu sorgen, daß kein Wasser ins Feuer fließt. Auf diese Weise erhält man einen warmen, feuchten Dampf, der eine gewaltige Energie in sich trägt und außerordentlich gesundheitsfördernd ist.

Die Zweite Formel besteht aus folgenden Prozessen:

a) Vermischung des Wassers (Yin) und des Feuers (Yang) (oder von männlich und weiblich), um zu gebären;

b) Transformation der Samenkraft (Zeugungskraft) in Vitalenergie (Chi), Sammeln und Reinigen des äußeren alchemischen Agens im Kleinen Energiekreislauf;

c) Öffnen der zwölf Hauptmeridiane;

d) Beginn der «Halb-Unsterblichkeit» (Vereinigung und Sublimation von Körper und Seele);

e) Kreisenlassen der Kraft im Solaren (oder Kosmischen) Kreislauf;

f) Umkehrung des Stromes der Zeugungsenergie, um Körper und Gehirn zu kräftigen und in den organischen Zustand vor der Pubertät zurückzuversetzen;

g) Stufenweises Einschränken der Nahrungsaufnahme, und ein Sichverlassen auf das innere Selbst, auf Sonne, Mond und Wasser, das Einsetzen der kosmischen Energie (Beginn der «Halb-Unsterblichkeit»).

3. Die dritte Formel:

Die Große Erleuchtung von Kan und Li

Die Vermischung des Großen Yin und Yang (1)

Diese Formel besteht aus der taoistischen Praktik des Dah Kan Li (Ta Kan Li). Auch hierbei wird die Umkehrung von Yin und Yang angewandt, doch wird durch diese Technik die Energie, die in den Körper hineingezogen wird, erheblich vermehrt. Auf dieser Stufe wird die Vermengung, die Transformation und die Harmonisierung der Energie im Solarplexus (was in etwa dem Manipura Chakra entsprechen könnte) durchgeführt. Die Kraftverstärkung resultiert daraus, daß die zweite Formel Yin- und Yang-Energie aus dem Körper selbst bezieht, während die dritte Formel die Kraft direkt aus dem Himmel (oben) und aus der Erde (Erdleitung – entsprechend Yang und Yin) holt und diese Elementarkräfte denen des Körpers hinzufügt. Tatsächlich läßt sich aus jeder Energiequelle Kraft beziehen, etwa vom Mond, einem Wald, aus der Erde, dem Licht usw.

Die dritte Formel besteht aus folgenden Prozessen:

a) Verlegung des Ofens und Umwandlung des Tiegels;

b) Vermischung des Größeren Wassers und Feuers (Verkehr zwischen Mann und Frau);

c) Große Transformation der Samenkraft auf die höhere Ebene;

d) Verwandlung des äußeren und des inneren chemischen Agens, um die Zeugungskraft wiederherzustellen und das Gehirn zu stärken;
e) Pflege und Entwicklung von Körper und Seele;
f) Beginn der Verfeinerung der Samenkraft (Zeugungskraft, Vitalkraft, Ching Chi);
g) Aufnehmen der Mutter-Erde-Kraft (Yin) und der Vater-Himmel-Kraft (Yang); Vermischung mit Samenkraft (Körper) und Geist;
h) Aufsteigen der Seele;
i) Bewahrung der aktiven Zeugungs- (Samen-)kraft und Verhinderung ihres Abfließens;
j) Stufenweiser Verzicht auf Nahrung und Verlaß auf sich selbst und die Universale Energie.

4. Die vierte Formel:

Die Größte Erleuchtung von Kan und Li
(Tai Kan Li)

Die Vermischung des Größten Yin und Yang (2)

Kern dieser Formel ist die Vermischung von Yin und Yang in einem höheren Zentrum im Körper. Damit wird der Altersprozeß umgekehrt und die Thymusdrüse wiederhergestellt, um die natürliche Immunität zu erhöhen. Dies beinhaltet, daß die Heilungsenergie aus einem kraftvolleren Zentrum im Körper ausgestrahlt wird und damit dem physischen und dem Ätherleib großen Nutzen bringt.

Die Vierte Formel besteht aus folgenden Prozessen:
a) Umwandeln des Tiegels und Verlegen des Ofens in ein höheres Zentrum;
b) Aufnahme der Sonnen- und der Mondkraft;
c) Die Größte Vermischung, Transformation, Verdampfung und Reinigung der Samenkraft (Zeugungsenergie), der Seele, Mutter Erde, Vater Himmel, Sonnen- und

Mond-Kraft, um das innere alchemische Agens des Kleinen Energiekreislaufs zu sammeln;

d) Vermengung der Visual- mit der Vitalkraft;

e) Vermengung (Sublimation) von Körper, Seele und Geist. Mystische Atmung.

5. Die fünfte Formel:

Das Versiegeln der fünf Sinnesorgane

Diese sehr fortgeschrittene Formel bewirkt eine echte Transmutation des Warmen Energiestroms oder des Chi in Mental- oder Seelenenergie. Dazu müssen jedoch erst die fünf Sinnesorgane versiegelt werden, da jedes von ihnen ein Tor ist, durch das Energie verlorengeht. Mit anderen Worten: Werden diese Tore nicht auf esoterische Weise versiegelt, verlieren wir Energie durch die Sinnesorgane. Sie dürfen nur dann Energie freisetzen, wenn sie spezifisch zu dem Ziel angerufen werden, um Informationen weiterzuleiten. Dies könnte man mit dem Augenbrauen- (Ajna) und dem Kehlkopf-Chakra (Vissuddha) gleichsetzen.

Ein Mißbrauch der Sinne führt zu einem viel größeren Energieverlust und Zerfall, als die meisten Menschen glauben. Hier sind einige Beispiele für den Mißbrauch der Sinne und seine Folgen: Zu vieles Sehen schadet der Samenflüssigkeit; zu vieles Hören beeinträchtigt den Verstand; spricht man zuviel, schadet dies den Speicheldrüsen; weint man zuviel, schadet man dem Blut; zu häufiger Geschlechtsverkehr schädigt das Rückenmark usw.

Jedes der Elemente hat sein entsprechendes Sinnesorgan, durch das seine Elementarkraft gesammelt oder verströmt werden kann. Das Auge entspricht dem Feuer; die Zunge dem Wasser; das linke Ohr dem Metall; das rechte Ohr dem Holz; die Nase der Erde.

Die Fünfte Formel besteht aus folgenden Prozessen:

a) Versiegeln der fünf Diebe: Ohren, Augen, Nase, Zunge und Körper;

b) Meisterung des Herzens und der sieben Emotionen (Vergnügen, Zorn, Trauer, Freude, Liebe, Haß und Verlangen);
c) Vereinigung und Umwandlung des inneren alchemischen Agens in lebenserhaltende wahre Vitalität;
d) Reinigung des Geistes;
e) Aufsteigenlassen und Schulung des Geistes; Verhindern seines Umherwanderns auf der Suche nach Sinneseindrücken;
f) Verzicht auf kraftlose Nahrung, Ernährung durch kraftvolle Nahrung, die universale Energie.

6. Die sechste Formel:

Die Vermählung von Himmel und Erde / Unsterblichkeit

Die sechste, fortgeschrittenste Formel läßt sich schwer mit Worten beschreiben. Zu ihr gehört die Inkarnation einer männlichen und einer weiblichen Wesenheit im Körper des Adepten (dies könnte dem Scheitel-Chakra, dem Sahasrara, entsprechen). Diese beiden Wesenheiten haben innerhalb des Körpers Geschlechtsverkehr. Dazu gehört die Vermischung der Yin- und Yang-Kräfte auf dem und um den Scheitel; ferner muß der Adept vollkommen offen sein, um Energie von oben empfangen zu können, damit die Zirbeldrüse wieder völlig hergestellt wird. Hat die Zirbeldrüse ihre größte Fülle erreicht, so dient sie ihm als Kompaß, der ihm sagt, in welcher Richtung sein Lebensziel zu finden ist. Der Esoterische Taoismus ist eine Methode der Meisterung des Geistes, und dies findet seinen Ausdruck im Tao Yoga. *Ohne den Körper kann das Tao nicht erlangt, doch mit dem Körper kann die Wahrheit niemals erkannt werden.* Der praktizierende Taoist sollte seinen physischen Körper mit derselben Sorgfalt pflegen und behandeln, die er auf einen kostbaren Diamanten verwenden würde, denn durch ihn kann er die Unsterblichkeit erlangen. Wenn man den Körper aber nicht preisgibt, wenn man am Ziel angekommen ist, so wird man die Wahrheit nicht erkennen.

Die Sechste Formel besteht aus folgenden Prozessen:

a) Vermischung (Vereinigung) von Körper, Seele, Geist und Universum (Kosmischer Energiekreislauf).
b) Vollständige Entwicklung des Positiven, um das Negative völlig auszulöschen;
c) Rückkehr des Geistes ins Nichts.

7. Die Siebte Formel:

Wiedervereinigung von Mensch und Himmel. Der wahrhaft unsterbliche Mensch

Wir können den Körper mit einem Schiff vergleichen, dessen Motor und Antriebsschraube die Seele ist. Dieses Schiff befördert einen sehr kostbaren und sehr großen Diamanten, den es an ein äußerst fernes Ufer bringen soll. Wenn Ihr Schiff beschädigt ist (= ein kranker Körper), kann Ihre Seele so intakt sein, wie sie will – sie werden nicht sehr weit kommen und möglicherweise sogar untergehen. Deshalb raten wir auch von jeglichem spirituellen Training ab, bevor alle Kanäle im Körper richtig geöffnet und darauf vorbereitet worden sind, die 10.000 oder gar 100.000 Volt an Hyperenergie aufzunehmen, die in sie hineingeleitet werden. Die taoistische Methode, die uns schon seit über fünftausend Jahren überliefert wurde, besteht aus vielen Tausenden von Methoden. Die Formeln und Praktiken, die wir in diesen Büchern beschreiben, beruhen auf solchem Geheimwissen und auf der über zehnjährigen persönlichen Erfahrung des Autors sowie auf den Erfolgen, die er bei der Unterweisung Hunderter von Schülern erzielen konnte.

Die Hauptziele eines Taoisten sind:

1. *Jetzige Stufe:* Überwindung der Reinkarnation;
2. *Die Höhere Stufe:* der unsterbliche Geist;
3. *Die Höchste Stufe:* der unsterbliche Geist und der unsterbliche Körper (ähnlich einem beweglichen Wohnort für Geist und Seele).

TABELLE DES VOLLSTÄNDIGE
TA

1. Verschmelzung der Fünf Elemente Teil I Teil II Teil III	Eisenhemd Chi Kung Teil I: Faszien Teil II: Sehnen Teil III: Reinigen des Marks	Tai Chi Chi Kung Teil I: Verwurzelung Selbstverteidigung Teil II: Schulter-Kraft Sehnen-Kraft	Hsing I Chi Kung (Fünf Elemente)
2. Kleine Erleuchtung Kan & Li			Hsing I Chuan
3. Große Erleuchtung Kan & Li		Tai Chi Chuan	
4. Größte Erleuchtung Kan & Li		Push Hands	
5. Versiegeln der Fünf Sinnesorgane			
6. Vermählung von Himmel & Erde Unsterblichkeit			
7. Wiedervereinigung von Mensch & Himmel Wahre Unsterblichkeit			

STEMS DES ESOTERISCHEN
OGA

Pa Kua Chi Kung Einfache & doppelte Hand (Zehn Große Himmlische Dämpfe)	Samen- und Ovar- Kung Fu	Fünffinger Kung Fu	Fünf Elemente Vollwertkost-Ernährung
		Heilende Hand	
		Chi Akupunktur	
Die Acht Kreisförmigen Trigramme in der Natur		Überprüfen der Aura- und Meridianenergie	
Der Spätere Himmel			
Pa Kua (Die Linearen 64 Hexagramme in Aktion)			
(Das I Ging im eigenen Inneren lesen)			

15. Kapitel

Seminare zum Tao Yoga

Es gibt mittlerweile 9 Zentren für Esoterischen Tao Yoga in den Vereinigten Staaten, die Kurse und Seminare aus den unterschiedlichsten Gebieten der Praxis anbieten, vom Kleinen Energiekreislauf bis zu Tai Chi Chuan, Pa Kua und Hsing I.

Diese auch als «Meditation des Warmen Stroms» bekannten Praktiken erwecken die schöpferische Lebenskraft Chi durch die Hauptakupunkturpunkte im Körper, bringen sie zum Kreisen, lenken und erhalten sie. Auf den fortgeschrittenen Stufen kann dieses uralte esoterische System dabei helfen, Streß und nervöse Verspannungen zu beheben, die inneren Organe zu massieren und zerstörtes Gewebe wiederherzustellen.

Dieses System ist auch von besonderem Interesse für Therapeuten, die mit Polarity, Shiatsu, Kundalini Yoga, Schwedischer Massage und anderen Heilmethoden arbeiten, bei denen ein Austausch und Kreislauf von Lebensenergie (Ki, Prana, Chi) aufrechterhalten werden muß. Die ersten beiden Anweisungen des Tao Yoga sollen im folgenden beschrieben werden. Die anderen Anweisungen werden beschrieben, sobald sie ins Angebot aufgenommen wurden.

Das Herstellen des kleinen Energiekreislaufes ist die erste Stufe der esoterisch-taoistischen Meditation des Warmen Stroms. Durch einzigartige Entspannungs- und Konzentrationstechniken sorgt es für eine Reinigung der beiden wichtigsten Akupunktur-Meridiane des menschlichen Körpers, nämlich des Diener- und des Lenker-Gefäßes. Meister Chia unterstützt die Schüler bei der Meisterung dieser Technik, indem er ihnen mit den eigenen Händen Energie in ihre Energie-Kanäle leitet. (Kurs Nr. 1)

Die vollständige Herstellung des Kleinen Energiekreislaufs ist die Grundvoraussetzung für jeden, der sich den höheren Stufen des Tao Yoga widmen will, zu denen verschiedene Formen des Chi Kung, des Samen- und Ovar-Kung Fu und der langen und kurzen Form des Tai Chi Chuan gehören.

Die Verschmelzung der fünf Elemente und das Reinigen der Organe ist die zweite Stufe der esoterisch-taoistischen Meditation des Warmen Stroms. Auf dieser Stufe lernt der Schüler, wie die fünf Elemente (Erde, Metall, Feuer, Holz, Wasser) auf zweifache Weise mit den ihnen entsprechenden Organen (Milz, Lungen, Herz, Leber, Nieren) zusammenarbeiten: aufbauend und abbauend. Diese Formel verbindet die ungleichartigen Energien der fünf Hauptelemente (und der ihnen entsprechenden Emotionen Mitgefühl, Trauer, Freude, Zorn und Furcht) zu einem harmonischen Ganzen. Diese miteinander verbundenen Energien zirkulieren im Kleinen Energiekreislauf und durch die Sechs Besonderen Meridiane. Sie filtern dadurch auf höchst wirkungsvolle Weise das gesamte psychische und physische System. (Kurs Nr. 9)

Die Zweite Formel wird in drei Teilen unterrichtet:

TEIL I: Die zwölf Stufen der Sammlung, Verschmelzung, Harmonisierung und Reinigung der Organe;

TEIL II: Das Öffnen der drei Chung-Ma (Aufsteigende Gefäße) und der neun Tai-Ma (Gürtel-Gefäße);

TEIL III: Das Öffnen der Positiven und Negativen Bein- und Armkanäle.

Die sechs Heilenden Laute

Bei dieser Methode der Selbstheilung werden einfache Armbewegungen und Stimmübungen dazu benutzt, die inneren Organe zu kühlen. Die Sechs Heilenden Laute beseitigen schnell jeden Streß, verbessern die Verdauungsvorgänge, lindern Schlafstörungen, Kopfschmerzen und Mattigkeit. Diese Methode ist sowohl für Meditierende als auch für Athleten und

2. Stufe

Kampfsportler nützlich, die mit Systemen arbeiten, bei denen ein Übermaß an Hitze im Körper erzeugt wird. (Kurs Nr. 2)

Chi Massage – Taoistische Verjüngungspraxis

Mit Hilfe von innerer Chi-Kraft und sanfter äußerer Stimulierung läßt sich mit dieser einfachen und doch äußerst wirkungsvollen Selbstmassage Chi sammeln und zu Heilungszwecken in die Sinnesorgane und andere Körperteile lenken.

Die taoistische Verjüngungstechnik beruht auf dem fünftausend Jahre alten klassischen Taoismus-Text des Gelben Kaisers über Innere Medizin. (Kurs Nr. 3)

Eisenhemd Chi Kung
Die Höchste Stufe des Chi Kung

Durch das Sammeln und Kreisenlassen der inneren Kraft Chi in den lebenswichtigen Organen wird der physische Körper in seiner Gesamtheit erhalten und geschützt. Diese Energie wird in den Faszien gespeichert, einer Gewebeschicht, welche die Muskeln und die inneren Organe bedeckt, stützt oder miteinander verbindet. Praktiziert man es über längere Zeit, so stärkt Eisenhemd Chi Kung sowohl die inneren Organe als auch die Sehnen, die Muskeln, das Knochenmark und die Knochen.

Historisch betrachtet, war Eisenhemd Chi Kung die Grundvoraussetzung für das erfolgreiche Studium und das schließliche Meistern der verschiedenen Kampfstile des Kung Fu. Doch dient es nur in zweiter Linie dem Kampf und der Selbstverteidigung: Sein Hauptziel ist, eine ausgezeichnete Gesundheit und erhöhte Widerstandskraft zu erhalten und die Abwehr des Körpers gegen Krankheiten und plötzliche Verletzungen zu stärken. (Kurs Nr. 4)

Eisenhemd Chi Kung wird in drei Ausbildungsstufen unterrichtet. (Vgl. die detaillierte Beschreibung weiter unten.)

Tai Chi Chi Kung – Die Grundlage des Tai Chi Chuan

Wird das Chi nicht durch die Meridiane, Muskeln und Sehnen des Körpers gelenkt, so sind die Bewegungsabläufe des Tai Chi Chuan nur Gymnastik. Die Praktik des Tai Chi Chi Kung hingegen weckt die Chi-Energie und läßt sie im Körper kreisen – weshalb sie auch die Voraussetzung für die Beherrschung des Tai Chi Chuan ist. Durch den Kleinen Energiekreislauf lernen wir das Strömen dieser Energie kennen und erschließen uns damit unser eigenes Potential der Selbstheilung. Dieser Kreislauf wird durch die Praxis des Tai Chi Chi Kung unterstützt und verstärkt. Auch wirkt sich dabei gesundheitsfördernd aus, daß auf korrekte Körperhaltung und -bewegungen geachtet und der Geist beruhigt wird. Die in diesem Kurs gelehrte Variante besteht aus einem Zyklus von 13 Bewegungen. (Kurs Nr. 6)

Dah Uh Gong Nei Kung Fünffinger Kung Fu

Das System des Dah Uh Gong Nei Kung vereint sowohl statische als auch dynamische Übungen, um das Chi zu entwickeln und zu nähren, das sich in den Organen sammelt, die Faszien, Sehnen und Muskeln durchdringt und schließlich in die Hände und Finger strömt. Ausübende von Körpertherapien wie Chiropraxis, Polarity, Shiatsu und Schwedischer Massage können von dieser Technik viel profitieren. Übt man sie regelmäßig, so erweitert sie das Atemvolumen und beruhigt Atmung und Geist; außerdem korrigiert sie die Körperhaltung. Diese Technik läßt sich leichter erlernen als Tai Chi Chuan und ist einfacher in der Durchführung als Yoga. Durch Dah Uh Gong lernt der Schüler:

- das Atemvolumen zu steigern;
- die inneren Organe zu kräftigen;
- die Muskulatur anzuregen und zu strecken;

- den unteren Wirbelsäulenbereich und die Unterleibsmuskeln zu stärken;
- das Körpergewicht zu normalisieren;
- die Konzentrationsfähigkeit für die Selbstheilung zu steigern.

Vorausgesetzt wird die Teilnahme am Kurs Nr. 1. (Kurs Nr. 5)

Samen- und Ovar-Kung Fu

Diese uralte Methode des Tao Yoga sublimiert und transformiert die Sexualenergie, indem sie in den Kleinen Energiekreislauf eingebracht wird. Die Bewahrung dieser kostbaren biochemischen Kraft wurde von den Weisen unterschiedlichster Geheimtraditionen stets sowohl als wichtiger Faktor für die körperliche Gesundheit als auch für die geistige Entwicklung von Mann wie Frau anerkannt. Indem diese Zeugungskraft zurückgelenkt und in die höheren Energiezentren befördert wird, kräftigt und verjüngt sie alle lebenswichtigen Körperorgane. Wirkliche sexuelle Erfüllung besteht darin, die achtlose Vergeudung dieses Lebensstroms zu verhindern und zu einer höheren, intensiveren Stufe des Orgasmus vorzustoßen. Diese Technik läßt sich für die persönliche Transformation anwenden – die physische wie die geistige. (Kurs Nr. 7)

Tai Chi Chuan – Lange und Kurze Form

Will man aus den stillen, langsamen und sanften Bewegungen des Tai Chi Chuan wirklich Nutzen ziehen, muß man zuvor das Chi-Bewußtsein und innere Kraft durch das Eröffnen des Kleinen Energiekreislaufs und durch Tai Chi Chi Kung erlangt haben. Tai Chi Chuan erzieht den Körper darüber hinaus dazu, durch Entspannung und Kräftigung dem Geist zu dienen. Außerdem kann Tai Chi Chuan als Technik der Selbstverteidigung verwendet werden, doch nur, wenn man die innere Chi-

Energie so kreisen lassen und einsetzen kann, daß jede Bewegung des Körpers von ihr gelenkt wird.

Bevor das Studium des Tai Chi Chuan begonnen werden kann, muß der Schüler folgende Disziplinen gemeistert haben:

1. Eröffnen des Kleinen Energiekreislaufs;
2. Tai Chi Chi Kung (13 Bewegungsabläufe);
3. Eisenhemd Chi Kung, Stufe I;
4. Samen- und Ovar-Kung Fu, Stufe I.
   (Kurse Nr. 11 und 12)

Zum Seminarstab gehören westliche Ärzte, Ernährungswissenschaftler usw. Meister Chia stattet jedem der Zentren regelmäßige Besuche ab, um dort Vorträge zu halten und Einzelberatungen durchzuführen. Er unterstützt seine Schüler auch beim Kreisenlassen des Chi, indem er ihnen «Energie überträgt», insbesondere jenen, die, aus welchen Gründen auch immer, Blockaden in sich verspüren. Doch hat dies nichts mit «Blitz-Erleuchtung» zu tun! Es dient der Erfahrung eines stärkeren Chi-Stromes, damit der Schüler besser lernt, wie er ihn selbst erzeugen kann.

In den folgenden Bänden der Enzyklopädie des Esoterischen Tao Yoga werden auch die uralten Disziplinen, deren Techniken dem westlichen Menschen bisher weitgehend vorenthalten wurden, gründlich abgehandelt.

Samen-Kung Fu: Das Taoistische Geheimnis der Lebensenergie*

In über fünf Jahrtausenden chinesischer Geschichte wurde die Technik des «Zurückhaltens der Samenflüssigkeit» während des Liebesakts streng geheimgehalten. Zunächst durften nur der Kaiser und sein innerster Kreis sie praktizieren. Später wurde das Geheimnis dann nur vom Vater an den Sohn weitergegeben,

* siehe Werk Tao Yoga der Liebe, Ansata-Verlag

wobei Ehefrauen, Töchter und alle anderen weiblichen Familienmitglieder von der Überlieferung ausgeklammert blieben. Diese Methode gestattet es dem Mann, seine Körpersäfte einzubehalten, da diese eine unschätzbare Energiequelle sind, wenn sie gespeichert werden und man sie in den Lebenszentren kreisen läßt.

Zu allen Zeiten haben Weise überall auf der Welt gewußt, daß die Bewahrung der kostbaren Samen- und Ovar-Energien das Leben des Menschen zutiefst beeinflussen kann. Wer seinen lebenspendenden Samen einbehält, wird feststellen, daß er ganz instinktiv damit beginnt, alles Lebende vor Zerfall, Vergeudung und Schaden zu bewahren. Wer dagegen den Lebenssaft und seine Energie achtlos und im Übermaß vergeudet, wird um jeden Preis nach neuen äußeren Reizen suchen, um dadurch die eigenen, verlorengegangenen Energien wieder zu ersetzen.

Man vermeidet den Verlust dieser biochemischen Energie, indem man die Ejakulation verhindert. Doch darf man das Vermeiden des Samenergusses nicht mit einer Verhinderung des Orgasmus verwechseln! Im Gegenteil: Die Methode des Einbehaltens erschließt uns eine völlig neuartige und höhere Form des Orgasmus!

Durch diese Praxis werden sämtliche Lebensprozesse vitalisiert, weil man die Lebensenergie nicht mehr durch die Genitalien entläßt. Wahre sexuelle Erfüllung besteht nicht darin zu fühlen, wie die Lebenskraft aus dem Organismus austritt, sondern vielmehr darin, die Aufmerksamkeit für den Energiestrom im Genitalbereich zu steigern. Darüber hinaus wird der Körper durch eine Methode der «Dämpfung» gestärkt, bei der die Vitalkraft von den Sexualzentren ins Gehirn und in die inneren Organe hochgeleitet wird. Dieser lebensbereichernde Prozeß wird dadurch vollendet, daß man in Augenblicken großer Erregung mit dem Partner Energie austauscht.

Die Weisen meinten, daß die Vitalkraft eines einzigen Samentropfens der von hundert Tropfen Blut entspräche. Die Inder sprechen wiederholt vom Lebenselixier «Amrita», einer verjüngenden Substanz, die aus der Sexualenergie gewonnen wird. Die Produktion dieses Elixiers, das Westliche eine erhöhte hormonelle Sekretion nennen würden, erlaubt es dem Körper, immer höhere Energiestufen zu erreichen.

In unserer Konsumgesellschaft geben die meisten Menschen mehr aus, als sie verdienen. Sie borgen sich so lange Geld, bis sie tief verschuldet sind. Das gilt auch für ihr Innenleben: Durch schlechte Angewohnheiten vergeuden sie mehr Lebensenergie, als sie aufnehmen.

Stellen wir uns einmal vor, daß ein Mensch durch Atmen, Essen und Ruhen 100 Einheiten Lebenskraft zu sich nimmt, durch Völlerei, Überarbeitung, Streß, konstitutionelle Schwächen und häufigen Verlust der vitalen Flüssigkeit jedoch 125 Einheiten Lebenskraft ausgibt. Dies führt dazu, daß dieser Mensch sich ständig vom Gehirn und anderen lebenswichtigen Organen Vitalität «ausleihen» muß. Dieses Leben von der Substanz, von den eigenen Energiereserven, führt zu geistiger und körperlicher Erkrankung und zu vorzeitigem Altern. Wir möchten Ihnen dagegen beibringen, wie Sie durch Überwindung weltlicher Sexualgelüste in Verbindung mit unserer Methode 125 Einheiten aufnehmen können, aber nur 100 oder noch weniger Einheiten auszugeben brauchen. Das eigene Ungleichgewicht im persönlichen Energiehaushalt wird zunächst dadurch ausgeglichen, daß die katastrophal verschwenderische Praxis der Ejakulation unterbunden wird, während man zugleich mit dem eigenen Sexualpartner einen aufbauenden, ausgleichenden Energieaustausch erlebt.

Eisenhemd Chi Kung

Bevor in China die Feuerwaffen eingeführt wurden, verließ man sich weitgehend auf Kung Fu. Damals praktizierte etwa ein Zehntel aller Chinesen diese Kampfart, die uns bis heute überliefert wurde. Zuerst mußte man für das Kung Fu die innere Kraft entwickeln – der Warme Energiestrom mußte freigesetzt werden, der Kleine Energiekreislauf mußte eröffnet werden, und die sechs Besonderen Meridiane mußten zusammen mit den 24 normalen Meridianen durchströmt werden, damit die innere Kraft ungehindert im Körper fließen konnte. Erst danach lernte der angehende Kung Fu-Schüler, wie er seine Vitalorgane kräftigen und durch die Praxis des «Eisenhemds» vor äußeren Schäden schützen konnte. Erst dann ging es an die eigentliche Kampfpraxis, da die verschiedenen Kampfstile nur dann wirkungsvoll eingesetzt werden konnten, wenn die innere Kraft voll entwickelt worden war.

Die Schriften weisen darauf hin, daß es viele Jahre dauerte, bis die innere Kraft voll entwickelt werden konnte. So mußte man beispielsweise drei bis fünf Jahre lang zweitausend Mal am Tag einen gerade Stoß mit der Faust üben; oder man mußte über tausend Mal täglich auf die Wasseroberfläche eines Brunnens einschlagen, und dies bis zu zehn Jahre lang, bis das Wasser durch die Wucht des Stoßes verdrängt wurde und aus dem Brunnen spritzte.

Hauptziel der Eisenhemd Praxis ist jedoch nicht die Kampfkunst, sondern die Vervollkommung des Körpers, dessen Gesundheit damit gefördert wird, so daß die inneren Organe gegen Krankheiten und Verletzungen gefeit sind. Die wichtigsten Übungen beim Eisenhemd Kung Fu sind die der «Verwandlung der Sehnen und Reinigung des Marks» sowie die der «Sich selbst erneuernden Hormone».

Stufe I:

- Eisenhemd Kung Fu Atmungstechnik;
- Erwecken und Kreisenlassen der inneren Chi-Energie und die Verwurzelung durch Übungen;
- Lenken der inneren Kraft zur Stärkung der Organe;
- Füllen der 12 Sehnen-Kanäle mit Chi;
- Trainieren und Öffnen der Faszien und ihr Anfüllen mit Chi.

Stufe II:

- Reinigen des Marks;
- Verwandlung der Sehnen und Reinigen des Marks;
- Trainieren und Öffnen der Faszien und Anfüllen mit Chi;

- Selbststimulierung der lebenswichtigen Organe;
- Kräftigung der Sehnen und Verschmelzung von Faszien, Sehnen, Knochen und Muskeln zu einer Einheit.

Stufe III:

- Regeneration der Sexualhormone;
- Speicherung der Sexualhormone in Faszien und Sehnen;
- Lenkung der inneren Kraft in die höheren Energiezentren.

Hat man diese drei Stufen des Eisenhemd Chi Kung gemeistert, geht es an die wirkungsvolle Anwendung der durch sie hervorgerufenen Energie. Diese lernt der Schüler in der Technik der «Heilenden Hand».

Die Heilende Hand

a. Buddha-Hand;
b. Pa Kua Hand;
c. Überprüfung der Aura auf schwache Energiefelder;
d. Korrektur und Harmonisierung des Blutkreislaufs, des Lymphsystems, des Nervensystems, des Chi-Strom-Systems;
e. Punktgerichtetes Energie-Übertragen zur Befreiung von Schmerz und Streß.

Übertragung der Kraft zur Öffnung der Energiebahnen

a. Sammeln der Kraft in Handfläche und Finger;
b. Wiederherstellung der Kraft;
c. Entzug der feuchten Krankheit und der kalten Energie.

Abbildung 31
Ergänzende Taoistische Praktiken

Universal Tao Center

Hauptsitz: International Healing Tao
274 Moo 7, Luang Nua, Doi Saket, Chiang Mai, 50220, Thailand
Tel. (++66 53) 49 55 96, Fax (++66 53) 49 58 52
Kostengünstige Faxverbindung nach Thailand: (++31 20) 524 13 74
E-Mail: universaltao@universal-tao.com
Website: www.healing-tao.com (Bestellung von englischsprachigen Büchern, Audio- und Videocassetten und Postern)

Europa: Healing Tao Europa
Lisbeth Cavegn
Wiesenstr. 10, Ch-8800 Thalwil
Tel./Fax (++411) 720 10 50
E-Mail: taoEurope@datacomm.ch
(Kurse und Produktinformationen)

Anhänge

ANHANG A

Tabelle der Energiezentren

Nr.	Energiezentrum	Chinesischer Akupunktur-Name und Punktnummer	Beziehung zu Chakras und Empfindungsebene bzw. Eigenschaft	Verbindung zu Organen und endokrinen Drüsen	Farbe
A.	**Gemäß Kleiner Energiekreislauf**				
1.	Tan-Tien Die Quelle	Chi-Chung, DG-8 Nabel	Swadisthana am Milzgeflecht Sozial	Milz Hypogastrium	Orange
2.	Jing-Gong Samen-Palast	Chung-Chi, DG-3 Vier tsun unterhalb des Nabels (bei Männern)	Muladhara (Genital-Sakral-Chakra) Physisch	Prostata Samenleiter Keimdrüsen	Rot
	Kuan-Yuan Ovar-Palast	Kuan-Yuan, DG-4 Drei tsun unterhalb des Nabels (bei Frauen)		Ovarien	

3.	Sheng Szu Chiao Tor der Sterblichkeit Tor des Lebens und des Todes	Hui-Yin, DG-1 In der Mitte des Perineums, auf halber Strecke zwischen Anus und Skrotum (männl.), zwischen Anus und hinterer Kommissur der großen Schamlippen (weibl.)	Genital-Sakral-Chakra	Bulbourethraldrüse, Nervenenden, Gefäße, Hoden	Rot
4.	Woei Liu Durchgang zum Tor von Leben und Tod	Chang-Chiang, LG-1 Unteres Ende des Steißes zwischen Steißspitze und Anus	Wurzelchakra am Wirbelsäulenanfang	Steißbeinkörper	
5.	Tor des Lebens	Ming Men, LG-4 Zwischen 2. und 3. Lendenwirbel auf der Mittellinie des Wirbelsäulenfortsatzes	Swadisthana	Niere	Orange
6.	Jai Ji	Chi-Chung, LG-6 Unterhalb des Wirbelsäulenfortsatzes des 11. Wirbels	Manipura (Solarplexus-Chakra) Intellektuell	Nebennieren Bauchspeicheldrüse	Gelb

7.	Yu-Chen Jade-Kissen	Yu-Chen, BL-9 Am oberen Rand der äußeren Hinterkopfprotuberanz und gegenüber vom Tien-Chu, BL-10		Medulla Kleinhirn	Blau
8.	Niwan Kung Huang-Gong Kompaß des Menschen	Pai-Hui, LG-20 (19) Auf der Kreuzung zwischen der Verbindungslinie der oberen Ohrenspitzen und einer Linie von der Stirnmitte zum Scheitelpunkt	Sahasrara (Scheitel- oder Kronen-Chakra) Yang- (Himmels-)Energie aufnehmend Torgeist Imaginativ	Zirbeldrüse Hirn	Violett
9.	Tsu Chiao Yu Ting Ur-Höhle d. Geistes Himmelstor Lebenspalast	Yin-Tang, Pa M3 Zwischen den Augenbrauen in der Hirnmitte	Ajna (Augenbrauenchakra) Drittes Auge Intuitiv	Hypophyse Halsschlagader	Indigo
10.	Himmlischer Teich Tien chih hsueh Hsuan ying Höhlung	Ca. 4 cm hinter den Zähnen am Gaumen	Geheimnisvolles Zaumzeug		

11.	Zwölf Geschichten Shyr Ell Jong Lou	Hsuan-Chih, DG-21 Mitte des Brustbeins	Vissuddha (Hals- oder Kehlchakra) am Plexus Cervicus Konzeptionell	Schilddrüse Nebenschilddrüse Rachenraum	Blau
12.	Herrenpalast Mittlerer Tan Tien (Jiun Juu Gong) Shin Gong	Shuan-Chung, DG-17 Mittelpunkt zwischen den beiden Brustwarzen, auf gleicher Höhe mit der 4. Rippe	Anahata (Herzchakra) Habgierig	Thymusdrüse Herzkörper	Grün
13.	Chung-Kung (Mittlerer Palast) Mittlerer Tan Tien (Zentrum der Gelben Halle) Dan Gong Huangting Gong	Chung-Wan, DG-12 Mittelpunkt auf Linie zwischen Brustbeinfortsatz und Nabel	Manipura (Sonnengeflecht-Chakra) in der Magengrube Intellektuell	Bauchspeicheldrüse	Gelb
14.	Wei-Chung	Wei-Chung, BL-40 (54) Mitten auf den Kniekehlknochen	Speicherzentrum der Seelen-Energie		

15.	Yung Chuan	Yung Chuan, N-1 Zwischen den 2. und 3. Mittelfußknochen, 4 tsun unterhalb der Spitze der 2. Zehe, auf der Fußsohle	Yin-(Erd-)Energie aufnehmend Sammelzentrum der vom Körper ausgestrahlten Energie	Nieren
16.	Ta-Tun	Ta-Tun, L-1 Seitlich des körperfernen Glieds der großen Zehe, an der Kante des Nagelbetts		Leber
17.	Heding	Heding, Pa M 156 Auf dem Mittelpunkt der oberen Kniescheibenkante	Energiehaltepunkt	

B. Weitere Energiezentren:

18.	Tien-Ting	Stirnmitte, Pa M 2		Hypothalamus
19.	Shan-Ken Wurzel des Berges	Zwischen den Augen an der Nasenwurzel Pa M 4		

20.	Chuen Tou Su-Liao	Nasenspitze		
21.	Yin-Pai	Yin-Pai, M-1 An der Mittelseite der großen Zehe, 0,1 tsun hinter der Nagelecke		Milz
22.	Gau Wan Gong (Äußere Niere)	Hoden, im äußeren Skrotum	Speicherung von Yin-Energie	
23.	Tai-Yang	Tai-Yang, Pa M 9 Mittelpunkt einer Verbindungslinie zwischen äußerem Augenwinkel und dem seitlichen Augenbrauenbereich		
24.	Lao-Kung	Lao-Kung, P-8 Zwischen 2. und 3. Handwurzelknochen, wo die Spitze d. Mittelfingers beim Ballen einer Faust die Handfläche berührt		Herz

Deutsche Abkürzungen für die Meridiane:

BL – Blasenmeridian
LG – Lenkergefäß
DG – Dienergefäß
N – Nierenmeridian
M – Milzmeridian
P – Perikardmeridian
L – Lebermeridian
Pa M – Punkt außerhalb der Meridiane

Einer hinter der Punktnummer angegebene Zahl in (...) bezeichnet die Nummer nach Bachmann, wenn diese von den chinesischen Tafeln abweicht.

Abbildung 32

Energiezentren

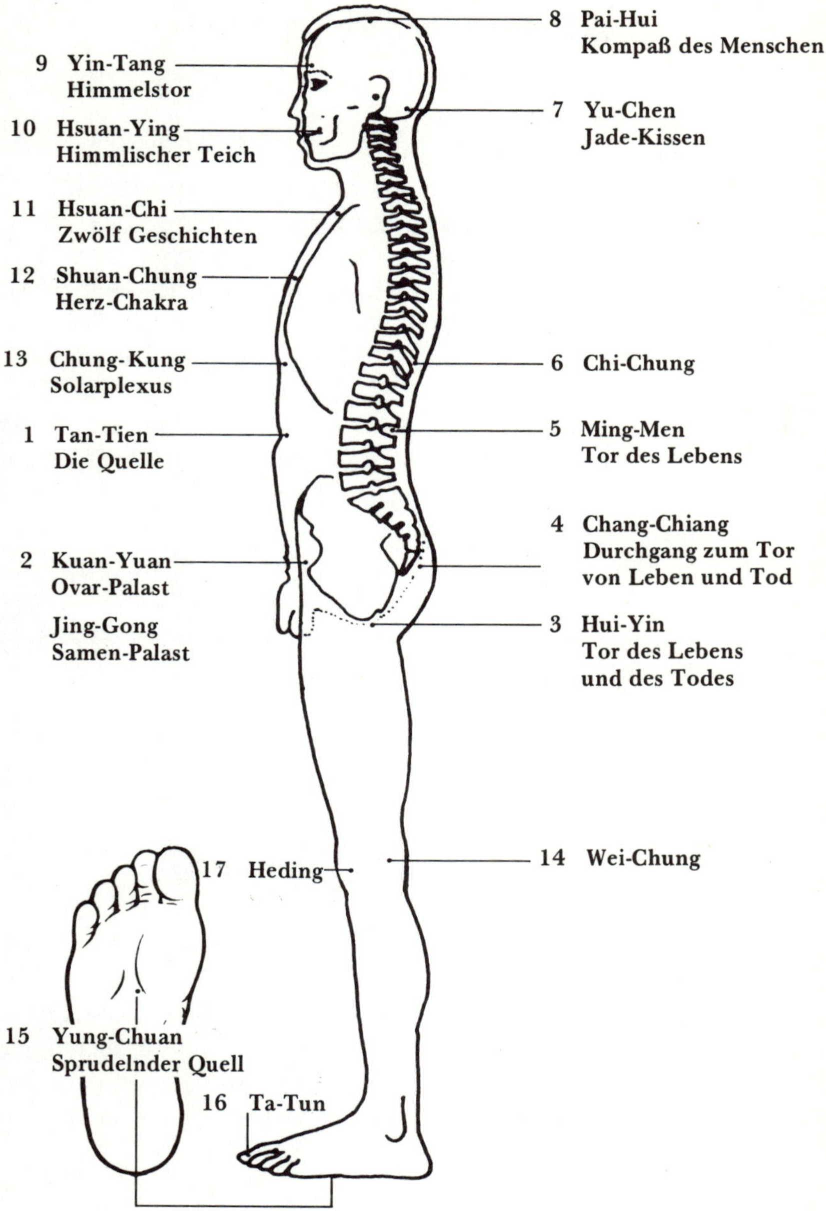

Anhang B:

Die Auswirkungen des Tao Yoga auf das Hormonalsystem

Die endokrinen Drüsen und die Taoistischen Energiezentren

Die Hormone sind chemische Boten und Nachrichtenüberträger, die von den endokrinen Drüsen (auch: Drüsen innerer Sekretion) zwar nur in winzigen Mengen ausgestoßen werden, dafür aber jede einzelne Körperzelle beeinflussen können. Der Hormonausstoß der endokrinen Drüsen erfolgt direkt ins Blut, wo die Hormone sich ihren Weg zu den verschiedenen Organen suchen, um diese zu stimulieren, zu dämpfen oder sie anderweitig in ihrer Aktivität zu lenken.

Im System des Tao Yoga werden die Energiezentren nicht dem physischen grobstofflichen Körper zugerechnet, sondern dem sogenannten «Vitalkörper», dem feinstofflichen Körper. Sie sind zusätzliche Teile des feinstofflichen Körpers, die bis zur erforderlichen Dichte kristallisiert wurden, um im physischen Körper bestimmte Manifestationen dieses feinstofflichen Körpers zu ermöglichen. Jede Drüse hat ihren eigenen spezifischen Aufgabenbereich. Ist der Mensch gesund, arbeiten die Drüsen in harmonischem Einklang miteinander. Die endokrinen Drüsen sind für den Taoismus-Schüler besonders hinsichtlich des Kleinen Energiekreislaufs von Interesse.

Manche der Energiezentren lassen sich in der Begrifflichkeit der modernen Anatomie am besten dadurch erklären, daß wir ihre Parallelen zum endokrinen Drüsensystem betrachten. Diese Entsprechungen zwischen Energiezentren und Drüsen mögen nun real sein oder auch nicht – beim gegenwärtigen Stand der Forschung sind wir in diesem Punkt noch auf Arbeitshypothesen angewiesen.

Die Nebennierendrüsen

Die beiden Nebennierendrüsen bedecken kappenartig die oberen Pole der Nieren. Entfernt man sie, tritt schnell der Tod ein. Jede dieser Drüsen besteht aus einem Cortex (äußerer Teil, Nebennierenrinde) und einer Medulla (innerer Teil, Nebennierenmark). Der Cortex der Nebennierendrüsen produziert die Sexualsteroide, die Glukocorticoide (Corticosteron; Cortisol, auch Hydrocortison genannt), welche über die Kohlenwasserstoffe, die Lipoide und den Protein-Metabolismus (Eiweiß-Stoffwechsel) wachen; ferner stellen sie die Mineralcorticoide (Aldosteron, Deoxycorticosteron), welche die Blutmenge und den Blutdruck bestimmen. Die Nebennierendrüsen sind von halbmondförmiger (links) beziehungsweise dreieckiger Gestalt (rechts), Größe und Gewicht können variieren. Jede von ihnen ist ca. 5 cm lang und wiegt zwischen 3 und 6 Gramm.

Das Nebennierenmark ist ektodermer Herkunft, entstammt also der äußeren Zellenschicht des Embryos. Dies ist dasselbe Gewebe, das auch die Sympathikusanlage hervorbringt. Das Mark ist der Bildungsort von Adrenalin und Noradrenalin. Adrenalin ist für das Auslösen der menschlichen Kampf- oder Fluchtreaktion verantwortlich, während Noradrenalin durch Erhöhung des peripheren Widerstands einen erhöhten Blutdruck erzeugt.

Obwohl Adrenalin und Noradrenalin nur in winzigen Mengen im Blut kreisen, ist ihre Wirkung sehr stark und folgenreich. Ihre Ausschüttung wird durch Reize aus dem Sympathikussystem angeregt, wie sie in Phasen großen seelischen oder körperlichen Stresses hervorgerufen werden. Ein Adrenalinstoß bewirkt eine gewaltige Steigerung der Leistungskapazität. Gehirn und vegetatives Nervensystem werden dadurch aktiviert, und der Blutzucker wird durch die Umwandlung von in der Leber gespeichertem Glykogen erhöht. Leber und Milz geben einen erhöhten Ausstoß an Blutzellen in den Kreislauf ab, das Herz beginnt schneller und kräftiger zu schlagen, die Pupillen weiten sich, wodurch die Sehfähigkeit erhöht wird, die Atmung geht schneller, die Körpertemperatur steigt, und der Stoffwechsel wird gesteigert. Andererseits wirkt sich dieser Hormonstoß auf das Verdauungssystem genau umgekehrt aus, wodurch es zu Appetitverlust und eingeschränkter Peristaltik kommt.

Adrenalin vermehrt die Energie und die Wachheit sowohl im körperlichen als auch im geistigen Bereich. Es verleiht Stärke beim Kampf und Schnelligkeit bei der Flucht. Da die Adrenalin-Aktivität vom vegetativen Nervensystem reguliert wird, läßt sich die Ausschüttung dieses Hormons auch durch Stimulierung dieser Nerven neben der Wirbelsäule anregen.

Manche Ärzte gehen davon aus, daß es so etwas wie «Nebenniereninsuffizienz» gibt. Ein Mangel an Adrenalin äußert sich in Mattigkeit und Kälteempfindlichkeit, kalten Händen und Füßen, Appetitmangel, Sorge und Unruhe, schnellen Tränenausbrüchen und gelegentlich sogar in Nervenzusammenbrüchen. Bei Kindern lassen sich Lernschwierigkeiten beobachten, Wachstumsverzögerung und ein starker Unwille, sich antreiben oder gar hetzen zu lassen.

Wenn man Adrenalin injiziert, zieht sich das Herz des Patienten stärker zusammen und schlägt schneller, er entwickelt Unruhe oder Angstgefühle, wird schreckhaft und ist leicht zu ängstigen; und wenn sich diese Hormongaben über längere Zeit hinziehen, wird er sich in einen äußerst nervösen Menschen verwandeln.

Im System des Tao Yoga wird die Adrenalin-Aktivität dem Chi-Chung zugeordnet. Dieses Energie-Zentrum ist sehr stark; es befindet sich in der Gegend des Solarplexus, was anatomisch dem Bereich der Nebennierendrüsen, der Milz, der Bauchspeicheldrüse und der Nieren entspricht.

Die Niere

Die menschliche Niere ist ein bohnenförmiges Organ und wiegt etwa ein halbes Pfund. Der Mensch besitzt zwei Nieren, die sich in der Bauchhöhle befinden und hinten von der Wirbelsäule und den großen Rückenmuskeln geschützt werden, wobei ihre Spitzen direkt unterhalb des Brustkorbs liegen. Die rechte Niere, über der sich die Leber befindet, liegt meistens ein kleines Stück tiefer als die linke. Täglich strömen ca. 1.700 Liter Blut durch die Nieren.

Zu den Nierenzellen gehören auch bestimmte endokrine Drüsen. Die Nieren erzeugen Substanzen, die den Blutdruck erhöhen, was gelegentlich zu Hypertonie führen kann. Erythropoietin ist eine Substanz, die von einigen Nierenzellen gebildet wird, um die Produktion roter Blutkörperchen anzuregen.

Im System des Tao Yoga entspricht das Energiezentrum Ming-Men (das «Tor des Lebens») der Nierenaktivität.

Die Hoden

Die männlichen Keimdrüsen befinden sich im sogenannten Skrotum oder Hodensack, und ihre normale Größe variiert von der einer Walnuß bis zu der eines Taubeneis. Die Hoden bestehen aus zwei Teilen, den Hodenkanälchen, welche den Samen hervorbringen, und den Leydig' Zwischenzellen (auch: Leydigzellen), die das männliche Hauptsexualhormon Testosteron bilden. Sie stellen aber auch die weiblichen Sexualhormone, Östrogene, in geringen Mengen her.

Die Hoden werden von den gonadotropen Hormonen, den sogenannten Gonadotropinen reguliert. Kurz vor Beginn der Pubertät werden diese Gonadotropine ausgeschüttet, wodurch die Hoden reifen und immer größere Mengen Testosteron bilden. Dadurch entwickeln sich die sekundären Geschlechtsmerkmale wie Wachstum des Glieds, Scham- und Brustbehaarung, Muskelwachstum, Stimmbruch, Bartwuchs und alles, was zum «männlichen» Aussehen zählt; möglicherweise beeinflussen sie sogar die Körperhaltung und das allgemeine Verhalten.

Werden hinreichend Gonadotropine und Androgene produziert, so reifen die Spermatogonien (Ursamenzellen) in den Hodenkanälchen zu Spermien (Samenfäden) heran.

Liegt eine Funktionsstörung der Hoden vor, wird die Entwicklung der sekundären Geschlechtsmerkmale unterbunden, sofern in der Pubertät eine Androgeninsuffizienz vorliegt. Nach der Reife findet statt dessen eine teilweise Rückbildung statt.

Abbildung 33
Die endokrinen Drüsen

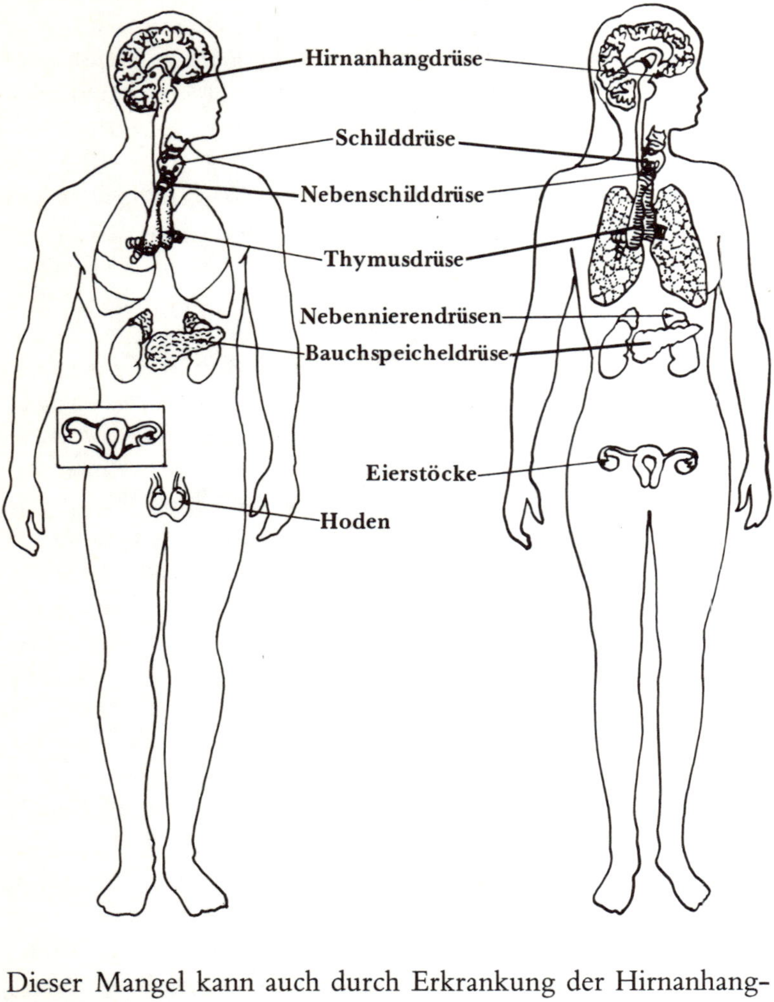

Dieser Mangel kann auch durch Erkrankung der Hirnanhangdrüse hervorgerufen werden.

Im System des Tao Yoga geht man davon aus, daß Samen und Sexualhormone ein gewaltiges Energiepotential in sich bergen. Diese Energie wird geweckt, transformiert und in die höheren Zentren geleitet.

Die Eierstöcke (Ovarien)

Wie die Hoden haben auch die Eierstöcke eine doppelte Funktion: Sie bilden Eizellen und produzieren Sexualhormone. Die von den Eierstöcken gebildeten Hormone sind die Östrogene und das Progesteron; unter ungewöhnlichen Bedingungen können auch Androgene erzeugt werden.

Die Eierstöcke werden im Alter von 11 bis 13 Jahren aktiviert. Die «weiblichen» Hormone dienen der Ausbildung sekundärer weiblicher Geschlechtsmerkmale wie Brustwachstum, Scham- und Achselbehaarung, Entwicklung und Reife der Genitalien und der weiblichen Körperformen; viele von ihnen steuern auch einiges zur Psychologie der Frau bei.

Werden die Gonadotropine der Hirnanhangdrüse nur in unzureichendem Ausmaß oder gar überhaupt nicht produziert, reagieren die Ovarien nicht auf sie oder tun es nur auf anomale Weise, so können viele verschiedene Störungen die Folge sein, vom vorübergehenden oder völligen Ausbleiben der Menstruation bis zur Entwicklung männlicher Körpermerkmale.

Im taoistischen System werden die Eierstöcke als eines der großen weiblichen Energiezentren angesehen. Die Frau kann das große Energiepotential der Ovarien wecken, transformieren und in eines der höheren Zentren leiten.

Die Milz

Die Milz befindet sich hinter dem linken Magenrand und dem Zwerchfell. Sie ist bohnenförmig und von einer tiefblauroten Färbung. Sie wiegt etwa 200 g und ist weich und schwammig. Die Milz reguliert den Blutabbau.

Im System des Tao Yoga wird die Milz als Eingangstor der solaren Kraft betrachtet, die den grobstofflichen Körper belebt. Ohne dieses Lebenselixier kann kein Wesen leben. Von der Milz aus wird diese Sonnenkraft in den Solarplexus gelenkt, und von dort strömt sie die Fadenkanäle des Nervensystems entlang. Auf diese Weise durchdringt sie jede Stelle des physischen Körpers und belebt jede einzelne Zelle mit ihrer Lebenskraft.

Die chinesische Medizin lehrt, daß die Milz beim gesunden Menschen die Lebensenergie in solchen Mengen speichert und aus dem Blut herauszieht, daß sie innerhalb des Körpers gar nicht mehr verwendet werden kann. Deshalb strömt die Lebensenergie in geraden Linien durch die Poren der Haut hinaus, vertreibt dabei giftige Körpergase, schädliche Bakterien und Viren und unterstützt den physischen Organismus, seine Gesundheit aufrechtzuerhalten. Außerdem hält die Milz ganze Heerscharen von Krankheitserregern, die in der Luft umherschwärmen, davon ab, in das feststoffliche Gefäß des Körpers einzudringen.

Den Lehren des taoistischen Systems zufolge wird die solare Lebensenergie nach dem Essen von der Milz angezogen und vom Körper in großen Mengen verbraucht. Nach schweren Speisen wird der Ausfluß der Lebenssäfte spürbar reduziert, wodurch das «grobstoffliche Vehikel», der physische Körper, nicht so gründlich gereinigt werden kann wie bei einer bereits erfolgten Verdauung. Auch seine Fähigkeit zur Bakterienabwehr wird dadurch beeinträchtigt. Aus diesem Grund wird man auch viel anfälliger für Erkältungen und andere Krankheiten, wenn man zuviel Nahrung zu sich nimmt. Während einer Erkrankung versorgt die Milz den feinstofflichen Körper mit nur wenig solarer Energie, so daß der physische Körper in diesen Phasen vom feinstofflichen Körper zu zehren scheint. Im taoistischen System wird gelehrt, daß in diesem Fall der feinstoffliche Körper regeneriert werden muß, damit er dem grobstofflichen Körper dabei helfen kann, wieder an Kraft zu gewinnen.

Im Esoterischen Taoismus wird der Solarplexus als größter Tiegel des feinstofflichen Körpers betrachtet, in dem die Zeugungskraft mit der Lebensenergie aus dem der Hirnanhangdrüse entsprechenden Energiezentrum auf alchemistische Weise vermischt und harmonisiert werden kann. Dies geschieht durch die Praktik der Großen Erleuchtung von Kan und Li. Die Milz entspricht also, wie bereits erwähnt, einem Teil des Solarplexus.

Die Thymusdrüse

Der Thymus (innere Brustdrüse) ist für das Wachstum des Kindes verantwortlich. Diese Drüse liegt hinter dem Brustbein zwischen den Lungen und bedeckt den oberen Teil des Herzens, dessen obere Großgefäße sie überlappt. Ihr Wachstum endet mit dem Beginn der Pubertät, danach bildet sie sich zurück und wird weitgehend in Fettgewebe umgewandelt. Dennoch verschwindet sie nicht völlig, und einige ihrer Sekretionszellen bleiben bis zum Lebensende des Organismus erhalten.

Wird das dem Thymus entsprechende Energiezentrum beim Tao Yoga richtig und im richtigen Verhältnis zu den anderen aktiviert, kommt es zu einer Harmonisierung der Energie aus dem Zentrum der Hirnanhangdrüse und der Zeugungskraft aus Samen und Hoden; dadurch kann der Alterungsprozeß umgekehrt werden.

Dies geschieht in der Praktik der Größten Erleuchtung von Kan und Li, bei der ergrautes Haar wieder seine ursprüngliche Farbe zurückgewinnt, Zähne nachwachsen und ein jugendliches Aussehen erzielt wird.

Der Hypothalamus

Der Hypothalamus ist Teil des Zwischenhirns, dem selben Hirnteil, aus dem sich die beiden Hirnhälften entwickeln. Er stellt ein Verbindungsglied zwischen Großhirnrinde und Hirnanhangdrüse dar. Wenngleich die Hirnanhangdrüse (Hypophyse) als die Hauptdrüse betrachtet wird, finden sich im Hypothalamus dennoch stimulierende und hemmende Substanzen, die ihrerseits die Funktionen der Hirnanhangdrüse regulieren (Zwischenhirn-Hypophysen-System). Dieser sehr alte Teil unseres Gehirns ist es auch, der weitgehend das Energie-Gleichgewicht des Körpers reguliert, indem er den Appetit, den Schlaf, die Körpertemperatur, die Sexualfunktionen und den Wasserhaushalt steuert.

Beeinträchtigungen der Funktionsweise des Hypothalamus können zu endokrinen Fehlfunktionen wie geschlechtlicher

Frühreife, Appetitmangel mit starkem Gewichtsverlust, Diabetes insipidus und Schlafrhythmusstörungen führen.

Tatsächlich sind Hypothalamus und Hirnanhangdrüse sowohl funktional als auch anatomisch aufeinander bezogen. Unser Denken, unsere Hoffnungen und Freuden, unsere Sorgen und Leiden, unsere ganze nervliche Verfassung beeinflussen das Zwischenhirn-Hypophyse-System nachhaltig. Im System des Tao Yoga entspricht das Energiezentrum Tien-Ting (auf der Stirnmitte) dem Hypothalamus.

Die Schilddrüse: Die Drüse der Energie

Die Schilddrüse liegt vor dem oberen Ende der Luftröhre und dem Kehlkopf. Diese Drüse entsteht entwicklungsgeschichtlich aus demselben Gewebe und fast derselben Stelle wie der Vorderlappen der Hirnanhangdrüse. Sie wiegt etwa 28 g. Jeder Lappen der Schilddrüse ist etwa 5 cm lang und 2,5–3 cm breit.

Die Schilddrüse ist äußerst gefäßreich und wird im Verhältnis zu ihrer Größe stark mit Blut versorgt. Bei Frauen ist sie schwerer als bei Männern; während der Menstruation, bei sexueller Erregung und während der Schwangerschaft kann sie sich vergrößern.

Das Schilddrüsenhormon wird Thyroxin genannt, es ist jodhaltig.

Die Schilddrüse ist auch eine Energie-Drüse, und ihr Hormon reguliert das Lebenstempo. Es beeinflußt den Stoffwechsel fast des gesamten Körpergewebes. Seine Hauptfunktion besteht in der Regulierung des Sauerstoffverbrauchs, was gleichbedeutend mit dem Stoffwechseltempo ist, was man auch als «Lebenstempo» deuten kann. Dieses Hormon wird benötigt, um das normale Wachstum und die Entwicklung des Gehirns, der Muskeln und der Knochen zu gewährleisten, und indirekt beeinflußt es auch die Aktivität anderer endokriner Drüsen. Ein Mangel an Thyroxin bewirkt Trägheit und Apathie. Ein Zuviel dagegen erzeugt Ängstlichkeit, Überwachheit, Nervosität, Gewichtsverlust, starke Durstgefühle, häufiges Urinieren, starke Schweißabsonderungen, Überempfindlichkeit gegen Hitze, häufigen Stuhlgang, Herzklopfen und Herzrasen.

Nach taoistischer Auffassung gilt das Energiezentrum an der Schilddrüse als eines der wichtigsten Zentren des Körpers überhaupt, denn es reguliert das Wachstum des feststofflichen Körpers und steht in enger Verbindung zu allen sechs anderen wichtigen Energie-Zentren. Dieses Zentrum ist *das große Verbindungsglied zwischen dem Gehirn und den Fortpflanzungsorganen.*

Im System des Tao Yoga wird das Schilddrüsen-Zentrum als Hsuan-Chi (Zwölf Geschichten) bezeichnet. Es wird nur zur Energieaufnahme verwendet. Normalerweise wird es in der Alchemie nicht berücksichtigt, weil es sehr schwierig ist, es richtig zu schützen, nachdem man es einmal geöffnet hat. In den Praktiken der *Großen* und der *Größten Erleuchtung von Kan* und *Li* zieht man jedoch gewaltige Mengen Kraft aus diesem Energiezentrum, um sie alchemistisch mit der Kraft anderer Energiezentren zu vermischen, wodurch eine noch größere Kraftquelle erzeugt wird.

Die Hirnanhangdrüse (Hypophyse)

Die Hirnanhangdrüse ist etwa erbsengroß und befindet sich fast genau in der Kopfmitte an der Basis des Gehirns, unmittelbar hinter der Nasenhöhle. Sie hängt vom unteren Bereich des Gehirns herab wie eine Kirsche von einem Ast, ist von graugelber Farbe und wiegt beim Erwachsenen zwischen 0,55 und 0,65 g.

Ihren lateinischen Namen Glandula pituitaria (= kleine Drüse) erhielt sie, weil man annahm, daß sie ein Sekret abgibt, das den Rachenraum schmiert, indem es durch den porösen Siebbeinknochen sickert, der die Drüse von der Nasenhöhle trennt.

Die Berührung der Zunge mit dem Gaumen

Die Hirnanhangdrüse entwickelt sich beim Embryo aus dem ektodermalen Mundhöhlendach. Dieser Auswuchs nimmt die Gestalt eines Beutels an, der sich nach und nach zum Gehirn hin ausdehnt. In der vierten Woche trifft sie auf einen unteren

Vorsprung des Gehirns, das sogenannte Infundibulum. Die Tasche entwickelt sich daraufhin zum Hypophysenvorderlappen, während das Infundibulum, das einen Auswuchs des ältesten Teils unseres Nervensystems darstellt, zum Hypophysenhinterlappen wird. Zwischen Vorder- und Hinterlappen der Drüse befindet sich ein Zwischenraum, der zeitlebens als Fuge bestehen bleibt.

Die Hypophyse besteht aus einem vorderen Teil, der aus Drüsengewebe besteht, und einem hinteren Teil, der sich aus nervenähnlichem Gewebe zusammensetzt. Der vordere Teil bildet eine Reihe von Hormonen, die einige Strukturen beeinflussen, zum Beispiel: ein Wachstumshormon; ein Hormon, das auf die Nebennierenrinde wirkt; ein Hormon, das die Schilddrüse anregt; ein weiteres, das die Muttermilchproduktion stimuliert, und eines, das die Pigmenterzeugung bestimmter Hautzellen beeinflußt.

Der hintere Teil der Drüse ist eine Verlängerung des Hypothalamus, der Gehirnregion, an die die Hypophyse angehängt ist.

Der Hinterlappen der Hypophyse gibt mehrere wichtige Hormone ab, von denen zwei unsere besondere Aufmerksamkeit verdienen. Eines davon, das sogenannte Pitozin, wirkt entscheidend auf den schwangeren Uterus ein und wird oft eingesetzt, wenn die Arbeitsleistung des Organismus zu langsam und ineffizient ist. Das andere, das antidiuretische Hormon (Adiuretin) reguliert den Salz- und Wassergehalt des Bluts.

Bei Tieren konnte festgestellt werden, daß eine aktive Hypophyse erhöhte Wachsamkeit bedingt. Eine erschlaffte oder ermüdete Hypophyse dagegen bewirkt Schläfrigkeit und allgemeine Abstumpfung. Während des Winterschlafs fallen viele Tierarten in eine kataleptische Starre, in der sie zwar immer noch atmen, doch wesentlich tiefer und langsamer als sonst. Die inneren Sekrete sämtlicher Drüsen zeigen bei Tieren in der Phase des Winterschlafs deutliche Veränderungen, doch am bemerkenswertesten ist wohl die Hypophyse, deren Zellen dann schrumpfen, als würden auch sie in einen Schlaf verfallen oder sich ausruhen. Mit Frühlingsbeginn normalisiert sich die Zellenaktivität der Hypophyse wieder.

Im taoistischen System wird ganz besonders darauf geachtet, das dieser Drüse zugeordnete Energiezentrum zu stimulieren und zu harmonisieren. Es wurde schon versucht, die Energie der Hypophyse mit kühlerer Energie, wie der aus dem Samen oder der Erde gewonnenen zu verbinden. Dadurch entsteht ein Tiegel zur Weiterentwicklung des Geistes. Diese Praktik nennt man *das Versiegeln der fünf Sinnesorgane.*

Die Zirbeldrüse (Epiphyse) (Der menschliche Kompaß)

Die Zirbeldrüse ist von kegelförmiger Gestalt und rötlicher Farbe. Ihre Länge beträgt etwa einen Zentimeter, und sie ist kaum größer als ein Weizenkorn. Sie liegt über dem dritten Ventrikel des Gehirns, mit dem sie auch verbunden ist, und wiegt etwa 0,1 g. Sie besteht zum Teil aus Nervenzellen, die ein ähnliches Pigment enthalten, wie man es in den Zellen der Netzhaut findet. Dies spricht für das Argument, daß die Zirbeldrüse in frühen Tierformen als Auge (Scheitelauge) fungierte.

In der Terminologie des Taoismus entspricht der Punkt Pai-Hui dieser Drüse. Im Tiegel soll sich die höchste Geistesstufe entwickeln, die *Vermählung mit dem Himmel.* Wenn die Drüse vollentwickelt ist, weist sie uns unser Lebensziel.

Abbildung 34

Hirnanhangdrüse

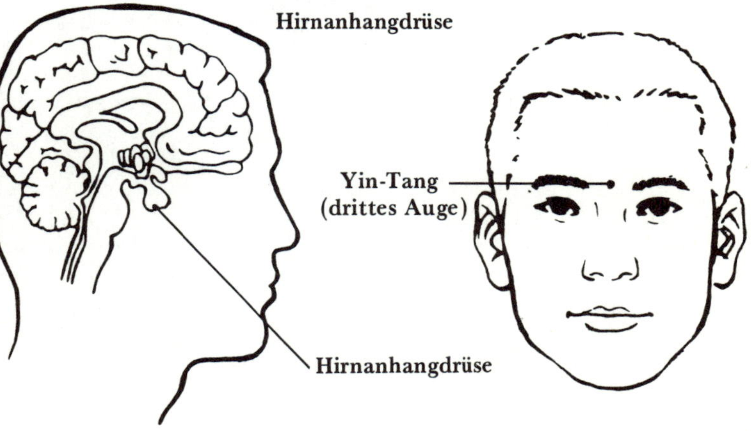

Das geheime Wissen um das «Wie» – zum ersten Mal preisgegeben!

Mantak Chia
TAO YOGA DER LIEBE
Der geheime Weg zur unvergänglichen Liebeskraft
408 Seiten, mit 50 Illustrationen, gebunden, Schutzumschlag
ISBN 3-7787-7026-8

Viele bewußt suchende Menschen wissen um die Wichtigkeit der Sexualenergie auf ihrem geistigen Weg und haben deshalb oft große Probleme im Umgang mit ihr. Obwohl es zur Zeit viele Bücher *über* die geheimen Liebeslehren des Ostens gibt, ist bisher keines einer interessierten Leserschaft zugänglich gemacht worden, das auch ein Wissen um das Wie preisgegeben hätte, also exakte Anleitungen, Übungen und Techniken zum legendenumwobenen «Tao der Liebe». Alle mußten bis heute auf das Buch warten, das ohne Verschlüsselung und nachvollziehbar zeigt, wie man seine sexuellen Energien bewahren, transformieren und als Brücke zu höheren Bewußtseinsstufen nutzen kann.

Mantak Chia, der als erster die geheime Praxis des inneren Energiekreislaufs und einen klaren und übersichtlichen Schulungsweg zur Aktivierung der Lebenskraft Chi in seinem Buch «Tao Yoga» veröffentlicht hat, bringt in diesem neuen, umfangreichen Buch die bisher überall geheimgehaltenen Methoden zur Aktivierung und Umwandlung des Sexualelixiers *Ching* und zeigt anhand eines reich illustrierten Schulungsweges, daß die Sexualenergie als unerschöpfliche Quelle von körperlicher Kraft, Gesundheit und spiritueller Entwicklung nicht nur von einigen wenigen Auserwählten, sondern von jedermann genutzt werden kann.

In minutiös geschilderten Einzelschritten und mit einem bisher nie gezeigten Detailreichtum offenbart der Autor körperliche, seelische und geistige Praktiken des Tao Yoga der Liebe. Er lehrt natürliche Wege, die Sexualenergie zu steigern, stärken und zu erhalten, und gibt Übungen zur Heilung von Störungen der Sexualfunktionen. Er zeigt die zentralen Techniken zur Verfeinerung dieser Energie und zu neuen, ungeahnten Möglichkeiten mit ihr im Liebesakt.

Der Tao Meister lehrt Mann und Frau anhand dieses Buches neue und subtile Formen des Energieaustausches, faszinierende Körper- und Geisteswahrnehmungen, und führt Liebende über deren persönliche Begrenzung hinaus zu völlig neuen Seinszuständen und zu einem totalen Orgasmus von Körper, Seele und Geist, in dem beide wirklich *eins* werden.

«Tao Yoga der Liebe»: ein außergewöhnliches Buch, das sich speziell an den Mann richtet, aber auch jede Frau brennend interessieren wird.

Das einzigartige Lehrbuch des Tao der Liebe für die Frau!

Mantak und Maneewan Chia
TAO YOGA DER HEILENDEN LIEBE
Der geheime Weg zur weiblichen Liebesenergie
336 Seiten, mit 120 Illustrationen, gebunden, Schutzumschlag
ISBN 3-7787-7025-X

Das bekannte Tao-Meisterpaar Mantak und Maneewan Chia weiht hier die moderne, westliche Frau erstmals in die jahrtausendealten Lehren und Praktiken des berühmten Tao der Liebe ein. In minutiös geschilderten Einzelschritten und mit bisher noch nirgends zugänglich gemachten, jedoch leicht nachvollziehbaren Übungen, lehrt das erfahrene Autorenpaar absolut neuartige Formen des Umgangs mit der weiblichen Sexualenergie.

Einfühlsam beschriebene taoistische Techniken, illustriert mit fundiertem, medizinischen Wissen, führen die Frau zu bisher unbekannten Fähigkeiten. Es werden Übungen zur Kräftigung des Genitalbereichs, insbesondere des Chi-Muskels gezeigt. Sie lernt, wie die lebendige und heilende Ovar-Energie die prämenstruellen Symptome mildern, die Periode regulieren, verkürzen und beschwerdefrei machen kann. Äußerst subtile Übungen wandeln die Ovar- und Sexualkraft in eine verfeinerte Erregungsenergie um. Den ganzen Körper erfüllend, bewirkt sie eine tiefgreifende Harmonisierung im ganzen Energiehaushalt, auf der emotionalen und spirituellen Ebene, und verleiht der Frau eine ungewöhnliche, energetische Ausstrahlung und Anziehungskraft.

Im zweiten Teil macht das Autorenpaar die Frau mit den bisher bestgehüteten und intimsten Details ihres eigenen heilenden, ekstatischen und spirituellen Potentials im Liebesakt bekannt, das weit über alles bisher Erlebbare hinausreicht. Genaue Anleitungen bringen nicht nur die wichtigsten Heilpositionen, sie zeigen auch, wie sich die Frau – im innigen Austausch mit der Yang-Energie des Mannes – in die erregenden, zeit- und grenzenlosen Höhen des Ganzkörper-Orgasmus tragen, sowie in die alles-verschmelzenden Tiefen des «Tal-Erlebnisses» gleiten lassen kann.

Dieses einzigartige Lehrbuch schenkt der Frau einen tiefen Einblick in bisher unbekannte Aspekte ihrer Weiblichkeit, und geleitet sie sicher auf ihrem natürlichen und harmonischen Weg zur totalen Erfahrung der Dreiheit, Körper-Seele-Geist.

Es ist ein Buch, das sicherlich für viele Frauen *die* Offenbarung uralter weiblicher Erinnerungen darstellt. Es erleichtert aber auch den Männern das Verstehen der weiblichen Energie. Sie werden es deshalb ebenfalls mit Begeisterung studieren wollen.

Tao Yoga – ein Heilsystem mit nachhaltig positiver Resonanz

Mantak Chia
TAO YOGA DES HEILENS
Die Kraft des Inneren Lächelns
Die Sechs Heilenden Laute
Die Praxis der Chi Selbst-Massage
256 Seiten, mit 118 Abbildungen im Text, gebunden/Schutzumschlag
ISBN 3-7787-7024-1

Die zwei bisher erschienenen Bücher von Meister Mantak Chia über die fünftausend Jahre alten und bisher geheimgehaltenen Lehren des «Tao Yoga» zählen heute zu den meiststudierten Werken über alternatives Heilen. Noch selten hat während des vergangenen Jahrzehnts ein Heilsystem eine derart nachhaltig positive Resonanz gefunden. Es besticht vor allem durch seine Einfachheit in der praktischen Durchführung und durch das rasche Eintreten spürbarer Erfolge.

Der dritte Band vereinigt in der deutschen Ausgabe zwei Bücher des Meisters. Beim ersten geht es vor allem um Methoden der «Umwandlung von Streß in Vitalität» und der Entspannung. Meister Chia zeigt, wie man mit einer erweiterten und genaueren Technik des Inneren Lächelns mit seinen inneren Organen erstmals richtig Fühlung aufnehmen kann. Verkrampfungen, Streß und eine schmerzende, negative Gefühlswelt, welche die natürliche Arbeit der Organe erschweren und sogar blockieren, können dank der hier erstmals gezeigten Methode der «Sechs Heilenden Laute» transformiert und geheilt werden. Schritt für Schritt wird beschrieben, wie die inneren Organe von emotionalen und anderen Giftstoffen gereinigt werden, damit die Energie wieder frei fließen kann. Dieser Prozeß führt zu einem ganzheitlichen Erleben von innerer Befreiung, neuer Kreativität und Kraft.

Während im Westen im allgemeinen nur die Muskeln und Bindegewebe massiert werden, zeigt Mantak Chia im zweiten Teil des Buches die «Praxis der chinesischen Chi-Selbstmassage», des taoistischen Weges der Verjüngung. Dank der wieder frei fließenden Chi-Energie werden die Sinnesorgane gestärkt und erneuert, zum Teil sogar die inneren Organe.

Bei nur zehn Minuten Praxis täglich zeigt sich eine Verbesserung des allgemeinen Befindens und insbesondere eine neue Lebendigkeit der Sinneseindrücke wie Sehen, Riechen, Hören und Fühlen, sowie eine spürbare Erhöhung der Widerstandskraft.

Weitere Tao Yoga-Techniken und praktische Ratschläge zur gesunden und weisen Lebensführung aus dem Weisheitsschatz der alten chinesischen Tao-Meister beschließen dieses Buch.